ワーク・ディスカッション

心理療法の届かぬ過酷な現場で生き残る方法とその実践

編：マーガレット・ラスティン，ジョナサン・ブラッドリー
監訳：鈴木誠，鵜飼奈津子

WORK DISCUSSION:
LEARNING FROM REFLECTIVE PRACTICE
IN WORK WITH CHILDREN AND FAMILIES

岩崎学術出版社

*WORK DISCUSSION: LEARNING FROM REFLECTIVE PRACTICE
IN WORK WITH CHILDREN AND FAMILIES*
Edited by Margaret Rustin and Jonathan Bradley
Copyright© Margaret Rustin and Jonathan Bradley 2008
First published by Karnac Books Ltd.
Represented by Cathy Miller Foreign Rights Agency, London, England.
Japanese language edition © Iwasaki Gakujutsu Shuppansha 2015
Japanese translation rights arranged with
Cathy Miller Foreign Rights Agency
through Japan UNI Agency, Inc., Tokyo

目　次

日本語版への序文
　　　　　マーガレット・ラスティン　　　　　　　　　　　　v
謝　辞　　　　　　　　　　　　　　　　　　　　　　　　　ix
編著者紹介　　　　　　　　　　　　　　　　　　　　　　　xi
序　文
　　　　　トゥルーディー・クラウバー　　　　　　　　　　xv
はじめに
　　　　　マーガレット・ラスティン　　　　　　　　　　　xix

Ⅰ　イントロダクション

序　章　ワーク・ディスカッションとは何か
　　　　　鈴木　誠　　　　　　　　　　　　　　　　　　　*2*

第1章　ワーク・ディスカッション・グループが機能する時
　　　　――その方法の応用
　　　　　エミール・ジャクソン　　　　　　　　　　　　　*15*

Ⅱ　教育現場での実践

第2章　幼児学校の学習メンターとして
　　　　　スザンナ・パボット　　　　　　　　　　　　　　*40*

第3章　小学生への治療的アプローチ
　　　　　スーザン・セイダー　　　　　　　　　　　　　　*54*

Ⅲ　医療現場での実践

第4章　医療保健と入所施設の現場
　　　　――病院における病気の子どもとの仕事
　　　　　クラウディア・ヘンリー　　　　　　　　　　　　*68*

第 5 章　小児癌治療におけるトラウマとコンテインメント
　　　　　アリソン・ホール　　　　　　　　　　　　　　　　　　　　　83

IV　福祉現場での実践

第 6 章　脆弱な家族
　　　　──難民コミュニティでの仕事
　　　　　フェドゥモ・オスマン・アーメッド　　　　　　　　　　　　102

第 7 章　服役中の親に面会する子どものためのプレイの設定
　　　　　マルゲリータ・カステラーニ　　　　　　　　　　　　　　　118

第 8 章　入所型アセスメント施設における感情麻痺と無思考
　　　　　スチュアート・ハンナ　　　　　　　　　　　　　　　　　　131

V　社会資源が乏しい環境での実践

第 9 章　「シボニエは固まって動かないの……」──南アフリカの状況に
　　　　応用したワーク・ディスカッション・モデル
　　　　　シーラ・ミラー　　　　　　　　　　　　　　　　　　　　　146

第10章　新しい施設を育てる
　　　　　シモネッタ・M・G・アダモ，セレネラ・アダモ・セルピエリ，
　　　　　パオラ・ジウスティ，リタ・タマージョ・コンタリーニ　　　161

第11章　児童養護施設の職員とのワーク・ディスカッション・セミナー
　　　　（メキシコ，プエブラのストリート・チルドレン）
　　　　　ジアンナ・ウィリアムズ　　　　　　　　　　　　　　　　　183

　文　献　　　　　　　　　　　　　　　　　　　　　　　　　　　　197
　あとがき
　　　　鵜飼　奈津子　　　　　　　　　　　　　　　　　　　　　　　207
　索　引　　　　　　　　　　　　　　　　　　　　　　　　　　　　209

日本語版への序文

マーガレット・ラスティン

　ワーク・ディスカッションに関する本書の日本語版への序文を書かせていただけることは，編者の私にとって望外の喜びです。問題を抱えた子どもや若者と関わる仕事をする人々にとっての，継続的な学びとして代表的なこのモデルの価値は，あらゆる国を超えて，多くの専門機関において証明されてきています。そしてそれが，今では日本でも広がりつつあるのだということを知り，とても興奮しています。本書では，南アフリカ，イタリア，そしてメキシコにおける，このタビストック・ワーク・ディスカッション技法の創造的な応用の例が挙げられています。この形態の専門的な発展と，専門家に対するサポートの国際的な関心が，この方法の効果の確認にとどまらず，新たな洞察をも生み出してくれることを願ってやみません。

　ワーク・ディスカッション・セミナーでは，常にメンバーが仕事をしている文脈と，その機関内の文化といったものに密接に関わる必要があります。これらは，それぞれ固有の社会における歴史や文化に深く根ざしたものであり，国際的な視野は，この方法の潜在力に関する私たちの理解をより豊かなものにしてくれるのではないかと感じています。

　私自身は，まさに世界初のワーク・ディスカッション・セミナーの一メンバーであったことを幸運だったと思っています。それは1960年代の半ばに，タビストック・クリニックにおいて，マーサ・ハリス Martha Harris が行っていたものでした。当時の私は，小学校の普通学級で落ち着いていられない子どもたちのための小グループの教師をしていました。私は，そこで起こっていることについて，全く新たな考え方ができるのだということを発見する喜びに常に満ち溢れていたのを今でも覚えています。たとえば，ある7歳の男の子の読み書き習得の困難は，文盲の父親との関係につながるものだということを私は理解し始めたのです——文字が読めるようになることで，愛する父親よりも勝ることになってしまうのを彼はとても恐れていたのでした。また，8という数字を書くことができず，算数への意欲を失っていた男の子については，2つの丸をつなぎ合わせてできるこの数字の形が，彼にとっては非常に厄介な性的イメー

ジを呼び起こすものだということがわかりました。教室での場面緘黙という問題を抱えていた女の子は，ゲームのために私が用意したテープレコーダーなら使うことができました。そこで明らかになったのは，それが彼女が自分でも恐れるほどの怒りの感情に圧倒されているのを隠すための沈黙だったということです。怒りに満ちた声が，自分のものではなく，物語の登場人物のものであるというゲームの中でなら，彼女はそれを表現することができました。声に出して言うことはできなくても，文字として書き留めることならできたのです。

また，担任教師や，他の教職員との複雑な関係性についても多くを学びました。この小グループは，毎朝，図書室で集まりを持っていたのですが，これは容易に他の教職員に邪魔されるのでした。たとえば，教室で子どもが問題を起こすと，その罰として，このグループに来てはいけないと言われたりするのです——これは，学校が求める言動によりよく対応できるように子どもをサポートするという，このグループの目的を台無しにするものです。また，グループの構成の変化を許容せざるをえない状況に追い込まれることにもなります。こうした出来事によって，私の中に搔き立てられた怒りや無力感について注意深く考えてみてわかったことは，こうした感情が，教職員の協働の改善のために動く必要性から，自分を遠ざけておくために重要だったということです。時には，権威に圧倒されて無力になっている子どもの親と同一化している自分を感じることもありました。この学校では，多くの子どもの家庭は，最近英国にやってきて社会に居場所を得ようと苦労している移民の第一世代でした。子どもたちは常日頃から，新参者に対して優越性を主張する大人たちから辱めを受け，過小評価される親の姿を見ていたのです。このダイナミクスが，学校場面においても再演されていたのです。このことが理解できていたなら，優位な立場に立とうとやりあう大人の姿ではなく，共に働くことのできる大人というものをこの子どもたちに体験させてやることができたかもしれません。

セミナーで求められるのは，各自の仕事場面における相互作用について，できるだけ詳細に記録を取ることでした。むろん，このこと自体が，その機関の文脈，各自の職場における役割の性質，ある相互作用の中で起こった話し合われるべき事柄，そしてこれらすべてに対する私たち自身の考えや感情といった，そこに関連性があると思われるすべてをまとめ上げるというはじめのステップになります。ワーク・ディスカッション形式の素晴らしい点は，自分たちが提供する素材と同様に，セミナーメンバーがセミナーから大いなる責任を与えられるということです。こうした作業を行う上での相互の責任といった民主

的な精神は，セミナーリーダーのアプローチによって支えられる必要があります。誰かエキスパートが説明をして，助言を与えるのではなく，事象に光をあてるために共に考えることです。専門家と，その対象となる人々（子ども，同僚，そして私の場合にはある程度は親もでしたが）とのダイナミックな関係性は，人間同士の関わり合いの複雑なシステムだと言えます。そこに存在するすべての人々の無意識的な感情や不安とともに，より目に見えるわかりやすい複雑さ，疑い，葛藤，そして悩みに徹底的に焦点を当てるという精神分析のレンズは，そのグループの構造が安全なものであるところでのみ，持ち込むことに耐えうるものです。メンバーは，セミナーの時間や場所が定期的に，そして安全に確保されていること，守秘義務が守られ，それぞれのメンバーの仕事が尊重されるといったことを知っておく必要があります。こうした雰囲気こそが，自分の職場における真の困難さについて，皆が正直に表現するのを可能にするのです。こうした困難さは，組織の問題から引き起こされていることもあれば，個人的不安から起こっていることもあるでしょう。そしてもちろん，関わる子どもやクライエントからもたらされるプレッシャーによって引き起こされることも頻繁にあります。こうした3つの要素のすべてが絡み合っていることも多々ありますが，そういったときには，今，ここで，私たちは一体誰の不安について聞いているのかといったことを整理するのが非常に困難になります。

　たとえば，最近のワーク・ディスカッション・セミナーで，私は次のような問題について聞く機会がありました。思春期の少女のための入所施設でスーパーバイザーの役割を持つ職員の話です。入所中の少女らに対するある職員の関わりが非常に不適切であるとともに，その職員が仕事のガイドラインに従うのを繰り返し拒否していること，そしてこうした反抗的な態度が施設長にとって非常にストレスになっているといったことでした。このスーパーバイザーは，施設長に，自分のストレスについても含めて，上層部のサポートを求めるようにと勧めていたのですが，施設長はそれができないでいたのです。ここでは，職員のスーパービジョンを行うという浮き沈みのある通常業務に対して，自分らしくはない怒りと我慢のできなさに狼狽していると記録されていました。私たちは，彼女がこの施設の中のすべての問題を解決しなければならないという考えに囚われているのではないかということを明確にすることができました。実際，このスーパーバイザーにも上層部からの援助が必要だったのです。施設長がその役割を遂行する上での援助が必要だったのは明らかでしたが，その一方で，このスーパーバイザーは施設長の調子が悪いということを知ってしまっ

たという重荷から解放される必要があったのです。このことは，彼女にとっても，また施設全体の機能という点からも不安材料になっていたのです。

　専門的実践における内省的な実践は，広く知られた概念です。特に，ワーク・ディスカッションは，まさに専門家の中の内省能力を育むことを目的として，そこに起こっている相互作用を吟味するという形態をとっています。しかしながら，精神分析理論という背景，臨床実践，そして詳細な観察に焦点を当てるといったことは，必然的に自らが情緒的に巻き込まれるような仕事をする人々をサポートするうえでは特に適切だといえます。日本でも，教師や施設職員がワーク・ディスカッションの機会を得ようとしているわけですが，こうした人々にとっては，感じることに対する能力が，まさにその仕事の中核である必要があります。このことは，仕事をより興味深く，意味のあるものにしてくれるでしょう。しかし同時に，それは他者の情緒的困難の痛みに自らをよりオープンにすることになりますし，自らの限界とともに，自分が仕事をする組織の限界にも気づかせられることになるでしょう。こうした事柄に対する気づきは，困難な出会いに対してより創造的で思慮深い反応を導きますが，しばしば個人的な不安や気持ちの揺らぎの源にもなります。このことは，ワーク・ディスカッション・セミナーがこれほど価値のある資源である所以でもあります。なぜなら，このセミナーは，自らのそうした苦闘の感情を和らげ，権威的ではない相互扶助のモデルを作り上げるからです。そして，これがメンバーの絶え間ない成長をサポートするのです。

　本書が，この価値ある仕事の形態の広がりをインスパイアしてくれるものであることを心から願っています。そして，将来的には，日本からも何らかの報告が発信されることを心待ちにしています。

2014年10月

謝　辞

本書は，何世代にもわたるワーク・ディスカッション・セミナーの参加メンバーとリーダーから寄せられた論文をもとにまとめるという編者の基本的立場から，多くの人たちの貢献によって世に送りだすことができました。ここに，豊かな発想とともに事例を提供してくれたすべての著者に感謝いたします。タビストックの精神分析的観察研究コース Psychoanalytic Observational Studies に蓄積されている豊かな素材は，サラ・ライリー Sara Riley とその事務局スタッフのおかげで集めることができたものです。彼らの忍耐に謝意を表します。また，クリスティン・ポーター Christine Porter（スザンヌ・パボット Suzanne Pabot の論文への助言），セバスチャン・クレーマー Sebastian Kraemer，タビストック・クリニック・シリーズの編者として励まし続け，本書にもきめ細やかに関わってくれたマーゴ・ワデル Margot Waddell，そして出版のための原稿準備に多大な労を取ってくれたキャロライン・ウィーバー Caroline Weaver の力がなければこのプロジェクトを完成することはできませんでした。

エミール・ジャクソン Emil Jackson の論文には，『子どもの心理療法研究誌 Journal of Child Psychotherapy』（第34巻第1号，2008年4月）が，アリソン・ホール Alison Hall の論文には，『国際乳児観察研究誌 International Journal of Infant Observation』（第6巻第2号，2003年4月）が，それぞれ論文の再掲許可を下さったことに謝意を表します。

各章の著者らが，編者からの示唆に応えて熟考し，献身的な力を注いでくれたことで，編者の仕事はとても実りのあるものになりました。

最後に，本書に登場する子どもたち，若者らとその家族，また彼らと共に仕事をする人たちの物語が本書の中核であることを明記して，ここに大いなる感謝を捧げます。もちろん，出版にあたっては，すべての名前は変更しており，個人のアイデンティティは匿名化されています。とはいえ，本書の価値は，ここで語られた経験にこそあるということに変わりはありません。

本書の起源であり，**ここに本書がある意味** *raison d'etre* は，人間の複雑さにあります。それがここにまっとうに描かれていることを望みます。

マーガレット・ラスティン　ジョナサン・ブラッドリー

編著者紹介

Serenella Adamo Serpieri　セレネラ・アダモ・セルピエリ

子どもの心理療法士。ナポリの精神保健部門で心理士として勤務する他，個人開業も行っている。ナポリ大学"Federico II"での指導と，調査・研究活動にも協力している。タビストック・クリニック／東ロンドン大学の2つのコースの外部査定者であり，AIPPI（イタリア子どもの心理療法協会 Italian Association of Child Psychotherapy）およびEFPPの会員である。

Simonetta M. G. Adamo　シモネッタ・M・G・アダモ

ミラノ大学"Bicocca"臨床心理学教授。子ども・青年心理療法士。タビストック心理療法士会会員。タビストック・クリニックが開催する"破壊的な思春期青少年との仕事 Working with Disruptive Adolescents"というコースの共同主催者を務めるなど，困難な状況下における教育プロジェクトの企画運営を行っている。ドロップアウトした思春期青少年のためのチャンス・プロジェクト Chance Project（ナポリ）における心理学的介入の共同責任者でもある。主な関心，および調査・研究領域は，乳幼児観察，若者に対するカウンセリング，小児科病棟における精神分析的仕事，そして教えることと学ぶことの関係性における情緒的側面に関するものである。

Fadumo Osman Ahmed　フェドゥモ・オスマン・アーメッド

タビストック・クリニック子ども・家族部門精神保健ワーカー，およびアシスタント・セラピスト。2008年10月からは，知的障害と重複障害チーム Learning and Complex Disability team の子どもの心理療法士訓練生として勤務する予定である。

Katie Argent　ケイティー・アージェント

タビストック・クリニック子ども・家族部門子ども・青年心理療法士。難民チーム Refugee Team 所属。難民ワークショップ Refugee Workshop 代表。小学校におけるタビストック・アウトリーチ・プロジェクトの責任者として，臨床チームを統括している。専門家のための訓練である，教育現場におけるカウンセリング・コース Counselling in Educational Settings 主催者であり，グループ・ワークショップ Group Workshop の共同責任者でもある。［担当章は日本語版では割愛］

Jonathan Bradley　ジョナサン・ブラッドリー

タビストック・クリニック思春期部門コンサルタント子ども・青年心理療法士兼子どもの心理療法士長。タビストック・クリニック／東ロンドン大学精神分析研究大学院教育課程 PG Dip／修士課程主催教員。この大規模なコースでは，ワーク・ディスカッションセミナーが常に重要な位置を占めている。「子どもを理解する－10歳 Understanding

Your Ten Year Old Child」「子どもを理解する－15〜17歳 Understanding 15-17 Year Olds」「人生に立ち向かう Coping with Life」（特に思春期についての書）など一般読者を対象に多くの著作がある。Jessica Kingsley より出版されている「子どもを理解する Understanding Your Child」の新シリーズの編集者でもある。グループにおける学びに関わるプロセスに関心があり，タビストック・クリニックおよびレスターにおけるグループ関係イベント Group Relations Event にはスタッフ・メンバーとして参加した。

Margherita Castellani　マルゲリータ・カステラーニ

タビストック・クリニック子どもの心理療法士訓練生。以前は，ニューヨークとロンドンで芸術史を学んでいた。

Karl Foster　カール・フォスター

国内の博物館，ギャラリー，学校やその他の学習施設におけるクリエイティブ・プラクティショナー。博物館では，通訳やデザイン，プロジェクトの企画や公的資金による仕事など多岐にわたる。[担当章は日本語版では割愛]

Paola Giusti　パオラ・ジウスティ

子どもの心理療法士。ナポリの子ども思春期施設で心理士として勤務する他，個人開業も行っている。ナポリ大学"Federico II"での指導と調査・研究活動にも協力している。AIPPI（イタリア子どもの心理療法協会 Italian Association of Child Psychotherapy）および EFPP の会員である。

Alison Hall　アリソン・ホール

グラスゴーのヨークヒル病院小児腫瘍科／血液科アウトリーチ専門看護師。過去およそ20年にわたり小児看護の領域で仕事をしてきたが，その多くを小児がん看護を専門にしてきた。

Stuart Hannah　スチュアート・ハンナ

ソーシャルワーカー。タビストック・クリニックで訓練を受けた子ども・青年心理療法士。コッツウォルズ・コミュニティー Cotswold Community でソーシャルワーカーとしてのスタートを切ったが，そこで個人，グループそして組織の心理力動に関心をもった。それ以来，都市中心部やタビストック・クリニックの思春期部門などあらゆる設定でソーシャルワークに携わった。現在は南エセックスのペブルズ治療コミュニティー Pebbles Therapeutic Community で子どもの心理療法士として仕事をするほか，個人開業も行っている。

Claudia Henry　クラウディア・ヘンリー

ハロー CAMHS 子ども・青年心理療法士。子どもの心理療法士としての訓練を受ける前は，長年，大規模小児科病院で，病院プレイ・スペシャリスト hospital play specialist として仕事をしていた。子どもの心理療法士の臨床訓練の一環として，新生児

ケア病棟でも仕事をした。

Emil Jackson　エミール・ジャクソン

タビストック・クリニック，ブレント青年センター Brent Centre for Young People コンサルタント子ども・青年心理療法士。臨床の仕事に加え，タビストック・クリニックの多くのコースで教鞭をとる。子どもの心理療法訓練コースの主催教員補。過去10年は，学校における幅広いアウトリーチ精神保健プロジェクトを企画運営してきたが，教職員に対するワーク・ディスカッション・グループはその中でも非常に重要な位置を占めている。

Trudy Klauber　トゥルーディー・クラウバー

元々は中等学校教員としての訓練を受けた，コンサルタント子ども・青年心理療法士。タビストック・ポルトマン NHS 財団の大学院教育部門長。親面接や臨床スーパービジョンの他，公立およびボランティア団体の精神保健領域の職員が質の高い訓練を受けられるよう自ら教鞭をとり，かつ企画することに特に関心がある。英国やイタリア，また時には合衆国でも教鞭をとる。親面接，自閉症やアスペルガー症候群の子どもや青年について，また精神分析的思考のさまざまな応用について多くの論文を発表している。

Sheila Miller　シーラ・ミラー

タビストッククリニック子ども・家族部門コンサルタント子どもの心理療法士。長年にわたり，タビストック・クリニックの観察研究コースでワーク・ディスカッション・セミナーを行ってきた。1994年から2001年まで南アフリカで暮らし，同僚らと共にタビストック・モデルのワーク・ディスカッションおよび乳児観察セミナーを用いた応用実践を行った。

Elizabeth Nixon　エリザベス・ニクソン

長年，知的障害のある子どもや青年を専門とするドラマ・セラピストとして仕事をした。その後，子ども・青年心理療法士としての訓練も受けた。[担当章は日本語版では割愛]

Susannah Elisabeth Pabot　スザンナ・エリザベス・パボット

児童文学修士。児童文学専門ジャーナリストとしてロンドンで仕事をしていた。タビストック・クリニックの観察コースで勉強をする傍ら，2年間，学習メンターとしてロンドンの幼児学校に務めた。現在はフランスパリ在住のフリーライター，編集者。

Margaret Rustin　マーガレット・ラスティン

タビストック・クリニック・コンサルタント子ども・青年心理療法士。1986年から子どもの心理療法士長。精神分析的観察アプローチの訓練を英国内および他の多くの国に拡充していく先鞭をつけ，それをサポートしてきた。マイケル・ラスティンとの共著に「Narratives of Love and Loss」「Mirror to Nature」がある。共編著に「Closely

Observed Infants」「Psychotic States in Children」「こどものこころのアセスメント Assessment in Child Psychotherapy」がある。

Michael Rustin　マイケル・ラスティン
東ロンドン大学社会学教授。タビストック・クリニック客員教授。英国精神分析家協会名誉会員。主な著作に「The Good Society and the Inner World」「Reason and Unreason」がある。[担当章は日本語版では割愛]

Suzan Sayder　スーザン・セイダー
タビストック・ポルトマン NHS 財団で子ども・青年心理療法士としての訓練を受けた。現在は，タビストック・クリニックおよびブレント青年センターから派遣され，ロンドンの公立中等学校2校において，生徒と教職員グループに対するアウトリーチ・ワーカーを務める。また，ブレント・センターの家族サービス Family Service でも仕事をするほか，タビストック・クリニックのコースで教鞭をとっている。

Rita Tamajo Contarini　リタ・タマージョ・コンタリーニ
子どもの心理療法士。ナポリの子ども・思春期施設で心理士として勤務する他，個人開業も行っている。ナポリ大学"Federico II"での指導と調査・研究活動にも協力している。AIPPI（イタリア子どもの心理療法協会 Italian Association of Child Psychotherapy）および EFPP の会員である。

Gianna Williams　ジアンナ・ウィリアムズ
20年以上にわたり，タビストック・クリニックの精神分析的観察研究コースの主催教員であった。1970年代初頭から，英国と海外の両方でワーク・ディスカッション・セミナーの教鞭をとっている。ヨーロッパおよびラテンアメリカの国々で，タビストック・クリニックのコースをモデルとして，精神分析的観察研究，および子どもの心理療法のコースを設立した。現在は，タビストック・クリニックの子どもの心理療法博士過程で教鞭をとるほか，精神分析家として個人開業を行っている。

Gary Yexley　ガリー・イェクスリー
本書で紹介された治療コミュニティーの長。この施設は，Childhood First（以前のPeper Harow Foundation）チャリティーの一環で，長期にわたり関係性や虐待のトラウマを体験した子どもや青年の入所治療を専門とするチームである。タビストック・センターとの共同で企画した大学認可のコースの一部として，職員のサポートと訓練プログラムにワーク・ディスカッション・セミナーを取り入れている。[担当章は日本語版では割愛]

序　文

トゥルーディー・クラウバー

　タビストック・クリニックで発展してきたワーク・ディスカッションの歴史，理論，その実践を著す本書の序文を書くように依頼されたことを光栄に思います。

　役割や仕事にかかわりなく，その能力を向上させる学びのモデルの開発に，タビストック・クリニックはとても実効性のある方法で携わってきました。現在これは，医療保健省と子ども・学校・家庭省が展開する，働く人すべてに求められる保健，ソーシャル・ケア，司法の技術をもつ「優秀なチームや個人を創出する」政策と密接に連携しています。タビストック・クリニックは，第一次世界大戦直後に設立されて以来，そのためにたゆまぬ努力をしてきたのです。メンタル・ヘルス向上のためのクリニックの取り組みにおいて，訓練が臨床の仕事と同じくらい重要だということを一貫して示し続けてきました。ここでの訓練は常に，どこで働こうと，学んだことをそれぞれの多様な役割のなかで，確実に生かせることを目指してきました。

　ワーク・ディスカッションのモデルは，精神分析の着想を応用するモデルです。これは第二次世界大戦の戦前，戦中，戦後に，タビストック・クリニックで働いていた卓越した人々に依るところが大です。1930年代に，ウィルフレッド・ビオンはグループを理解しようとし，その後，ジョン・リックマンらと共に，英国の陸軍士官選出に有効な方法の開発にたずさわりました。誰が権力よりも権威を用いることに関心をもち，他者のニーズやスキルを心にとどめながら，考え続ける力を十分にもっているかを見極めるために，彼らはリーダーのいないグループを用いました。ジョン・ボウルビーは，後に自らの愛着理論を研究し発展させることになりますが，アンナ・フロイトのハムステッド保育園で，疎開している子どもの観察を行いました。ジェームスとジョイス・ロバートソンは，短期間の分離を体験している子どもたちをフィルムに収めました。その映像は，突然の喪失の影響，代理の養育者の不適切なケアといった子どものトラウマ体験を，より広く理解するのに非常に役立ちました。マイケル・バリントが，自分たちの仕事について話し合う医師の小グループを作った一方で，

エスター・ビックは1940年代後半から乳児観察セミナーを行っていました。ここにあげた人々は——もっとたくさんいるのですが——，探究と思慮深さという豊かな文化風土を作り上げ，類まれな知性によって，集団研究の方法論を発展させ，その研究を重ねて，集団や組織の力動の理解を深めていったのでした。

やがて，タビストックで子どもの心理療法の訓練を創始・展開したマーサ・ハリスは，新しいトレーニング方法を作り上げ，ワーク・ディスカッション・セミナーが，教えることと学ぶことの体験に効果があることを示しました。それはハリスの才能と創造的な手腕によって形を成しましたが，その後，発展してタビストック・クリニックの多種多様な講座の必須部分となりました（マーガレット・ラスティンによる本書の第1章歴史的・理論的展望を参照［訳注：日本語版では割愛］）。

どんな現場にも必然的に人間の相互作用がともない，そこで応用できる教育方法を進化させる，そんな特殊な**時代精神** zeitgeist があったようです。このモデルは，援助者自身の専門性や意図を認識しつつ，集団の働きや精神分析に関する訓練を受けたセミナー・リーダーの助けを通して，そこにさらに何かが加えられます。この新たな何かは定義しにくいものですが，参加メンバーに計り知れないインパクトを与えます。ここでの体験は，煩雑でつらくて骨の折れることばかりの職場状況（多くは臨床の仕事ではありません）において，効果的に——あるいは治療的にとも言えるほどに——仕事に取り組む能力を強化するのです。

ワーク・ディスカッション・セミナーに参加した受講生は，この体験は自分の人生を変えたと言っています。彼らは，何か特別なことを感じているのです（本書の第2章の最後にジョナサン・ブラッドリーが引用した元受講生のコメントを参照［訳注：日本語版では割愛］）。

2人のとても経験豊かなコンサルタント児童・思春期精神科医が，それぞれ私に語ったことは，タビストックのワーク・ディスカッションのモデルは，彼ら個人にとっても，また専門性の向上にも深いインパクトを与えたということでした。2人にとっての最初のインパクトは，心がかき乱され，しかも挑発されていると感じられたことでした。実際，受講生が最初はこのセミナーを好きになれないというのは，私の経験でもよくあることです。この精神科医は2人とも，セミナーの初期に，当惑を感じたことを覚えていました。リーダーは教師としての教えを示さず，集団を特定の議論の筋道へと積極的に導くこともありません。その代わりに，発表者が職場でのやり取りの報告を読み上げると，

集団に対して心に浮かんだ考えを述べるよう求めるのです。好奇心と探求という雰囲気，そして性急な結論や解決に突き進まないことに，2人は衝撃を受けると同時に刺激も受けました。セミナーの経過中，2人は自分の内部で感じていることが，何かしら展開していくのをしばしば経験し，その展開を受け入れて認めていくことで，より広い心やより大きな忍耐と謙虚さの感覚が増したのでした。おそらく何にも増して彼らが感謝しているのは，本当の意味で思慮深い心の状態といえるものを体験したことです。

ワーク・ディスカッションのモデルは，参加メンバーがただ「物事をありのままに言う」ように促せるかどうかにかかっています。一人称で何かを書き，主観的な考え，時にはひどくつらくて厄介な感情をそこに入れ込む。多くの場合，これはかなり新鮮な体験になります。受容的な雰囲気や純粋な気持ちで関心を寄せるという態度は，ゆっくりと受け継がれていきます。これは実際，うまくリードされたセミナーでは，集団の一人ひとりがリーダーの能力や仕事のやり方に同一化しはじめる，といったほうがより正確かもしれません。

ビオンのコンテインメントの概念が，本書のいたるところで繰り返し言及されていますが，これはある設定を確立する方法を描写するものです。その設定では，受容はするが受身ではなく，思考を刺激するが直接的な挑発ではなく，すべてを包み込もうとはするが皆に同じことを考えたり言ったりはさせないのです。これが達成できれば，変容する力のある何かが起こりえます。保健医療や教育，ソーシャル・ケアといった幅広い分野からの受講生は，ワーク・ディスカッションを通して自分の仕事についての考え方が変わったと言います。目にみえる形で仕事のやり方が変わるかどうかはわかりませんが，援助対象である集団や自分の業務，また多くの場合，「仕事上のストレス」や「燃え尽き」として知られるような出来事の原因である人間関係の力動に，自分が一役かっていることについてどのように考えるのかを確実に変えるのです。

私は，ワーク・ディスカッション・モデルの強みは，参加メンバーの内部の変化が本当の変容 transformation である点だと思います。参加メンバーは，以前には気がついていなかった細かい点を見ることができるようになります。投影された感情を潜在的なコミュニケーションとして見なすことができれば，これを役立つ／有用な現実だと認識できるようになります。たとえば，自分が困惑やイライラや怒りを感じると，その気持ちは周りの人々に伝染します。日常生活では，街やバスの中や地域のイベントで「小さな事件」を目撃したときに私たちは皆このことに気づきます。とても怒ったり興奮したりしている人

は，誰かとの喧嘩を待っているか，攻撃をひどく恐れているのかもしれませんし，その両方かもしれません。ワーク・ディスカッション・モデルは，明らかに投影の概念を前提にしています。つまり，セミナー・グループのメンバーたちが話の詳細に注目する時に，どのようにしてさまざまな感情が援助者の中に入り込み，実際にそこにいる参加メンバーの心をかき乱すことになるのかを探求していくのです。

　セミナーでは，起こること，言われること，そして心の状態の中から拾い上げられることについて考えていきます。これはやがて，自分の中で新たな構成要素のひとつになっていき，あらゆる責任感や仕事のうまくいかなさや衝動的な反応から参加者を解き放ちます。本書のほとんどの章で見られるように，これはグループの中で，またセミナー・リーダーによって形作られるものです。おそらく，これが本当の意味で，使い古された「共感」という言葉に，何がしかの現実味をもたせてくれるのです。グループはお互いに対して，また事例提供で説明された人々に対して，気持ちを通わせるようになり始めます。そして，リーダーが自分のやるべきことに踏みとどまって頑張れば，メンバーが仕事に戻ったときに，自分の心の中にじっくりと考えるスペースが育っていくことに気づきます。援助対象に対して，これまでとは違う種類の相互作用の感覚や，強固にパターン化された考え方や行動を際限なく繰り返さない可能性の感覚がもたらされることで，それが驚異的に力強い要素となるのです。

　教える方法，グループ・スーパービジョンの方法，ピア・グループの方法についての時宜を得た論文が集められた本書は，援助者に対しても，また彼らのなす仕事に対しても，桁違いに創造的で活力を与える衝撃に満ちています。

はじめに

マーガレット・ラスティン

　本書の目的は，ワーク・ディスカッションの進化や現代的な実践について，子ども，青年，そして家族を支援する幅広い専門業務と関連づけて述べることです。編者としては，事例検討の歴史的，理論的展望，そして魅力ある興味深い場面を提供したいと思っています。学びのプロセスの本質と，ワーク・ディスカッションが可能にする仕事とのより深い関係の質が，ここで明らかになるでしょう。

　本書のタイトルには，「コンテインメントの研究」といったものの方がふさわしいのではないかと思われる箇所があります。というのも，本書には，多くの受講生の最終論文 work discussion paper が貢献してくれているのですが，これらを再探求するうち，コンテインメントの概念がかなり中心的なものだと分かってきたからです。ビオンの概念の理論的力が広範囲にわたっています。それがとても多様な状況の中で応用でき，関連づけることができるという点に，私たちは何度も驚かされます。ビオンの考えの中核は，「コンテイナー」と「コンテインド」の力動的な相互作用を，情緒的体験との関連で理解することです。「コンテイナー」とは，より成熟した心（ビオンが早期の精神発達で説明する母親）を表す用語で，その心は，観察し，思慮深く考え，究極的には意味のある形や，言語による思考レベルでの表現に達していないような情緒的体験の要素を変容させる力を有しています。一方，「コンテインド」とは，より未発達な心（ビオンのモデルでは乳児）です。この心には，考え，表現する力が十分に確立しておらず，考え，コミュニケーションをし，判断するような心の能力を発達させるために，コンテイナーとの関係を必要としています。二者のあいだの相互作用は，特に「投影同一化」と定義されるコミュニケーションの形を含む，意識的・無意識的，言語的・非言語的コミュニケーションを通して起こります。これは，母親／コンテイナーの心の夢想 mental reverie（原始的な情緒的コミュニケーションに心が開かれていること）を通して出現し，このコミュニケーションにより生まれた反応を通して，意味を得るのです。したがって，初めの数カ月のあいだに，痛み，空腹感，寂しさ，不安，退屈などを

赤ん坊が徐々に区別できるようになるのは，赤ん坊の身体的コミュニケーションに対する親の反応によるものなのです。このように赤ん坊は，他者から分かってもらうことを通して，自分自身を理解し，知るようになるのです。ビオンは，この発達モデルが精神分析の治療的有効性の中核をなすと示唆しています。このモデルが，専門家とその援助対象者との関係性の本質的な面をいかに力強く物語るものなのかは，本書が証明してくれると思います。役に立つコンテイナーになるために何が求められ，このプロセスで分かっていかねばならない情緒的な痛みが何であるのかについて参加メンバーが気づいていく様子が，多くの章に記されています。

　本書は四部構成になっています[訳注1]。第一部では，現在，ワーク・ディスカッションが実践されている範囲や背景を概観します。セミナー・リーダーと受講生の視点から記述されている各章の他，このパラダイムが，自分の仕事について継続的なディスカッションを行うことでサポートされると考えられるような困難な仕事を抱える職員のいる，多くの機関で展開できる可能性があることを示唆する章もあります。

　最も長い第二部では，ワーク・ディスカッションの実践の模様がとても生き生きと描写されています。この中の各章は，すべてワーク・ディスカッション・セミナーに参加していた受講生の記録をもとにしています。このセミナーは修士課程レベルのもので，精神分析的枠組みの中で観察力を伸ばし，現在進行形の専門職に応用することに焦点が当てられています。ここの各章は，次の3つの表題でまとめられています。教育関係の仕事，医療・保健の現場，そしてさまざまなソーシャル・ケア関連の現場です。描かれている専門職には幅があります。ドラマ・セラピスト，学習メンター，ティーチング・アシスタント，創作芸術家，病院のプレイ・ワーカー，小児がん病棟の看護師，情緒障害児短期治療施設の職員，地域難民のワーカー，刑務所内保育所のワーカー，児童養護施設のワーカー。このようにさまざまな職種が混じるのは，この種のコースを求める人々に特徴的だと思われます。ここには，言語療法士や芸術療法士，心理士，研修医，養護教諭，子どもセンター Sure Start の職員，思春期病棟の看護助手などが含まれてもおかしくありません。興味深いことに，受講生のより遡ったバックグラウンドは，さらに多様です。このようなコースは，転職

訳注1）以下，原書の構成に沿って解説されているが，日本語版ではいくつかの章を割愛し，再構成してあるため，本文と直接の対応関係はない。ここでは，ワーク・ディスカッションの活用の広がりを伝える意味もあり，あえて原文のまま訳出，掲載してある。

の可能性を模索する人々を魅きつけます。また，ジャーナリストや弁護士，作家，学者，校長などから，もともとほとんど学歴がなくても自然に人間関係に興味を抱き，この種の研修に引き寄せられる人もいます。

　それぞれの章は，複雑さと洗練さにはさまざまなレベルがありますが，どれもがワーク・ディスカッションが動かす，学びのプロセスの証明になっていると思われます。この点で，本書ではどのワーク・ディスカッション・セミナーにおいても出会うような人々の論文を選んでいます。馴染みのない新鮮な経験について書こうとしている人もいれば，自分が見たり行動したりすることや，自分の理解や知覚に生じることを表現するのに適切な言葉を探し求めている人もいます。また果敢にも，観察というアイディアと精神分析の概念を先行する理論的図式とを統合しようとする人もいます。これが，時には，職業的アイデンティティの感覚を大きく変えたり，もっとも根源的な組織化をもたらしたりするのです。この種の記述は，ワーク・ディスカッション・セミナーに参加するということが，どのような感じのすることなのかを効果的に伝えてくれます。セミナーではアイディアが，発見と興奮というはっきりとした感覚をともないながら，徐々に形になっていきます。参加メンバーがある援助対象者に対して抱く極端なレベルの不安や痛み，自分の役割や機関に対する問い，そして支援を受けることで開かれる人間の可能性についての問いもまた，本書のこの部分で非常に良く記されています。

　第三部では，国際的なプロジェクトでのワーク・ディスカッション・モデルの応用例を見ていきます。ここでもまた，このアプローチの汎用性が明らかになっています。たとえば，剥奪やトラウマを受けた人々のコミュニティの中でほとんど訓練を受けていない南アフリカの職員たち，ナポリでの複雑に重層的なコミュニティへの介入と調査プロジェクト，そしてメキシコの悲惨な児童養護施設における有用性が描かれています。ワーク・ディスカッションは，このように海外にも広がっており，多くの国で私たちが引用したのと同様のコースで用いられています。この国際的な側面についての記述である第三部に含まれる章はすべて，特定のプロジェクトの範囲内でこのモデルが革新的に発展を遂げた方法について記述しています。ですから，これらの各章は，ワーク・ディスカッションの創造的な潜在能力を示唆し，いかにさまざまな文脈において意味があり，活用できるものなのかということを裏づける証となっています。

　第四部と最終章では，この教育的実践のより広範な意味づけについて議論します。たとえば，研究の可能性，政策との関連性，そして公共サービスの展開

における位置づけなどです。これらの章は，それまでとは異なる視点から，多種多様なプロジェクトの可能性を触発しうるものです。

　本書は，ワーク・ディスカッションの過去および現在の教員や受講生だけではなく，より広範な専門職につく人々が，教育や保健医療，ソーシャル・ケアの現場での仕事の質について考え，また困難な状況下で専門性を維持し，発展させるという切迫した課題について考える際に，役立つものだと信じています。燃え尽きは多くの専門職で深刻な問題ですが，ソーシャル・ワークや教育現場はどれが深刻な場は他にはありません。本書で描いたように，体験についてじっくりと考えることは，能力の回復や成長にとって有力な源になると思います。

I

イントロダクション

序　章
ワーク・ディスカッションとは何か

鈴木　誠

心理療法が届かぬ世界へ

　激しいこころの痛みを抱えた人々が大勢いるのが明らかであっても，標準的な心理療法の援助が及ばない人々や世界があります。今日の臨床現場や援助の状況の多様化にともない，こうした領域で働く臨床家は急速に増え，彼らは「専門家として，何をなすべきか」を自問自答しながら，日々，悪戦苦闘しています。これは，施設において，臨床家の専門性の役割定義が十分にされていないことも一因です。心理療法やカウンセリングが有効に機能する設定について，施設管理者や同僚から十分な理解を得られず，こころのケアの「何でも屋」として使われている状況もあります。また施設自体に財政的・人的ゆとりがなく，こうした状況が慢性化していることもあります。あるいは施設自体が機能不全に陥っていたり，完全に破壊されたりしている中で，臨床家としての専門性を発揮することが期待される状況すらあります。

　被災地支援が，その最たるものでしょう。荒れた学校のスクールカウンセラーや学校緊急支援の対策会議における介入でも，期待されているのは心理療法ではありません。ガン拠点病院や緩和ケア病棟，小児科病棟や産婦人科病棟などで，医療チームの一員として働く臨床心理士やソーシャルワーカーやリエゾン看護師も，専門性による役割定義や分担が十分にされていません。また医療スタッフのストレス・マネジメントであるデス・カンファレンスにおいても，職業人のメンタルヘルス支援や復職支援においても，臨床家の専門性はまだ十分に確立されていません。児童養護施設や母子支援施設などの福祉の領域では，財政的にも人的資源にもゆとりがなく，また心理療法が有効に機能する設定が十分に理解を得られていないこともしばしばあります。

この種の領域では，働くすべての対人援助職が心理的に過酷な状況に追い込まれていることも少なくありません。こうした臨床現場で，「専門家として生き残り続けること」は，並大抵のことではありません。このとき臨床家の仕事に，理論的根拠と専門的技法を与えてくれるのが，ワーク・ディスカッションの理論とその実践の蓄積なのです。

　この方法論の中核には，精神分析の着想が深く根ざしていますが，わが国ではまだ馴染みは薄く，精神分析を学んでいる臨床家にさえ，この方法論のもつ汎用性や潜在能力などは，あまり知られていません。そこで本章では，ワーク・ディスカッションの方法論 work discussion method について紹介していきたいと思います。

　大きく分類すれば，この方法論は「継続的な能力開発プログラム Continuing Professional Development（CPD）」に位置づけられるでしょう。現代精神分析を応用した対人援助職や管理職候補の定例的グループワークで，観察やグループ・ディスカッションを通して，観察力や感受性，「経験から学ぶ」能力や対人スキルを向上させることが目的です。マーガレット・ラスティンによる「日本語版への序文」でも述べられているように，1960年代からタビストック・クリニックの体系的な上級コースの訓練プログラムとして登場し，現在では幅広い対人援助職の大学院のカリキュラムにも組み込まれています。

　しかし，これはただの研修グループには留まりません。他にも多くの潜在的な機能があるのです。それはグループに参加する個人の職業意識（やりがい）の向上や啓発，ストレス・マネジメント，参加する個人が所属する組織の集団心性の理解，組織の改革や発達，そしてその組織機能を促進する効果もあるのです。そのため，過酷なストレスに曝される「医療や福祉や教育現場へのCPD」，ストレス・マネジメント，自己啓発や組織コンサルテーションにも活用されています。

見落とされるトラウマの影響

　日常的に死がある医療現場には，常にトラウマティック・ストレスがあります。重い病気，ひどい怪我，重い後遺症，そして患者の死は，患者やその家族にとってトラウマティック・ストレスになりえます。典型的な症状がなくても，患者や家族が急性ストレス障害に類似した状態であることは，少なくありません。医療スタッフが日常的に接している人々には，トラウマがあるのです。

この観点から見ると，医療現場は，代理受傷のリスクが高いことが分かります。また，医療スタッフが「親身なケア」を心がけていると，患者やその家族は，必然的にスタッフの愛着の対象になります。つまり医療スタッフにも，患者の死は対象喪失となり，外傷体験となりうるのです。特に患者が，子どもや若者だと，そのダメージはより大きくなります。

　福祉の現場においても，剥奪や虐待，家庭内暴力の被害者と日常的に交流します。こうした被害者が，複合型心的外傷後ストレス障害であることは少なくありません。学校にも，剥奪や虐待を受けた子ども，家庭内暴力を目撃している子ども，親が自殺した子どもなどが，少なからず通ってきています。教育や福祉の現場も，同様にトラウマティック・ストレスに曝されているのです。こうしたストレスをマネジメントするのは容易なことではありません。これは，施設で働く対人援助職が，離職を考え，決意する大きな要因にもなっています。

　本書に登場する施設はさまざまで，その職種も多様です。複雑な問題を抱える学校で働き始めた学習メンターという新しい職種，子どもの死と日常的に向き合う病院の看護師やプレイ・スペシャリスト，社会資源が乏しい難民キャンプのソーシャルワーカーや暴力が蔓延する社会における児童養護施設や学校で苦闘するスタッフなど。極めて厳しい状況での臨床実践の様子が，ワーク・ディスカッション・セミナーで生々しい悲惨な事例として報告され，精神分析を活用して，探索と理解が進められています。この方法論は臨床現場の実情に合わせて，多様な環境下で応用されて発達してきており，そのためその運営方法にもかなりのバリエーションが生まれます。英国ではこれは「優れた実践モデル」（教育技能省DfES／厚生省DoH，2006年）と評価されており，最近，邦訳も出た「組織のストレスとコンサルテーション——対人援助サービスと職場の無意識」もそのひとつであるとラスティンは指摘し，この方法論の歴史と理論について整理し直しています。

歴史と起源

　ラスティンはこの方法論の起源が，乳児観察セミナー，バリント・グループ，そして集団生活体験の研究にあり，それぞれが独自の発展を遂げているといいます。それをここで時系列的に整理しておきましょう。

乳児観察セミナー

タビストック・クリニックの児童心理療法訓練部門を設立したビックは，1948年に精神分析的子どもの心理療法の訓練として，乳児観察を考案しました。生後間もない乳児やその母子の相互作用を観察し，乳児のこころや母子関係の発達について学び，観察や思考の力，精神分析理論を体験的に学ぶのです。今日では，これは英国のあらゆる心理療法の基礎訓練になっています。また観察される母子の支援としても注目されており，虐待リスクの高い家庭に観察に入ることが，母子の孤立や虐待の予防策として期待されています。また，福祉や医療，司法，教育の現場で働くスタッフ，ジャーナリスト，観察を研究方法としている研究者のCPDとして活用されています。現在では，観察対象も乳児だけではなく，幼児や若者，老人，集団や組織へと広がっていて，本邦でも学校や学級崩壊への支援などに応用されています。

バリント・グループ

精神分析医のバリントは，1957年に一般開業医 General Practitioner のための訓練として，定例事例検討会に似たカンファレンスを始めました。これはグループ・スーパービジョンのようなもので，日常的な診療場面での「医師と患者との関係性」に焦点を当てて，事例が検討されました。事例には，扱いに苦労する患者，診断や意思疎通がうまく行かない患者が選ばれました。「病気中心の医学ではなく，患者中心の医学を目指して」，医師が患者の声に耳を傾け，患者その人を理解し，その人に適した伝え方を修得して，日常の診療行為での質の向上を図ってきたのです。後にこれはバリント・グループと呼ばれ，欧州や南米で拡大して，今日では臨床心理士や精神科スタッフの心理療法的アプローチとして，重要な訓練や業務になっています。

集団生活体験の研究

1960年代にタビストック・クリニックのスタッフは，専門職として働く自分の行動を研究対象としました。つまり自分の仕事上の役割や組織心性を研究したのです。異業種の専門性を尊重しつつ，すべての職種が対等に扱われ，平等な議論をし，事例の中の現象を理解するために，集団プロセスの観点が活用されました。やがて集団研究とケースカンファレンスは統合されていきます。そして集団心性や集団の相互作用，社会システムやコミュニティー，組織の精神分析的研究へと発展し，マネジメントの訓練，組織コンサルテーションや人間

関係訓練プログラムへと発展してきています。

ワーク・ディスカッション・セミナー

　1960年代にマーサ・ハリスは，これらの起源からワーク・ディスカッション・セミナーを作り，タビストック・クリニックに導入し，やがて大学院の学位取得課程の一部にもなります。その後は，システム論や認知発達科学なども取り入れて，保健医療・教育・福祉のCPDとして多種多様な進展を遂げました。そのため独自のカテゴリーとしてのワーク・ディスカッションという用語は姿を消し，より身近な「思慮深い」実践となったのでした。多様化した実践の本質を明確にするために，ラスティンらは再び，ワーク・ディスカッション・メソッド work discussion method として再考しました。この方法論の理念モデルを抽出するために，まず運営方法の基礎となっている乳児観察セミナーについてもう一度，概観しておきましょう。

運営モデルとしての乳児観察セミナー

　観察対象は，「生後直後から家族との相互作用の中で成長する2年間の乳児の姿」です。観察方法には一定のルールがあります。

　観察者は，毎週，同じ曜日の同じ時間に家庭訪問し1時間観察します。観察者は受動的態度でこころを開いて，母子の声の調子，細かな動き，身振り，表情などの些細な現象に注意を払います。観察者は，乳児や家族とは交流せず，録音，録画，メモもいっさい取らずに，観察の体験を記憶するのです。

　記述方法にもルールがあります。

　観察後，すぐに思い出して詳細に記述します。評価や解釈はせず，ありのままの現象記述に徹し，生き生きとしたレポートを作るのです。このレポートを持ち寄って，乳児観察セミナーが開かれます。

　5名以下の訓練生が，毎週，集まり，1～2名のリーダーと観察記録をもとに検討します。リーダーは，乳児観察セミナーを体験した精神分析的心理療法士が担当します。

　セミナーは1回1～2時間で，ひとつの事例が発表され，他の訓練生は，こころを開いて聴きます。そして事例を聴いていて，浮かび上がってきた自分の情緒，考え，気持ちを，率直かつ自由に語り合います。

　リーダーは，「観察した家族関係，乳児の人格発達，起こっていることの意

味をできるだけ豊かに組み立てる」ように介入します。つまり適切な問いを発し，話し合いを促進し，集団心性や母子の交流を理解するために，コメントするのです。そして訓練生が，乳児のこころや母子のこころの交流を探索し，その発達を学び，こころの理解を深めることを促進するのです。

ワーク・ディスカッションの理念モデル

　一方，ワーク・ディスカッションの観察対象は，「職場で苦慮している他者と自分との関係」です。ここでいう他者には，患者やクライエントなどの援助対象，家族，子どもだけではなく，同僚や職場集団も含まれます。

　この観察方法にも，一定のルールがあります。業務について「関与しながらの観察」を行うのです。つまり，通常通りに仕事をしながら，自分と他者との関係性を，乳児観察のように観察するのです。乳児観察と違うのは，観察者が他者と能動的に交流し，仕事をしている点です。

　記述方法も，乳児観察に似ています。ただワーク・ディスカッションの場合，観察者の役割，その相互作用の詳細を複眼的に記述する必要があります。また，客観的記述だけではなく，観察者の主観的体験の記述も重視されます。

　こうしたレポートを持ち寄って，ワーク・ディスカッション・セミナーが開かれます。このグループは「面識のない異業種」の受講生5名程度と，1～2名のリーダーで構成されます。リーダーは精神分析的心理療法士で，職場の外でセミナーは毎週／隔週開かれます。観察は1年以上続け，受講生は1学期に事例を2回程度発表できるように設定されています。運営方法は乳児観察と同じですが，集団プロセスの観点がより積極的に活用されます。

　探索する焦点は，観察者と観察対象との無意識的な情緒的交流，観察者の役割と潜在力，その役割が組み込まれている組織の性格，集団心性と観察場面とのつながりです。現実の職場の複雑で無意識的な情緒に日々，翻弄されて，気づかなかった現象の意味や影響を理解するように話し合うのです。そしてそれぞれの受講生が，自分の職場の「組織心性を理解する能力」を発達させるのです。最近では，この受講生の個人的体験が，その職場の組織文化に影響を与えることが，注目されています。つまり職場の雰囲気を変えたり，職場の問題に気がつき，改革しようという機運が高まるのです。

運営方法，観察の機能とセミナー・リーダーの機能

さてここでは，この方法論が果たすさまざまな機能について，現代精神分析の観点からそのメカニズムを探索してきたいと思います。

設　定

この設定のモデルは，精神分析的心理療法の治療設定です。精神分析プロセスの確立と維持に関して，メルツァーは「『セッティング』の創造であり，そのセッティングの中でこそ，患者のこころの転移プロセスが表現される。この『創造』という言葉を用いたのは，この種の仕事の技法的側面を強調するためである」と言及しています。

精神分析は，非日常的な空間（診察室や面接室）で，第三者（日常的な接点がない）である治療者との定期的で継続的な対話を通して進みます。この対話には自由連想法が用いられ，特定の思考の流れに左右されず，こころをありのままに観察するように促されます。そして生じた観察素材を，患者と治療者が協力して探索し，その意味や理解を見いだしていきます。この単純だが変わらない設定が，治療の場や治療者の機能を保護し，精神分析の探索のプロセスを促進するのです。またこの設定自体が，患者のこころの痛みの受け皿になります。つまり外在化されたコンテイナーとして，依存対象や安心感を提供しているのです。

一方，ワーク・ディスカッションのグループの設定も，職場で苦闘する受講生の受け皿となります。多忙な日々の職場から離れて，大学院やクリニックのカンファレンスルームで，日常的な交流のないセミナー・メンバーで構成されるグループの中で，治療者の機能を有するセミナー・リーダーの介入に支えられながら，それぞれの仕事上の人間関係について，定期的で継続的な対話ができる場と環境が保証されています。グループでの話し合いのプロセスは，自由連想法と同じ価値が与えられて，試行錯誤しながら事例の現象，ディスカッションの場で生じるメンバーの独自の体験や行動 acting out of inside も考える素材にしながら，探索し考え，意味や理解を導きだしていきます。「解決や対応策」を目標にしていない点は，「症状の除去」が目標ではない治療状況と同じです。つまり現実において翻弄されている「訳の分からない仕事」を，取り組むことができる「意味のある苦労」に変容するのです。治療と同様に，いざとなれば，頼れる場所や仲間がいるという安心感が生まれ，自助グループとし

てストレス・マネジメントを促進します。

　設定それ自体に精神分析の営みを保護し，促進する機能があります。それゆえセミナー・リーダーが，この設定を維持する能動的な役割は重要です。そのため理念モデルで記述した設定が理想的ではあります。しかしこの方法論の場合，臨床場面に合わせて，設定を修正し再定義して維持することが最も重要になります。この方法論が貢献できる領域で，この設定は現実に合わせて柔軟に再設定されています。本書にも，さまざまな設定での実践が収められています。たとえば第1章では学校における設定が論じられています。しかし設定の修正や変更は，精神分析プロセスにも大きな影響を与えます。「転移のプロセス」の表現が変わってくることを意味するからです。

　特にこの方法論が貢献できる場面には，トラウマの破壊的なインパクトが激しく渦巻いています。このインパクトは，セミナーのセッティングや機能，メンバーやセミナー・リーダーにさえも，大きなダメージを与えかねません。二次的心的外傷後ストレス障害に対する健全な防衛として，この設定の創造と維持，設定のもつ意味の探索が極めて重要なのです。

関与しながらの観察

　精神分析では，治療者が患者との対人関係の場を作ります。そのため治療者の意識や無意識は，必然的に患者に影響を与えます。しかし逆に治療者も，必然的に患者の影響を受けているのです。そのため治療者には3つの観察対象があります。それが①患者の言動，②治療場面（いまここで）の関係性，そして③治療者自身の体験です。治療者は，これらを詳細に観察し，些細な現象をも考える素材にします。この観察行為自体が患者を見守り，患者のこころの痛みの受け皿にもなります。

　ワーク・ディスカッションでは，受講生も，自分のこころをかき乱す相手との交流体験を詳細に日常的な交流の中で観察しています。また事例を発表するメンバーの様子も，ディスカッションしながら観察しています。そのためディスカッションの場も，発表される事例場面，メンバー同士，セミナー・リーダーが複雑に交錯して影響を与えています。

　セミナー・リーダーの観察対象は，①観察素材の細部，②事例発表者の細部，③それぞれのメンバーの様子，④ディスカッションを通じて生じるメンバー間の関係性，⑤集団の場を支配している心性，⑥セミナー・リーダーと集団心性，そして⑦セミナー・リーダーとそれぞれのメンバーとの関係性と多岐にわたり

ます。セミナー・リーダーは、こうした観察素材をもとに探索し、試行錯誤的に考えて、意味を理解していこうとします。受講生もセミナー・リーダーを関与しながら観察しています。そのため受講生においては、このリーダーへの同一化が進み、観察力や感受性が向上します。また観察行為自体にも、観察対象を「見守る」効果があります。

しかしラスティンも指摘しているように、この複雑で多岐にわたる観察対象があるのにセミナー・リーダーが一人だと、事例の内的プロセスの観察と探索だけで、手一杯になってしまいます。そこでラスティンは、2人のセミナー・リーダーで運営するモデルを紹介し、親的なカップルが担う機能と重ね合わせて「カップル・ファミリー」（メルツァーとハリス）の特徴を備えることについて論じています。私もこの考え方にはまったく同感で、ひとりの場合はかなり限界があり、時にグループ・スーパービジョンで扱われる集団心性を取り扱う程度になってしまいます。2人のセミナー・リーダーで運営する方が、事例の内的プロセスの探索に加えて、ワーク・ディスカッションのグループが課題集団として機能し続けるために集団心性のプロセスを探索することが容易になります。こうしてこの方法論のさまざまな機能や潜在能力を発揮できる状況を維持できれば、事例から発せられるトラウマの被爆を抑制し、グループやリーダーを保護できることを痛感しています。

精神分析の着想とリーダー機能

セミナー・リーダーが親機能を担うということは、この方法論の中核に、コンテイナー／コンテインドのプロセスが重要な役割を果たしていることを意味します。実際、本書のタイトルを「コンテインメントの研究」としても良いのではないかと、ラスティンは述べています。このビオンの着想抜きには、この方法論を語れないくらいです。

コンテイナー／コンテインドのプロセス

ビオンは、生まれたての乳児と母親の無意識的で、非言語的な交流プロセスに注目しました。なぜ母親は、乳児の気持ちを汲み取り、「おっぱいや、だっこ、着替えやおむつを替えるなど」、乳児のニーズを満たせるのか？

彼はこう考えました。乳児が自分では消化できない未分化なこころの痛み（空腹や不快、寂しさ）を、母親のこころに無意識的に分裂・排除（つまり投

影）する。一方，それらを投影された母親は，乳児の体験をあたかも自分自身の体験として実感する。そして母親はこの実感を手がかりにして，乳児の気持ちを考えて，乳児のニーズに応える。

つまり乳児の未分化な体験やこころの痛み（コンテインド）に対して，母親が痛みの受け皿や容器（コンテイナー）として機能する。ビオンは，この母親の働きをコンテイナー機能と名づけました。

コンテイナー機能とは，他者の未分化なこころの痛みを自分の体験として受け取り（共感し），自分のこころで消化する，すなわち自分の情緒的体験から学び，「意味ある理解を生成」することなのです。

コンテイナー機能で「生み出された深い理解」，これがコンテインメントです。精神分析では，治療者がコンテイナー機能を働かせて，患者の未消化の体験を消化して，そこに意味を見いだし，理解して，その理解を患者と共有します。これが精神分析の治療メカニズムです。

ワーク・ディスカッションの受講生も，観察対象の未消化な体験の受け皿となります。受講生は，観察対象の未消化な体験を抱えたまま，ある種の情緒的不安定さを抱きつつ，セミナーで事例報告をします。この時グループが，受講生の未消化な体験の受け皿になります。そしてディスカッションで事例検討する対話が，コンテイナー機能（考えて意味を見いだす働き）となるのです。リーダーが事例の理解を促進することで，そこに「新たな意味」が生れます。つまり受講生にとっては，自分の仕事に新たな意味が生まれることから，これが職業意識の向上につながるのです。

「消耗させられるストレスから，新たな意味が生まれる」と，ストレスは緩和されます。また継続的で，定期的なディスカッションを通して，受講生がリーダーのコンテイナー機能に同一化することで，「経験から学ぶ」思考と対人スキルが発達します。そして積極的に「ストレスから学ぶ」能力が生まれ，さらなる職業意識の向上にもつながるのです。

セミナー・リーダーの主要な機能は，コンテインすることであり，ここでさまざまな精神分析の考え方や概念が役立ってきます。転移や逆転移，クラインの妄想／分裂ポジション（P/S）や抑うつポジション（D），ビオンの精神病理論や思考（人格）の成長 P/S⇔D，メルツァーのギャング心性やアルファ機能の反転など，現代精神分析のあらゆる着想がコンテイン機能をサポートしてくれます。むしろこのサポートなしに，セミナー・リーダーをも圧倒するような集団心性の影響下にあって，セミナー・リーダーもグループもコンテイナ

ー機能を維持することはできません。

集団心性とリーダー機能

集団心性

　集団とは，本来なすべき使命がある課題集団（組織）work group です。

　しかし集団の母体は，心身が未分化な原・心的体験です。そして集団生活とは，合体と分離という2つの願望の緊張状況を体験するということなのです。そのため集団内には強い精神病的不安が引き起こされます。集団はその病的不安への防衛として，強固な心理的構造を発動します。この防衛は異常な心理的構造であるために，集団は容易に課題離脱集団になってしまいます。つまり仕事をしない集団，あるいは効率的に仕事ができない集団になるのです。

　これをビオンは基底的想定 basic assumption と名づけ，3種類の様態をあげました。①依存基底的想定 basic assumption Dependency（baD）に支配された集団では，集団の構成員は心身の栄養を得るために，指導者に依存する集合的空想にあります。そのため構成員は指導者に極端に依存的となり，集団の本来の仕事があたかも相互の欲求や願望を満たすことであるかのように振舞われます。②闘争‐逃避基底的想定 basic assumption Fight-flight（baF）では，集団は敵や危険を想定したい欲求に支配され，それに対する攻撃か逃走かに心が奪われています。③つがい基底的想定 basic assumption Pairing（baP）では，将来に訪れる救済者を待つという願望が支配しています。現在の困難を直視せず2人の構成員が排他的な意見交換を始め，根拠のない「明るい未来」を待ち続けることになります。ひとつの基底的想定が優勢な時には，他のふたつの基底的想定は原・心的体系に留まり，活発な基底的想定と連結して心的現実や身体的現象となっていると言います。これを彼は課題集団 work group の本来の使命 primary task を妨げる心性として概念化したのでした。

　しかしカナムは，この集団の病的不安が適切にコンテインされれば，集団には成長を促進する創造的な潜在能力があると示唆します。またハルトンも個人と集団，集団と集団の交流にも，コンテイナー／コンテインドのプロセスがあり，集団の病的不安をコンテインできれば，集団の凝集性（結束力）が高まり，組織の成長につながると示唆しています。

　グループで事例が報告されるということは，観察対象の心性が，受講生の一人ひとりの「こころや身体」に分散して，展開されることを意味します。つま

り観察事例や事例の場面が，分裂・排除されて，グループの人間関係や現実に外在化されるのです。グループはもはや観察事例の内的世界そのものであり，メンバーは事例の内的世界の表象，あるいは対象となっているかもしれないのです。また精神病的な集団心性も不可避的に生じます。セミナー・リーダーとて無縁ではいられません。誤解を恐れず表現すれば，グループは幻覚妄想状態を体験することになります。

しかしこうした体験を，ディスカッションを通して，試行錯誤的に探索し続け，リーダーがその場で支配的な集団心性に介入することで，こうした不安は少しずつコンテインされていきます。セミナー・リーダーの集団心性への介入は，事例の内的プロセスへの介入よりも遥かに大きな力となり，集団のダイナミズムを大きく動かし，グループを課題集団へと向かわせます。こうして受講生個人や集団心性が成長／発達して，受講生の対人スキルが向上し，集団の凝集性と機能性も向上するのです。

この集団の凝集性と２人のセミナー・リーダーの親機能を通して，ディスカッション・グループが，受講生のこころにとって「包容力のある家族」として機能することで，ストレス・マネジメントを促進するのです。

精神分析の応用をめぐって

現在，私は，この方法論を定例事例検討会やグループ・スーパービジョンに取り入れています。この方法論の観点を導入することで，ディスカッションや事例の理解の質が重層的になってきていることを実感しています。また学校でのスクール・カウンセラーとしての仕事においても，カウンセリング委員会にこの方法論を取り入れ，教師集団の組織機能の回復や，一人ひとりの教師が「教育者として生き残る」ための支援をし，いくつかの試みを報告してきました。さらにトラウマティック・ストレスに曝されている支援者――被災者支援の医療従事者，児童養護施設の職員，訪問介護ヘルパー――に対しても，ストレス・マネジメントの研修会やワークショップの中でこれを活用し，受講生とともに，この方法論の潜在的力を実感しています。またこの方法論は教授法でもあるため，大学の授業にも取り入れて，学生とのディスカッションを通して「情緒的経験から学ぶ」という新鮮な学びの体験を提供しています。

それぞれの設定には，かなりのバリエーションがあります。そして設定が，転移のプロセスに与える影響の大きさ，セミナー・リーダーである私の現実吟

味やコンテインナーとしての機能に甚大な影響を与えることも痛感しています。設定を疎かにすると，設定のもつトラウマティック・ストレスからセミナー・リーダーやメンバーを保護する機能が，ほころんでしまうこともよくあります。

　この方法論は精神分析の応用です。しかしこの方法論を適応する時，私は逆説的に，精神分析の本質とは何か？を，いつも自問することになります。精神分析のプロセスを構成する要素とは？　精神分析的思考とは？　治療的姿勢や態度や構造，そして倫理とは？　この営みを維持するために，私に何が必要か？　この方法論は，単なる精神分析の応用のみにとどまるのか？

　その自問自答の応えは，極めて単純です。より真摯に精神分析の営みを再考し，治療者として精神分析の訓練や研鑽を繰り返すことに尽きるのであろうということです。そしてセミナー・グループで生じる具象的な現象や精神病状態を精神分析的に探索する学びの果てには，きっと個人の精神病状態の解明や個人心理療法の技法に還元できるヒントが，眠っているのではないかとも思います。

　次の章からは，通常では心理療法が届かない人々や世界へ，精神分析の着想を応用し，貢献できる裾野を広げるチャレンジが紹介されています。2つの方向から，この方法論について論じられています。ひとつはセミナー・リーダーとしての実践からであり，もうひとつはセミナーに参加したメンバーが自らの体験をもとにした事例研究です。

　読者は本書を通して精神分析の奥の深さと広がりを新たに知ると同時に，もう一度，精神分析と出会い，再考する貴重な機会になると思います。

文　献

1) Kanazawa, A. et. al（2009）The application of infant observation technique as a means of assessment and therapeutic intervention for 'classroom breakdown' at a school for Japanese-Koreans. Infant Observation: International Journal of Infant Observation and Its Applications, Vol. 12, 13, 335–348
2) Meltzer, D.（2008）The psycho-analytical process. Harris Meltzer Trust.（松木邦裕監訳：精神分析過程，金剛出版，2010）
3) 鈴木誠（2010）危機状態の教職員集団へのコンサルテーション――学校への支援に生かす精神分析．特集 スクールカウンセラーと親と教師．臨床心理学 10(4), 512–518，金剛出版
4) 鈴木誠（2012）ワーク・ディスカッションという方法――学校臨床の実践から．精神分析的心理療法フォーラム第1巻，2012
5) 鈴木誠（2012）探索から理解へと向かうスペース．開業臨床心理士の仕事場（渡辺雄三他編）．金剛出版

第 1 章
ワーク・ディスカッション・グループが機能する時
──その方法の応用

エミール・ジャクソン

　周知のとおり，子どもや若者のすべてが──少なくとも直接的に──心理的援助を求めてくるわけではありません。自分の行動が及ぼす影響に怯えながらも，自分のかかえる問題ゆえに行動に駆り立てられることがあるという，若者のもつやっかいな傾向に私たちは精通しています。たとえば，自分にどれだけの援助が必要なのかについて，若者はしばしば無自覚です。たとえ自覚していても，多くは，外来クリニックという不慣れな境遇に，たとえそこが若者向けの工夫をさまざまにこらしていたとしても，自らを置くことができないのです。そのため，若者への援助や関わりを真剣に考える場合には，地域やとりわけ学校に治療的架け橋をかける必要があります。こうしたより馴染みのある環境でなら，不安が緩和され，接触が可能になるかもしれないからです。

　しかし学校においては，教職員が，教育上及び情緒の発達に問題のある生徒との間に，援助できる関係性を作り上げるだけの関心や意欲を持っているという前提が必要になります。実際には，とてもそういうわけにはいきません。ほとんどの教師は，教師と生徒の関係性が学びの中心にあると信じていますが，初任者研修には，人格発達，教えることと学ぶことに影響を与える情緒的要因，あるいは教師と生徒の関係性への対処に関する重要な内容が，著しく抜け落ちています。たとえば，ブレント青年センター Brent Centre for Young People が実施した10校の中等学校でのニーズ・アセスメントでは，「青年期の発達について十分な指導を受けた」と回答したのは，145名の教師のうちわずか6.9％の12名のみでした（Salavou, Jackson, Oddy, 2002）。ですから，多くのスクールカウンセラーやセラピストが，非行生徒のための居場所を提供しているだけ，あるいは，絶望した教師たちに単なる一時的な慰めを提供しているだけだと見なされていたとしても，さほど驚きではありません。

状況はときに，さらに悩ましいものになります。たとえば，生徒のかなり明らかな問題が学校内で全く気づかれないような場合です。これについての鮮烈で深刻な事例を提示しましょう。「私はどう感じているか」というタイトルで作文を書かなくてはならなかった生徒の話を聴いたことがあります。彼は自分がいかに落ち込んでいて，愛されていないと感じ，時には死んでもいいとすら感じているのかについて書きました。これを読んだその生徒の学習メンターは，すぐに心配になって担任にそれを見せました。学習メンターは教師に「どう思いますか？」と尋ねました。教師は作文を一度，さらにもう一度読み直しました。そして学習メンターを見上げると真顔で，「5があげられると思うな」と言ったのです。これはまったくショッキングな話ではありますが，ここでは学校に対して過剰に批判的にならないように注意しなくてはなりません。一方では，実に情緒面に敏感な組織もあるわけで，いつもこんな状態ばかりではないからです。学校は結果重視の文化にますますがんじがらめになっており，毎年公表される学校ランキングのせいでそれは際限なく強化されています。そのうえ，生徒の「統合教育 inclusion」にまつわる話には事欠きません。一方で，教科教育についてではなく，生徒とのかかわりについて，職員が耳を傾けられ，考えてもらい，コンテインされていると思えることは，まれになってきています。これは深刻で，火急の取り組みを要する問題です。

状況と構造と設定について再検討する
——学校におけるワーク・ディスカッション・グループ

本章では，教育現場のなかでの教職員[原注1]へのワーク・ディスカッションの方法の応用と展開について述べるために，学校と大学でワーク・ディスカッション・グループを運営した私自身の経験を引用します。ここに関わるのは，校内スタッフの混成グループ（学習支援アシスタント，教師，中間管理職，学校事務員など），また特定の専門スタッフのグループ（例：学習支援アシスタント），そして小・中等学校の混成グループです。さらに，中間管理職や上級管理職のためのリーダーシップ能力開発をめざすグループの運営を通して得た経験についても引用します。

原注1) シンプルにするために，ここではワーク・ディスカッション・グループに参加する教職員をすべて教師と記述しています。これは，学習支援アシスタントと担任など，それぞれの役割の重要な相違を軽視するものではありません。

私たちの多くは当然のことながら，ワーク・ディスカッション・グループがどう機能し，教師がどんな先入観を持ち込み，いかに洞察力が徐々に成長するのか，といったワーク・ディスカッション・グループの**プロセス**のほうに興味を抱きます。しかしここでは，ワーク・ディスカッション・グループがどのように確立されうるのかを考えるための出発点として，その**設定**について検討していきます。まず，学校を中心とした教師を含むグループにとって，重要な意味を持つ構造的要因や状況的要因について概観します。こうした要因を無視すると，ワーク・ディスカッション・グループの長期的な可能性を危険にさらすことにもなりかねないからです。

タイミングと期間
　検討すべき要因のうち，やや具体的でありながら重要なもののひとつは，グループのタイミングです。グループをいつ実施し，一回のディスカッション・グループにどのくらいの時間をかけ，どれだけの期間つづけるのか。個々の教師が随時，研修休暇を願い出ることができる訓練コースとは違って，学校で行われるワーク・ディスカッション・グループは，本来の教師の仕事をさほど妨げずに実施できる時期に調整する必要があります。
　校長がワーク・ディスカッション・グループの啓発的なメリットをよく理解している場合には，勤務日に組みこむことができます。しかし，往々にしてこうした調整^{原注2)}をするのはかなり大変で，これができるのは，たいていは自分の予定を弾力的に運用できる^{原注3)}管理職だけです。それ以外で一日の中で可能性のある時間帯は，始業前，放課後，そして昼休みの3つくらいでしょう。私の経験では，教師にとって一番よい時間は，たいていは始業前です。この時間が，おそらくまだ，さまざまな要求を持った生徒や保護者に時間をとられることのない唯一の時間だからです。ワーク・ディスカッションの参加者の代わりに学級の出欠をとる代理が調整できるのであれば，始業前の時間は延長しやすい時間帯なのです。放課後のグループには，教師がその日の新鮮な体験を整理する機会を提供できるという利点があります。そうすることで，教師はたいてい多少なりとも頭をすっきりさせて職場を出ることができます。しかし，これは教師にとって必ずしも容易ではありません。なぜなら一日の出来事から生

原注2)「授業をしない」時間は，当然，週の中に散らばっています。
原注3) 特に小学校で調整が難しいのは，教師が，一日中ではないにしろ，ほとんどの時間を学級集団と共にすごす傾向があるからです。

じる仕事（例：生徒や保護者との面談や居残りなど）で，たびたび足止めされてしまうからです。昼休みに行われるグループは，通常，半時間に制限されてしまいます。

ワーク・ディスカッション・グループは，30〜45分の短いグループから，2時間にもわたる長時間のグループまで，さまざまな長さで実施できます。私自身は，毎週，または隔週で1回1時間のペースのグループを行いたいと思っています。これより時間や頻度が少ないグループだと，グループ内部の信頼感や結束を発展させるうえでの妨げとなる可能性があるからです。それでも慎重に計画すれば，昼休みに行う場合や頻度がより少ない場合でも，ワーク・ディスカッション・グループは非常に効果的になりえます。管理職や校長とワーク・ディスカッション・グループを行う場合には，毎週ミーティングをもつのはたいていが非現実的です。参加メンバーからも，より少ない頻度で，長い時間のミーティング（たとえば月1回のペースで1時間半から2時間）を望まれることが多いのです。

場　所

原則として，ワーク・ディスカッション・グループを校内の一室で実施できない理由はありません。しかし，特定の部門や個人に特定の性質が存在すると思われる場合には，地理的な位置づけはより大きな意味をもつかもしれません。たとえばある中等学校では，ワーク・ディスカッション・グループは，学校のメインの建物とは別個に独立した，サポート・スタッフの大半が詰めている「統合教育」部で開かれました。教科の教師も時々参加しましたが，注目すべきは，5年間，そのグループの大部分が統合教育のスタッフで構成されていたことでした。教科の教師は，どちらかというと不安が高まったときに立ち寄る「危機管理」として，このグループを使う傾向がありました。したがって，助けを受けたと感じると，すぐに辞めていくのです。これについてスタッフと話し合って受けた私の印象は，その場所は意図せずして，そのグループが**本来**はサポート・スタッフを通して「特別支援教育」の子どもたちを援助するよう設けられたものであるというメッセージを伝えていたのかもしれない，ということでした。では，他の学校のように，たまたまメンバーに熱心な教員を核として含んでおり，「会議室」のようなところで行われていたらこの状況は違っていたでしょうか？

参加資格の問題

参加は自由意志か強制か，グループのメンバーはクローズドかオープンか

　ワーク・ディスカッション・グループへの参加はできる限り自由意志であるべきで，専門的な実践や思考を広げるための進歩の機会を求める教師の願望に根ざしているべきだと，私は固く信じています。契約の観点からすると，この方法にあまり確信をもてないでいる校長が，この価値ある機会を「問題教師」に差し向けたいと考えている場合には，これは当然ながらますます重要なことです。指示や矯正的なものとして示されると，グループ・ディスカッションに参加することへの抵抗感は劇的に増します。これはグループ全体の雰囲気にマイナスに作用し，グループに関わる一人ひとりにとって有益にはならないようです。さらにより戦略的なレベルでは，もし疑いや不信を抱く教師をひきつける真の機会を持とうとするならば，それは管理職の指令ではなく，同僚の勧めという自然発生的なプロセスを経たものでしょう。

　自由参加が望ましいのですが，教師がグループへの参加のために特別に他の職責から免除されている場合には，これがより厄介な問題になることがあります。たとえば，隔週で参加するよう時間割に組み込まれた学年主任を強制的に参加させることの是非について，ある校長と数回にわたって話し合ったことがあります。これが特に問題になったのは，一人の学年主任がこの案に対する躊躇を表明したためでした。有効なアプローチのひとつは，初めの一学期くらいの間に，実験期間をもつことでした。それを振り返ってみることにより，所属感やそこに関わっているという感覚が，さらに大きなものとなってその後の同意につながると考えられるからです。

　グループのメンバーは十分に固定されている必要がありますが，私の経験では，慎重に話し合えば，他の教師がその時点で気になっている生徒や状況について話し合うためにグループに「立ち寄る」ことも可能です。こうした「立ち寄り」がさほど頻繁には行われないという前提で，グループは，まだ参加する準備ができていなかったり，もっと頻繁に参加する決心ができない他の教職員に対しても，とりあえず関心を持ってもらうようサポートすることができますし，すべきだと私は思います。

運営の構造が示すこと

　これに関連して，誰が参加するのかという問題についても，検討する価値が

あります。たとえば，教師にとっては，管理職の前で「問題」を共有するというリスクを冒すのは難しいかもしれません。管理職に厳しく審査されたり，自分にとって不利な情報として利用されたりするのを恐れるからです。同じように，管理職にとっても，自分の能力が低いと受け止められるのを恐れながら，自分のチームに対して心配事を明らかにすることには，不安が喚起される可能性があります。実際に，ある学校で中間管理職の人たちが，他のスタッフとは対照的にほんの短い期間参加した時がそうでした。その後，学年主任のための特別グループが設定されると，参加意欲が劇的に増して，そのグループは6年間も続きました。概して，グループの構成員のなかに管理上のヒエラルキーがない方が，メンバー同士の良好な活動上の関係性がはるかに樹立しやすくなると言えるでしょう。

グループの大きさ

　最も有効に機能するためには，学校でのワーク・ディスカッション・グループの理想的な定員は4〜10人です。参加者が多すぎると，全員が参加意識を持って発言することが難しくなります。そうなると沈黙し，ついにはやめてしまうメンバーが出るリスクが大きくなります。より小さなグループだと，一人ひとりに注意を向けることができる一方で，教師たちに出席やディスカッションのために問題提起をするというプレッシャーを課すことにもなります。するとその結果として，教師たちはグループが自分の役に立つというより，むしろ自分がグループのニーズに役立っていると感じられるようになっていきます。

ワーク・ディスカッション・グループの立ち上げ

期待と基本原則についての話し合い

　学校でのワーク・ディスカッション・グループのほとんどが，常に新たな冒険だと考えると，教師がグループから得たいこと，あるいは得たくないことについて検討し，話し合う必要があります。これは徐々に進展するプロセスではありますが，最初に「一回だけone-off」のミーティングをしてみることが役立つように思えます。そこで教師たちは，質問したり，自分の仕事についての心配事を述べたり，その心配事にどのように取り組むのかの説明を聴いたりする機会が得られます。このプロセスでは，ワーク・ディスカッション・グループで行うことと行わないことについて明確化する必要もあるでしょう。たとえば，

時には教師は自分の仕事上の個人的な悩みを分かち合いたいと望みますが、ワーク・ディスカッション・グループは集団心理療法とははっきりと区別する必要があります。このプロセスは教師の方向づけを手助けするのに加え、グループとファシリテーターがどのように活動するのかを簡潔に体験する機会を与え、わからないことに対する一般的な不安を軽減するものです。

　もうひとつのファンタジーとして、ワーク・ディスカッション・グループやファシリテーターが、何とかして、どんな問題でも解決できる魔法の策の一覧を教師に与えてくれるかもしれないという避けがたい希望があります。しかし、これは早い段階で払拭されるべきです。そのため、ファシリテーター[原注4]は、自分の役割や任務を明確にする必要があります。たとえばファシリテーターの任務の中心的な一面は、行動の背後にある意味や、教えることと学ぶことに影響をおよぼす情緒的要因について、教師がより深く理解できるよう援助することです。かつて私は、最初に、扱いにくい生徒に対処するための「専門的な解決策」や「行動管理の戦略」は提示しないと明確に強調していました（Jackson, 2002を参照）。教師は、解決策がすぐに与えられないことに多少の不満を感じることはあっても、概して、ワーク・ディスカッション・グループを生徒や諸状況について考えるために、非常に有益な方法を提供してくれるものとして経験します。そしてそこから、さらに効果的な戦略や介入が自然に展開するのです。こうしたことを考慮して、今では私は、ある状況にどう**対処するのか**について、グループとして考えることができる、と言うようになりました。そして、その出発点は、水面下で「実際に really」起きている事態について考えることだと強調しているのです。

守秘義務

　守秘義務の範囲についての話し合いは常に重要です。ただ何も口外しないという機械的な同意を取り付けるよりも、これが実践において実際にどんな意味があるのかを探索するほうがより有益となりえます。何と言っても、学んだことや考えたことをグループに参加できない人と共有したくないとは思わないものです。同時に、ディスカッションの様子が、慎重な配慮なしに、ただそのま

原注4）本章では、ワーク・ディスカッション・グループをリードする人のことを、その役割の観点から、ファシリテーター、心理療法士、あるいはコンサルタントとして記述します。こうした機能の違いについての突っ込んだ議論は重要ですが、それは本章の範囲を越えています。訓練コースのなかでは、この役割は「セミナー・リーダー」と呼ばれるものです。

ま人の口に上ることは有益ではありませんし，それはむしろ害にさえなります。教師がこのことについて考えるのを助ける一方法は，グループの外で話すことで誰かの名誉を損なったり，当惑させたり，傷つけたりはしない，と確約するよう教師に促すことです。

　教師たちはまた，ファシリテーターが管理職や校長に何か言うのではないかという問題で頭が一杯かもしれません。これは，関係者全員と共に公に話し合うに価する重要な問題です。たとえば，グループの進捗状況や参加者について，校長がある種の定期的なフィードバックを望むのは，不合理なことではありません。またグループを「後援している sponsoring」人たちと，こうしたことを話し合うことが，いかに有益で含蓄があるかを過小評価しないことも大切です。

　当然，こうした問題への対応の仕方は，さまざまでしょう。私自身の方法は，定期的に校長に会って進行中のワーク・ディスカッションの展開を振り返ることがたいていは有益であると示唆した上で，フィードバックは主題レベルのものであり，個々に帰することはできないと明示しておくことです。ですから私は，校長の面接に先立って，どんなフィードバックを提示したらよいかをグループで話し合うようにしています。

運営方法

　過去10年間，私は学校でグループを実施するためのさまざまな方法を模索してきました。当初は，従来のやり方に従い，合意の下で，担当順に，セミナーに先立って記述した記録を発表する形で進めようとしました。これはうまくいく場合もありますが，私の圧倒的な印象は，「教え，学ぶ」環境にもかかわらず，教師たちは書くことや，「採点されるというリスク」に抵抗を示すということです。そのため私は，書いた資料を求めないようにしています。もちろん，できるときにはそうするように勧めますが，それよりも，「事例提供者 presenters」が心配事を生産的に考えられるように，その事柄を詳しく紐解く手助けをすることが重要な責務だと考えています。この「紐解く unpacking」プロセスが，深い思考力を発達させる上で，重要な役割を果たします。

　時に必要とされるもうひとつの構造調整は，決められた順で事例提供をするのではなく，焦点を当てる事柄をそのときどきにグループで決定するということです。そのため，グループは何か「チェック・イン」に似たものから始め，その間に全員が気掛かりな生徒や他の問題について言及する機会を持つことで，

どこから始めるかの決断を下すのです。

学校でのワーク・ディスカッション・グループ実施の
潜在的なメリットとデメリット

教師同士には面識があり生徒のことも知っている

　学校で行うワーク・ディスカッション・グループの主要な特徴のひとつは，教師がお互いの仕事や役割に精通しているということです。さらに，守秘義務を保とうとつとめても，他の教師も当該の生徒のことを知っていることが多いということです。この特異点は，微妙な問題をはらみつつも，多くの重要な強みがあります。たとえば，ある教師が提示する心配事について，他の教師がその生徒の家族歴や家庭環境，クラス集団の状況（たとえば定期的に臨時教員が入っているなど），生徒の学力や学習困難，あるいは仲間同士の関係性についての情報などの経験や知識を提供することができるでしょう。

　グループ・メンバーは，こうした関連のある**客観的**環境や影響を共有するだけではなく，その生徒やクラスについての**主観的**な体験をも共有できるのです。たとえば，生徒との関わりで自信喪失や孤立感を感じ，誰もこんな気持ちは味わっていないと思うといった，ひどい体験が語られるとします。すると，自分が話したことを他の教師が分かりすぎるほど分かってくれていると知って驚くことがあります。自分が孤独ではないという発見は，多くの場合，大変な慰めになります。同時に，他の教師がまったく異なる体験をしていることに気がつくこともあるかもしれません。こうした特異点は，それを全体像の一部だと考えると，問題解決へのさまざまなアプローチにつながる非常に有益なものだとわかります。たとえば，トラウマ体験を持つある生徒は，一人の教師の中に強烈な悲しみの感情を喚起します。別の教師は，その生徒が体験したことについて怒りで満たされました。しかし3人目の教師は，生徒や生徒の体験に距離を感じ，感情を動かされませんでした。ここに事実の「**正確な**」形があるのではなく，喪失から怒り，考えるにはあまりに生々しい感覚まで，生徒の経験全体のさまざまな側面に，それぞれがどのように触れるのかがわかるということです。このように，それぞれの認識の違いについて考えることで，関係者全員にとって豊かで役立つイメージをもたらすことができるのです。

　他のタイプの「**グループ**」ワークのように，参加する教師がファシリテーターからコンサルテーションやサポートを受けるだけではなく，互いに対して援

助的なコンサルタントとしての役割を果たすことになるのです。このプロセスを通じて，グループ・メンバーは自分自身の仕事だけではなく，より幅広い問題に関して，自分の思考や理解を発展させるのです。やがてこれが，教師の間に展開するピア・コンサルテーションの文化へと結びつき，それによって学校内のあらゆる状況においてワーク・ディスカッション・グループの実践がますます行き渡るようになるのです。ある校長が述べています。「プロジェクトが進むにつれ，……スタッフたちが，難しい子どもに対してやる気を起こし，コンテインしていくうえでの認識力や寛容さ，忍耐力，そして自信をつけていくのが見て取れました。もちろん，そうしたことは学校という集団組織の特性であり，参加者の実践が次々と他の職員の実践に影響を与え，無意識的にせよこれがカスケード効果の引き金になるのです」(Jackson, 2002から引用)。

保護的および予防的側面

　職場で行うワーク・ディスカッション・グループには，生徒にとっても教職員にとっても，保護機能と予防機能があります。たとえばある学校では，グループの中の教師が，自傷行為の危険がある生徒を見極め，その生徒が必要な援助を受けるようにすることができました。グループという場なくしては，これは起こり得なかったでしょう[原注5]。また，ワーク・ディスカッション・グループは，メンバーの教職員が生徒との間で起こりうる援助的ではない不適切な関係性に引き込まれないように保護します。たとえばある教師は，ひとりの生徒が過度に自分を頼るようになってきていると，心配を口にしました。グループ・ディスカッションの助けを借りて，適切な個人的境界と職業的境界を維持することが，教師にとっても**生徒**にとっても重要であると考えることができるようになりました。

　恐らく，ワーク・ディスカッションの最も説得力のある利点と成果は，承認，つまり理解され受容されるという感覚です。グループのメンバーは，心配事を共有した後でしばしばこのように言います。そもそも，ワーク・ディスカッション・グループの主たる目的は，羞恥心や他者への発覚への恐れや，非難される可能性のために，**以前は他者に知られたくなかったような問題や心配事，関心事を共有できる討論の場を参加メンバーたちが作ることです**。これは往々にして，自分の職業実践に関して他者に**知られたくない**事柄が，私たちに孤立感

原注5）他の事例については，ジャクソン（2005）を参照。

や負担を感じさせるために，特に重要なのです。

管理職の不安とグループ・メンバーの不安

校長にとっては，「非公開で behind closed doors」教師たちを援助してくれる部外者を信頼することが，いかに思い切った決断であるのかをファシリテーターが知っていることも重要です。しばしば生じる主な不安の1つは，グループが，「管理運営の悪さ」に対して「まくし立て sound off」，不満を言うための場になり，ファシリテーターにある種の破壊活動的なリーダーシップを確立させようとするかもしれないということです。このような懸念は理解できるもので，これに最初から気づき，またコンテインすることが重要です。

学びがエキサイティングな体験であればあるほど，不安も生じえます。なぜなら，私たちは既知のことから出発し，未知の領域に入るからです。そのため，さらし者になったり恥をかいたり，批判にさらされたりすることを恐れて，教師が最初は自分の発言に慎重になることは珍しくありません。このような不安は，いとも簡単にグループが基底的想定（Bion, 1961）や，他の課題離脱機能に支配される事態をもたらします。そのため，特にグループの早期の段階では，ファシリテーターの配慮が必要です。

危機状態にある学校

私の経験では，唯一ワーク・ディスカッション・グループが逆説的に不可能に見えるのは，学校自身が，立ち止まって考えることが容認されないような危機状態や，サバイバル状態にあると感じられているときです。その一例として，生徒の問題行動と教師の不安が絡み合って，制御不能になっている「特別措置 special measures」下の学校がありました。サポート・スタッフに対する特別予算があるにもかかわらず，新任の校長は，ワーク・ディスカッション・グループを直ちにやめるべきだとして，頑として譲りませんでした。グループに参加していた教師はこれにとても狼狽しましたが，校長の命令は，教師らは授業をするか，そうでなければ運動場にいるか廊下を監視していなくてはならないというものでした[原注6]。同じような状況は，新任の教師にも生じます。彼らは，あまりにも忙殺されかつ脆弱なために，精神的に全く圧倒されてしまい，完全な破綻を恐れるあまり，あえて立ち止まって考えないようにするのです。

原注6）興味深いことに，数年後，将来の見通しが安定すると，この学校はスタッフに何が提示できるかについてディスカッションを再開したいと，私にコンタクトをとって来ました。

多くの場合，学年末が視野に入るころになってやっと，自分たちが崩壊や現場放棄どころか，退職寸前の状況にあったのだと振り返ってみる気になるのです。

事　例

　学校生活において最も異常さが際立つ状況は，プラスのものであれマイナスのものであれ，生徒からの，または生徒への強烈な感情が，学ぶことの中心に位置する最も日常的で不可避で潜在的に創造的な要因のひとつとしてではなく，あたかもタブーであるかのように扱われがちなことです。投影や分裂，転移や逆転移といった個人の内的・相互的な関係性に関する基本的な精神分析の着想についての理解が全体的に欠如していると，こうした忌避はエスカレートしていきます。主として精神分析の専門用語を使うことを避けつつも，こうした理解や他の概念について，事例検討を通して徐々に導入していきます。たとえば，生徒への自分の内的反応を無視するのではなく，多くの場合，こうした内的反応が，今起きているかもしれないことについての最も重要な情報を与えてくれるのだと示唆します。教師らは，生徒が気持ちや考えを言葉で表現できずその代わりに行動で表わし，そのプロセスの中で自分の感情や考えを他人に体験させるやり方について知ることが，ちょっとした新発見だと気がつきます。それは，無意識的とはいえ，望ましくない感情を取り除くとともに自分の感じ方をコミュニケートするためなのです。

　次の節では，問題にどのように取組むのかについての例を挙げ，こうしたグループが教師によって活用されうる数々の方法を示していきます。

生徒と教職員のあいだの愛着と分離に対処すること

　教師と生徒の間の関係性に生じる問題は，多くの場合，学年の節目，特に長期休暇の前後に，ワーク・ディスカッションに持ち込まれます。以下のグループ・セッションは，クリスマス休暇の直前のもので，その一例です。

　　　学習支援アシスタント learning support assistants（LSAs）のためのワーク・ディスカッション・グループの中で，ひとりの教師サーシャは，12歳のトニーという少年についての気掛かりを話しました。サーシャはトニーを「自信と自己評価の極端な低さ」に苦しむ少年だと説明しました。トニーは母親と一緒に暮らしていますが，母親は長年，精神保健上の問題を

抱えながら，生活のために長時間労働を強いられており，息子に割く時間もエネルギーもほとんどありませんでした。学校では，友達がほとんどおらず，トニーは一人ぼっちの可哀そうな子だという印象でした。サーシャの報告によると，トニーは学力面でもひどく苦労しており，読み書きの力は8歳児レベル相当だということです。こうした学習困難と社会性困難のため，トニーには個別LSAによる一日数時間のサポートが割りあてられており，その担当がサーシャだったのです。

サーシャの状況の記述からはトニーに関する彼女の痛みと罪悪感が鮮明に伝わってきました。あたかも，サーシャが彼に対して十分なことをしておらず，トニーの困窮状態には耐えられないかのようでした。すぐに他のメンバーが，サーシャは大いにトニーの助けになっていると言って元気づけました。サーシャはこのサポートに感謝し，**どれだけ関わったらよいのか** how involved を知るのがいかに難しいのかと，さらに具体的に話しました。「トニーがとても可哀想」とサーシャは感情的に言い，「トニーは全く外に出ようとせず，私の示すどんな心づかいも，ただ，そのまま受けとめるだけ」。ここにはすさまじい悲しみの感覚がありました。

私がグループ・メンバーに反応するように促すと，数人の教師が，自分が援助している愛情を必要とする子どもや，その多くがおくる貧窮生活について話しました。ある教師が，「私たちが友達ではなくて，教師であること」に気づく時が，生徒たちにとっては本当につらいのだと言い添えました。別の教師は，生徒が頻繁に間違って自分のことを「ママ」と呼ぶというコメントで，これに同調しました。サーシャは，トニーが「映画へ連れて行って」と頼んだことさえあると言って，トニーの声音をまねて，「僕のママは気にしないよ！」と言うのでした。

トニーのような子どもにとってLSAがつくことの重要性や，いかにLSAに激しく愛着を抱くようになるのかが，このディスカッションでは強調されているようだと，私はコメントしました。一人の教師が，自分たちは友達，兄や姉，親さらには教師と，あらゆるものにならなくてはならないのだと述べました。スタッフが生徒にとっての自分の重要性について真剣に考えるにつれ，グループの雰囲気は深刻になっていったように感じられました。

なぜこの時点でこのことについて話をしたいと思ったのかとサーシャに尋ねると，サーシャはトニーへの援助の状況や彼の学習スキルや社会的ス

キルが，どれだけ進歩したかを話しました。しかしこのところトニーが，サーシャに対してひどい態度をとっており，彼女は何がどう変わったのか理解できないでいたのです。もう少し詳しく話すように言うと，サーシャは，最近，自分が病気で休んでいる間にトニーは喧嘩をして停学になったのだと話しました。サーシャが復帰すると，トニーはいつになく無作法だったため，サーシャは，トニーが喧嘩をしたことに失望し，またトニーにはがっかりさせられたと告げました。それ以来，トニーはサーシャの働きかけを拒否しており，一緒に勉強に取り組むのを拒否し，ある時などは，サーシャが教室でトニーに近づいたら，「あっちへ行け！」と怒鳴りつけさえしました。この一件で，本当に傷ついたとサーシャは告白し，しかし大人なのだから自分は影響されるべきではないとも言いました。

　ここで重要なのは，サーシャの感情とその気持ちが当然のものであることを認めつつも，なぜトニーの態度が変わったのかをじっくりと考えるようグループ・ディスカッションをすすめることです。ある教師は，トニーはただ叱られるのを嫌がっているだけだと思いました。別の教師は，トニーは喧嘩の件でサーシャが「自分に味方」してくれなかったことで，サーシャから裏切られたと感じたんじゃないかと思いました。私は，この「裏切り」と「失望」の感覚を取りあげ，トニーの喧嘩の（サーシャがいない時だったという）タイミングについては，どうだろうかと問いました。教師たちはこれに興味を示しました。一人の教師は，この件に，トニーにはどれだけのサポートが必要で，サポートがなくなるといかに急速に事態が悪化するのかがはっきりとあらわれていると考えました。別の教師は，起きたことをサーシャがどう体験したかについて取り上げました。つまり，トニーの喧嘩がほとんどサーシャに対する個人攻撃のように体験されたのではないかということです。サーシャはこれに同意しましたが，自分が病気で不在だったことで，トニーはなぜ拒絶されたと感じたのかが，理解できませんでした！

　この後，教師も人間であり，感謝してもらうことも必要であることを，生徒たちは忘れているという不満を表明するコメントが幾つかありました。「生徒たちはまるで，私たちに感情がないかのように振舞います」。私はこの点の重要性を取り上げて，教師たちがどれだけ身を入れて仕事に取り組んでいるかわかっていると伝えました。また私たちが皆，その人を嫌いだからではなく，本当はその人が非常に大切だからという理由で，その

人に対していかに拒絶的になりうるかについても触れました。一人の教師が，教職の難しさのひとつにこんなことがあると言いました。LSAとして担当になると，自分がいないとき，生徒はそれだけ余計に寂しがるのだ，と。もう一人の教師は，出張から帰宅した夫に対して自分がどれほどひどい態度をとるかを，クスクス笑いながら話しました。トニーはサーシャがいなかったので腹を立てたのか，そして無意識的に，喧嘩を通して，サーシャがいなくてはやっていけないことを証明していたのかもしれないといったことを，教師たちはじっくりと考え始めました。私がグループのメンバーに念を押したのは，サーシャには自分が病気だったことがわかっていますが，トニーは，ただサーシャが別の事か別の人に心を奪われてしまって，彼を忘れられた状態に置き去りにした，というふうに経験したかも知れないということでした。「家ではそういうふうに感じているのではないかしら」と，ある教師が言いました。

　こうしたことのすべてが，サーシャには合点がいきました。そしてトニーが，彼女に奇妙なことを言ったのを思い出しました。「トニーは私に警告したのです。終業日きっかりまでは友達でいてやるけれど，その日に，私がトニーを嫌いになるようなことをしてやる」と。その時サーシャは，トニーのしでかすことが心配でたまらず，何てひどいことを言うのだろうと感じていました。いまサーシャの心に浮かんできたのは，トニーは自分が卒業後にどうなるかを心配していたために，そう言ったのかもしれないということでした。

　愛着と分離についての主題が，近づくクリスマス休暇と，それにまつわる期待から，特に家族では幸せを感じられない人にとっての恐れに至るまで，さまざまな感情に結びつけられました。このことがどれほど学校における盲点になりうるかについて，私たちは話し合いました。学校の教職員は，とりわけ背景に問題を抱えた生徒など，学校が外の生活からの逃げ場になっている生徒がいることは忘れて，誰もが休暇を心待ちにしていると予測します。これは時には教職員にも言えることだと，ある教師は考え「生徒は，たいてい教職員が申し分のない家庭の出身だと思っているのです」と付け加えました。

　このディスカッションのおかげで，教師たちは，学校における分離や終結の扱いにもっと注意を払う必要があると考えられるようになりました。そして来るべきクリスマス休暇のために，生徒たちにどのように心の準備

をさせるかを考え，自分たちが直面しうるさまざまな反応について意識することもできました。ある教師は，夏休みから戻ると，自分がよく知っているある生徒が，まるで自分のことをすっかり忘れてしまったかのように振舞ったのだと言いました！ 本当は忘れられたと感じていたのは，**生徒**の方だったのではないかと，彼女は今では考えています。これは他の教師にも反響し，生徒たちはたといいつも感謝の念を示さずとも，実際には感謝してくれているかもしれないことを，いかにたやすく忘れてしまうかという話を共有しました。

ミーティングが終わると，サーシャはグループのメンバーのサポートに感謝し，気持ちがずっと楽になったと言いました。トニーがどうして彼女にひどい態度を取ったのか，そしてたとえそれが母親の落ち度ではなくとも，母親が他のことに心を奪われて自分の相手をしてくれないと感じているなら，トニーにとって家にいることがどれほどつらいことなのかについて，サーシャは今，より理解できたと言いました。

思春期について理解すること

中等学校の生徒の年齢層を考えれば，この移行期に体験される困難さと関連して多くの問題が提起されるのは，驚くことではありません。こうしたことについて話しあうために，十分なスペースがあることは特に重要です。なぜなら思春期の問題の性質そのものが，それに関わる人々にしばしば戸惑いや羞恥の気持ちを湧き上がらせるからです。

教師たちがチャーリーについての援助を求めたときが，その一例です。チャーリーは13歳になったばかりで，周りをかき乱し困らせてばかりいるということでした。チャーリーの美術教師は若い初任者の女性でしたが，自分はチャーリーを教えるのが嫌なんだと，慎重に言葉を選びながら告白し始めました。その教師は，ある授業でチャーリーが粘土でペニスを作って教室中に見せびらかし，女子をそれで突付き，男子からは笑いを取った様子を話しました。見ていない隙に，チャーリーはそれを教師の机に置いておき，彼女が驚くと教室は大爆笑となりました。この出来事は数週間前のことですが，その教師はまだ混乱し，動揺していると言いました。

グループ・メンバーは耳を傾け，うなずいていました。やがて年長でベ

テランの女性教師の一人が，この生徒は自分の授業中にも，ポルノまがいの不愉快で性的な言葉を口にしたのだと言いました。彼女はこれまで，このことを誰にも話せないと感じていました。2人の教師はそれぞれの経験において孤立感を感じており，対処の仕方を知っているべきだと考えていたのでした。2人はまた，チャーリーが停学させせられればいいと望んだとも告白しました。

　チャーリーの家庭生活について問われると，2人ともあまり知りませんでした。別の教師が，チャーリーは一人っ子で，母親には最近，新しい恋人ができたのを知っていると言いました。他のメンバーが言うには，母親がチャーリーとの間に適切なけじめを維持できるかどうかについては以前にも心配されたことがあり，特に母子は1LDKのアパートに住んでいるため，チャーリーが母親の性生活に過度に曝されているのではないか心配だということでした。チャーリーは，父親とは接触がないとのことでした。

　そのとき，私にはいくつかの問題を挙げることができました。なぜ人は，このように振舞うのでしょうか？　チャーリーは，自分の行動を通して何を言っているのでしょうか？　チャーリーが他者の気持ちに及ぼす影響から，何を理解できるでしょうか？　チャーリーの立場に立てば，どう感じるでしょうか？　グループはすぐさまこうした問いについて考え始めました。そして，チャーリーにとって特に多くの変化が起こりつつある今の時期に，母親の新しい恋人や性生活が彼をどれだけ不安定な気持ちにさせているのかについて，じっくりと考えることができました。教師と同様に恐らくチャーリーも，孤立感をもちながらも，何と言われるかを恐れて，自分の悩み事を話せなかったのかもしれません。

　2人の教師は，自分たちの心配事を吐き出し，そのうえ良し悪しを問われない受容的な反応に出会えて，ホッとしていました。このように考える場をもつことで，多くのさまざまな効能があるようでした。自分たちがどう感じているかに目を向け，それを言葉にする機会が提供されたのです。これは，彼らが以前にはできそうにないと感じていたことです。自分たちが感じているチャーリーから受ける衝撃の意味が理解できると，チャーリーがどう感じているのかについても考えられるようになりました。こうした別の見方ができたことで，教師の狼狽や怒りや混乱は，諦めや停学では「問題解決」にはならないという決意を持ってチャーリーを支援したいという，新たな希望へと変化したのです。私たちのディスカッションの内容

が未消化のままではないかと私が注意を促したにもかかわらず，教師たちは，考えうるアプローチをまとめ始めました。（今ならできそうに思える）チャーリーの振舞いに対する無視，母親を呼び出しての話し合い，また適宜，チャーリーと冷静な話し合いを持って，彼の周りで多くの出来事が起こっていることを話し合いつつ，誰かと話すことが助けになると感じるかどうかを確かめてみる，といったことです。このディスカッションが終わる頃，件の美術教師は，チャーリーに身の程を思い知らせるような辛辣な言葉をどれほど浴びせたかったかと告白しました。でも，そうしなくて良かったと感じ，チャーリーは恥に対してとても傷つきやすい子どもなのだと思うようになったのです。

2, 3年後に，私はこの美術教師にばったり出会いました。ちょっとしたおしゃべりの後で，彼女は再度，私に感謝の気持ちを告げました。「助けてくださって，もう一度お礼を申し上げます……チャーリーに対処していた昨年は，おかげさまで，本当に救われました！」

不安と敵意に対処すること

ディスカッションの多くで際立つのは，生徒たちが互いに対してだけではなく，教師に対しても引き起こす極度の不安，そして時には敵意です。

あるグループで，最近あるクラスを引き継いだ教師が，ホームルームの時間にサラとエマという2人の15歳の少女について経験した苦労について話しました。この教師は，この少女たちがいかに意地悪で残酷なのかと述べました。彼女たちは，聞こえるところで自分のことを笑い，彼女が正規の教師ではないと言うのです。曰く，「あの人は，ただのお客さんよ」。まるで学生時代にいじめにあったときのようだと教師は言い，気持ちが萎縮したと告白しました。2人がクラスで自分を困らせるんじゃないかとびくびくさせられていました。この教師は「心底，滅入って」，「やる気がなく」なっていました。

教師が状況を説明していると，同僚が語気を強めて口を挟みました。「あの子たちを知ってますよ……まさにその通りの子たちです。恐ろしい，……血の気が多くて，陰険で，意地悪で，とんでもない子たちです」。部屋じゅうの含み笑いが，そういう見方が彼一人のものではないことを示し

ていました。「私も，その少女たちについて，恐ろしい考えを持ったことがあるわ」と，もう一人の教師が同意しました。「あるとき，私は，サラが泣いているのを見て思ったのです。しめしめ，お前が泣いているので嬉しいよ。思い知ったでしょう！」と別の誰かが言いました。「そう言ってくれて，とてもありがたい……私はいつも自分の考えることがいけないことだと感じていました」。そして彼は反抗的な思春期の特徴の真似をして，「エマ，お前がすごく惨めなのは当然だ……お前の家では，妹の方が美人なんだから！」と言いました。グループは笑いました。

　ファシリテーターは，教えるという役割がもつ，強烈で難しい特徴から引き起こされる当たり前の不安や敵意や迫害感を認め，それを参加者が表現できるようにすることが重要です。思春期の生徒の大人数の学級を受け持つ際には，特にそうです。この点では，職員室でただ「イライラを解消し」たり「生徒を酷評し」たりすることと，**考えよう**という**精神**で，時には感情を発散することもあるワーク・ディスカッションの状況とを区別することが重要です。
　したがって，このグループ・ディスカッションの中では，最初に必要なことはこの少女たちが引き起こす感情のレベルを認識し，正常化することでした。そうして初めて，つまり教師が**自分たちの**気持ちが真剣に受け止められていると感じた後にこそ，生徒たちの状況について考えることにグループを引き戻すことが可能になったのです。

　　その後，ディスカッションは活発に展開し，クラス全体では何が起きているのかについての問いが発せられました。2人の少女は4年間同じクラスで，一緒にいるときはいつも支配的な態度を帯びていることが分かりました。ある教師が，ふたりが少しギャングのリーダーのように振舞う様子について話しました。別の教師は，自分たちも少し似たような振舞いで，彼女たちを袋叩きにしているんじゃないだろうかと軽く言いました。このコメントから，私は何が生徒たちを，さらにはっきり言えば私たちを，このように団結させるのだろうか？と，グループに問うことができました。グループ・メンバーはすぐに，不安で数に力を求めたいときにこうした状況が起こると応えました。さらに私が，ギャングの心境の時には，個人差への寛容がいかに貧困になるものなのかについて話すと，教師たちはそこに興味を抱きました。教師たちは私の意見に同意し，特に思春期のグルー

プでは，違いは往々にして危険だと感じられ，仲間外れの危険にさらされるものだと言いました[原注7]。この時点で，最初に問題を持ち出した教師が突然，クラスを落ち着かせるために，彼女たちが別々のクラスに行かされるかも知れないことに怒り狂ったことを思い出しました。「そうなれば，**2人のほうこそお客さん**のような気分になったでしょう」と，もう一人の教師が言いました。

　教師たちは，徐々に彼女たちをそんな振舞いに駆り立てているものに興味を持つようになっていき，敵意や恐れにはあまり支配されなくなったようでした。そこで私が，あの子たちが一人であるというのはどんな気持ち**のすることなんだろう**と尋ねると，その場の雰囲気は大きく変化しました。「最低」と，誰かがすぐに言いました。「惨めで，落ち込んだ気分」，「ずっとそんなふうに意地悪でいるのも，かなり大変だろうな」と，別の教師が言いました。3番目の教師は，「あの子たちは，本当に不安が強いんだ……別々のクラスにされて，お互いに一緒にいられないことを想像すると……怖かったでしょう……特に，あの子たちは，みんなから嫌われているのを知っているから」。

　この時点で，問題の提示者は別のことを言いました。「実際は，あの子たちはいつも意地悪なわけではありません。あの子たちも，それぞれ単独で，2人一緒にいなければ，まったく別人のようで，とても良い子でいられるんです。あの子たちは，悪い子じゃありません……2人が一緒にいるときだけです」。

　この問題について発表した教師は，いまやまったく違う心境になったようです。その教師は，2人の少女に感情を振り回されていた時とは違い，有能な職業人としての感覚を取り戻し，より逞しく自信を持って，これから少女たちと向き合うことを考えられるようになっていました。グループ全体も，別の心境になったようで，**少女たちが体験している問題や不安により関心を持ち**，こうした問題が自分たちにどう影響しているかについては，さほど心を奪われなくなったようでした。この会が終わりに近づいた頃，もし単に罰ではなくサポートとして，理にかなったやり方でクラス変更を提案するならば，たとえ2人がそれを絶対に認めないにしても，ひそかに安心感を得られるのではないかとい

原注7）集団心性とギャング的なこころの状態に関する更なる議論についてはカナム（2002）を参照。

う重要な話し合いが進展しました。

再演とパラレル・プロセス
　ワーク・ディスカッション・グループの役割は，体験グループのように個人のダイナミズムやプロセスを吟味するものではありません。しかし，複雑な問題が再演され，雰囲気が毒気をおびるものになりだすこともあります。こうしたときに重要なのは，不安をコンテインし，グループの本来の課題 primary task に，再度，留まるために，「今，ここで」で起きていることについてコメントすることです。

　　この例として，前の週に起こった出来事について，教師が怒って不満を言い始めたあるグループについて挙げます。ケンカが始まったとき，その教師は14歳のクラスを教えていました。一人の少年が脅しにかかり，椅子を持ち上げて別の少年に投げんとしていましたが，それが教師にぶつかり，教師の腕に怪我をさせました。グループ・メンバーが共感したように，その教師がまず落胆したのは少年や事件についてではなく，むしろ学校がその後のサポートをきちんとしてくれなかったことについてだと述べました。彼女がひどく腹を立てたのは，上司にこのことについて話したとき，軽蔑的な態度を示されたことでした。「要するに上司は，私が過剰反応だと言ったのです！」彼女は信じられないといった様子で言いました。
　　グループ・メンバーの中には，その教師の憤りを共有した者もいました。次に別の教師が，違った調子で，この少年は家庭的な問題を抱えていて，両親の関係が不安定であり，しかも少なくとも１回は母親が父親に殴られるのを目撃したことがあるというのです。その時は社会福祉局が通告を受けましたが，それ以上の介入を要する理由はないと考えられました。もう一人の教師は，この同僚のことばに関心を向けず，怒ってほとんど叫ぶように言いました。「それはそれで全く構わない。でも，こんなことはあってはならないことなのよ！　この子は暴力を許されるべきじゃないし，上司は教師の言い分を聴かねばならないわ」。彼女は，問題を提起した教師に向かって主張しました。「こんなことに耐えるのを拒否すべきよ……私だったら，その子がしかるべき人の面接を受けるまで，教室に戻るのを拒否するわ。そこにいるのは安全じゃないわ，ひどすぎる！」
　　この時点で，表出される感情が強すぎて，何人かのメンバーは不安にな

り，グループの雰囲気もピリピリしてきました。生徒の家庭環境への言及がこれほど素早く無視されたことに，私は驚きました。このため，それを口にした教師は一時的に黙ってしまいました。

このように，一旦緊張が高まってくると，不安が支配的になって，グループを課題離脱へと駆り立て，何らかの形の基底的想定に陥らせます（Bion, 1961）。このセッションにおいて，メンバーは中心的なディスカッションから離れるほうへ，特に不安が喚起されるメンバー間の意見の相違から逃避するほうへと，引っ張られていきました。その結果，学校の「管理体制の悪さ」や社会福祉局への不満に加担したのですが，これはおそらくグループの凝集性を守ろうとする無意識的な試みだったのでしょう。このようにして，あらゆる対立や「悪いもの」はグループの外部に置くことができ，グループの内部で爆発が起こるかもしれないという恐怖は取り除かれるのです。

そのようなときには，「いま，ここで」起きていることについての慎重に練り上げられた，批判的ではないコメントが，状況をコンテインするだけではなく，時にはグループを「反応的な」心の状態から，より「思慮深い」心の状態へと回復させるために必須です。

　　これがいかに悲惨な出来事だったのかを私が認め，これほどの強い感情に包まれると，何が起きているのかを一緒に考えるよりも，管理職との戦いや仲間割れのような状態になりやすいと警鐘を鳴らすと，グループは安心したようでした。暴力的なものに過剰に曝されたり見捨てられたと感じたりする体験が，いかに至るところで繰り返されているのかに，グループの注意を喚起させることも重要でした。この生徒は両親の間の暴力に曝される自分の状況を両親は気にしていないと感じており，教師は，上司が気にかけてくれないと感じているのでした。そしてこのグループ内では，少年の家庭生活について話した後，やや唐突に沈黙させられたと感じた教師がいたのでした。

管理職の反応や，この生徒との「和解」のための話し合いを設定する必要に，まだこの教師はこだわっていました。しかし，このミーティングの終わりには，その教師は話を聴いてもらっていると感じ，より柔軟な姿勢になったようでした。自分が安全ではないと感じているということを人々に知らせること，そし

て，厄介ごとの原因になることを恐れて，何でも処理できるかのように振舞い続けないことがいかに重要なことかと，他の教師たちも話しました。

管理職のためのワーク・ディスカッション・グループ

　管理職に対してワーク・ディスカッションの方法を効果的に適用することについて述べるのは，本章の範囲を越えています。しかし過去6年間で，私は校長や管理職のワーク・ディスカッション・グループで，コ・ファシリテーターとして関与することが増えてきています。こうしたグループの課題は，討論の場を提供して，管理職同士が管理運営やリーダーシップの役割上で直面する問題やジレンマを探求する機会を持てるようにすることです。ディスカッションは，お察しの通り，形式も内容も，広範囲で刺激的で興味深いものです。彼らは，生徒に関する問題よりは，命令系統上の関係性や権限使用の——あるいは権限使用を許される際の——問題点，権限を委任するときの不安，管理母体や地元の協力者などの重要な利害関係者との関係，といった関心事に焦点をあてる傾向にあります。ほとんどの管理職が，職務や手続き業務に比べて，人事管理についての予備訓練が不足だと話していることから，このグループは，ほぼ例外なく極めて意欲的で有力な資源として歓迎されています。

ワーク・ディスカッション・グループの影響——評価

　本章で述べた仕事の直接の成果は，学校でのワーク・ディスカッション・グループが，現在，「優れた実践モデル」（DfES/DoH, 2006）[原注8]として認められていることです。
　グループに関するフィードバックのなかで，教師たちは，個々の問題やジレンマと格闘する際に，自分が「一人ではない」ことを発見できたことが，どれほど救いになったことかと述べています。「心の重荷を取り除くことがどんなに気分のよいこと」で，「その後どれほど違った気持ちになるか」について，多くの教師が言及しています。教師たちは，「以前は完全に自分の力量が及ばない」と思っていましたが，いまは自分の仕事について「もっと自信を感じら

[原注8] この仕事の量的評価についての議論はジャクソン（2008）とウォーマンとジャクソン（2007）を参照。

れる」と報告しています。これは，一部の教師にとっては，「生徒を憎んだり，憤ったりするのではなく，もう一度，生徒を援助したいという気持ちになった」ことを意味しています。

　全体として教師たちは，ワーク・ディスカッション・グループのおかげで生徒のニーズに「より敏感」になり，「挑発的な生徒に対してはより冷静」でいられ，「自分の仕事に対してより前向き」になったと報告しています。こうした感想は，次のようなある校長の反応にも表れています。「職員のやる気だけではなく，生徒の成績にも大きなインパクトがあり……悪い行動にではなく，生徒たち自身に対して皆が以前より寛容になった」(TEA, 2002)。教職員がとりわけ混乱し，悩まされるような状況，たとえば，若者が自殺願望を抱いていたり，教職員に対して異議申し立てがなされたりして，「投げ出したい」気分や仕事を辞めたい気分になった時に，グループは「文字通り，自分たちを救い」，「分別を保たせてくれ」たと教師たちは報告しています。多くの教師が，グループは「生涯で受けた最も有益な訓練」を提供してくれたと，感想を述べています。

謝　辞

　この仕事を展開することを支援してくれたブレント青年センターやタビストック・クリニックの同僚の皆さんに感謝申し上げたいと思います。グループに参加された教頭や校長，リンク・コーディネーターや教職員にもお礼を言いたいと思います。この方々の意見や信頼，援助なくしては，この仕事はできなかったでしょう。

Ⅱ

教育現場での実践

第2章
幼児学校の学習メンターとして

スザンナ・パボット

　学習メンターの仕事を始めたとき，これは私にとって初めての体験であると同時に，この学校にとってもそういう役割の人物を配置するのは初めてのことでした。しかし私は，当初の全く不確かなところから，次第に学校全体にとっても，特にひどく脆弱な子どもや親のウェルビーイングのためにも有意義な貢献ができると感じられるところにまで，この役割を発展させることができました。
　ここでは，問題を抱えた一人の少年の事例について詳しく述べていきます。なぜなら，校内でのこの少年の状況，および私が徐々に彼を支援できるようになった様子から，新しい役割を確立していく上で直面した独特の問題が明らかになると思われるからです。
　ワーク・ディスカッション・セミナーのグループの援助のおかげで，私は学校という文化におけるグループ・プロセスや，防衛パターンのいくつかに気づくことができました。つまり，職場での自分自身を観察することで，この新しい役割が，学校文化の中で機能するさまを理解する手助けを得られたのです。定期的なスーパービジョンを通して学んだことは，休暇のもたらす影響，乳児的感情のコンテイナーとしてのマインドフルなスペースの重要性，そしてこれを学習メンターとしての自分の役割にどう応用するのかといったことでした。
　子どもの数が140人に満たないその小さな幼児学校[訳注1]は，ロンドンの最も貧しい地域の一つにあり，鉄道の線路と2本の大きな高速道路に挟まれ，古びた公営団地に囲まれていました。私の就任前のオフステッドOfsted[訳注2]の調査によると，その学校では子どもの転入出がとても激しいということでした。頻繁な教師の異動があり，子どもの学習到達度は全般的に全国平均をかなり下

訳注1）イギリスの制度における4歳から7歳までの子どもが通う学校。小学校の中の一部門である場合も多い。
訳注2）イギリス教育水準局。この政府機関が教育機関の監査を行っている。

まわっていました。どのクラスにも深刻な行動上の問題が見られました。そのため，この学校は政府の「底上げ Excellence in Clusters[訳注3]」政策に組み込まれ，学習メンターが配属されたわけです。

　女性のL校長は，学校改革に奮闘していました。私がこの学校に赴任した時の第一印象は，特殊な秘密の世界に入っていくといった感じのものでした。周りの荒廃した環境とは全く対照的に，学校の廊下や教室の壁には明るい装飾が施され，あちらこちらに鉢植えが置かれていました。私は，こうしたものが日々，子どもやその家族に強いインパクトをもたらしていると思いました。L校長は何人かの若い教師を雇用して，問題行動に取り組むための「育みグループ nurture group」を導入していました。これは，「育みグループ理論 nurture group theory」（Bennathan & Boxall, 1996）と，多少は愛着理論（Bowlby）にも基づいており，その目的は教室という設定では適応できない子どもたちに校内の別の空間を与え，おだやかな環境下で学ぶ体験を提供するというものです。L校長は，1学期のあいだ，時間が許す時だけ散発的に自身でそのグループを運営していましたが，今回，これを学習メンターの役割とすることに決めたのでした。

　私はすぐに，「陽だまりグループ」——育みグループの呼称——が，この問題を抱えた学校，および校長の頭の中で重要な位置を占めていることを知りました。「陽だまりルーム」は，学校の事務室とL校長の部屋の間に置かれ，菜園・プレイハウス・砂箱をそなえた専用の庭は，校内でひときわ明るい屋外スペースでした。トイレに行くには，子どもたちはこの庭を見渡せるガラス張りの廊下を通らねばなりません。「陽だまりの部屋」で働き始め，私はほぼいつも憧れの眼差しで廊下に立って，部屋の中を見ている子どもがいるのに気づきました。一方，教師たちは「陽だまりグループ」に対して，かなり複雑な感情を抱いているようでした。たいていは「特別指導の部屋」として見ていましたが，同時に子どもに何か良いことが提供される場所だと信じているようでもありました。印象的なのは，ほとんど全員が「陽だまりグループ」をL校長の「赤ちゃん」だと話していたことです。このグループの担当を任されたことで，私は哀れみと賞賛の両方を受けていると感じました。

　教育雇用訓練省 The Department for Education and Skills（DfES）は，学習メンターの役割を次のように説明しています。

訳注3）貧しい地域で，問題を抱えている学校の改善のためにたてられた政策。

- 学習し，社会的統合への参加と促進を支えるために，現存する学校システムを強化するような補完的サービスを提供すること
- 子どもや若者，彼らと関わる人々との間に効果的で協力的な指導関係を発展させ，それを維持すること
- 支援と学習の機会との橋渡しをして，子どもや若者へのサービスの質を向上させるために，より広い枠組みのネットワークやパートナーシップの中で働くこと

〔学習メンター機能マップ：www.standards.dfes.gov.uk/learningmentors〕

　区から提供された研修で学んだことは，私の役割は，通常1対1の学習メンターとのセッションを通じた支援を受けるように選ばれた子どもとの間に，支持的な関係を構築することだということでした。セッションの焦点は，学びにではなく「学びに対する感情や行動の障壁」を理解し，取り除くことにありました。したがって私の役割は，教師でも特別支援のアシスタントでもなかったのです。しかし，L校長や学校スタッフからは，教師のように振舞うことが期待されているのが分かりました。そのため，この新しい特異な役割のためのスペースを作ることが，学校の活動体制を脅かしているのだと理解できるまで，私はかなり混乱していました。とりわけ，一人の子ども――特に多くの支援を必要とする子どもに――心のこもった個別的な関心を向けることは，学校全体の存続を危険にさらすような，強烈で御しがたい不安をもたらすものと感じられていることが分かりました。

　私は，マーティンの母親Hさんと初めて会ったときのことを覚えています。これは新しい役割における最初の重要な体験でした。第1日目の朝，L校長が明らかに困惑した様子で私の所へやってきて，校長室に来てある親との話を「引き継いで」ほしいと頼みました。Hさんは息子の行動のことで泣いていました。私は，彼女に陽だまりグループについて話すことになっていました。次の記録は，この時の面談の様子です。

　　私が自己紹介をすると，Hさんはしばらく私を見つめてから，この夏がこれまでマーティンと過ごした中でも最もひどい夏であり，これ以上どうすればよいか分からず，マーティンを「自分から引き離すために」，ソーシャルサービスに頼まなければならないと話し始めます。Hさんは泣きだ

し，5歳の息子マーティンが彼女と3人の兄姉を叩き，つばを吐き，おもちゃを投げつけ，食事も睡眠も取らないのだと言います。夏の間に2回，マーティンは母親に死にたいと言い，一度は車の前に飛び出そうとすらしました。Hさんの声には怒りと絶望がこもっていました。

　私は，マーティンがいま何らかの援助を受けているのか尋ねました。Hさんは，「精神科の主治医」はいますが，薬を処方してくれないので役立たずなのだと批判します。また，家族には担当のソーシャルワーカーがいましたが，この人もHさんの問題をしっかりとは聞いてくれないと言います。私は無力感と困惑を抱きながら，Hさんには何の意味もないように思われているらしい陽だまりグループについて説明し始めました。マーティンが何に関心を持っているかと尋ねると，Hさんは，マーティンはすべてが気に入らず，学校にいるのも小グループも好きではなく，何にも興味を持っていないと言います。しかし，マーティンの経過を話し合うために定期的に会うことを提案すると，多少は聞き入れてくれたようでした。

　物事をつなげる make links (Bion, 1959) 私の能力を攻撃するように，何か耐えられない「(厄介なものが) 投げ入れられた」ような感覚を覚えています。これはちょうど，教室で考えることに対する攻撃行動を示す子どもたちが，学校によって厄介払いされる場所のように，陽だまりグループが感じられていたのと同じではないかと考えました。

　マーティンの担任と話すと，Hさんはたびたび激昂し，教職員を言葉で攻撃することで有名なのだと教えてくれました。Hさんの話を聞こうとする人は誰もいないようで，彼女の話で「時間を無駄にしない」ようにと忠告されました。そしてマーティンには何ら問題はないと告げられました。マーティンのレセプション[訳注4]時の教師もナーサリー[訳注5]時の教師も，彼のことをおとなしくて行儀もよく，扱いやすい子どもだと言っているとのことです。しかし，突っ込んで聞いてみると，マーティンは「一人遊びが好き」だということでした。さらに，レセプション時の教師は「前の学期のとき，マーティンは自分のことが嫌いだと言い始めた」と話しました。マーティンはトイレに行くと言っては廊下をぶらついているようなので，教師たちは心配になり，しばらく彼を注意し

訳注4) 幼児学校の初学年の学級。
訳注5) 幼児学校の1年前の段階 (3歳児) のクラス。

て見るようになったとのことでした。

　同じ日，私は教室で，大きな茶色の瞳の，小柄でやせた5歳のマーティンに初めて会いました。

　　　マーティンは，子どもの一団から離れた片隅に座り，静かに教師を見ています。注意して教師の話を聞いているように見えますが，手を挙げて教師の質問に答えるだけの勇気はないようです。手足はぴったり身体にくっつけています。

　次の授業の間，私はマーティンのグループのテーブルに座りました。誉めると，マーティンは笑顔で応えます。休憩時間の後，私は再びマーティンのクラスに入りました。

　　　マーティンは私を見て微笑み，それから私がまだそこにいるのか確かめるように何度も何度も振り返ります。先ほどより教師に対する集中力が低くなっているようです。私が再びマーティンのグループのテーブルに座ると，一緒に演習課題をやってもらいたがります。他の子どもが私に質問をすると，マーティンはそわそわし，椅子を傾けたため，椅子が一方に傾いて不安定にバランスをとっています。私が見ると，ニヤッと笑い，さらに椅子を傾けます。私は椅子を傾けないように言い，それは彼に怪我をさせたくないからだとつけ加えます。マーティンは，怪我がしたいのだと言って，再びにやっと笑います。

　私は最初，この少年が母親の描いた少年像と大きく異なっていることに深い驚きを感じました。ところが，私が注意と関心を向けたこんなに短時間のあいだに，母親が述べたような行動の兆候を示し始めたのです。こうした兆候は表面のすぐ下にあって，今にもこぼれ出そうなのにもかかわらず，学校の教職員には見られることも気づかれることもないようでした。私は，マーティンのことがとても心配になり，彼を助けたいという気持ちになっていました。

陽だまりグループ

　マーティンの他，5歳から7歳の7人の子どもたちが，一日の半分を陽だまりグループで過ごすよう紹介されてきました。この子どもたちの各々に，「学

びに対する情緒的，あるいは行動上の障壁」と言えるものがありました。そして，ほとんどの子どもに知的障害があり，どの子どもも達成課題に到達していませんでした。私にはそれぞれのクラスの学習課題が与えられ，それを子どもたちのペースに合わせて教えることが期待されました。

子どもたちはすぐに陽だまりグループに来ることを楽しみにし始めたようでしたが，子どもたちを教室から定期的に，それもかなり長い時間連れ出すことが，彼らの統合教育のためにはならないのではないかと，私はひどく気がかりでした。それに，私は教師としての訓練は受けていないため，子どもたちの学習のニーズに充分に対処できないことも分かっていました。しかし，私の気がかりをL校長や教師たちに伝えようとしても，聞いてもらえないと感じていました。L校長にとっては，子どもたちが陽だまりルームに来たがっている事実こそが，万事順調の証だったのです。教師たちは子どもたちに完成した練習帳を持って帰ってきてほしいだけで，私には子どもたちのことをあまり心配してほしくないようでした。

私は育みグループの基にある理論的な考え方に興味を持っていましたが，学校内の最も荒れた子どもたちが，学習上のニーズに加えて私に持ち込むものすべてを自分一人でコンテインすることはできないと感じていました。マーティンがこのことを最も明確に示してくれたため，なぜこのグループが機能しないのかを理解するのに役立ちました。以下はグループセッションのあとで書いた私の記録からの抜粋です。

> マーティンは自分の席に座ってひとりで遊んでいます。私に背を向けて，2台の車を繰り返しぶつけ合わせています。マーティンのところへ歩いていくと，彼は無表情で情けない顔をしています。私は優しく，私ともう一人の子と一緒に本を見ないかと尋ねます。マーティンは首を振ると，身体の向きを変えて，車をぶつけ合わせ，こすり，そして，またぶつけています。

私は，マーティンの強い感情に対応しきれないと感じました。周りの他の子どもたちにも目を向ける必要があるのです。しかしマーティンは，何が自分を苦しめているのかを私に伝えるという願望と欲求を示すのを止めませんでした。数カ月後，私は次のように書いています。

マーティンに活動に参加するよう促すと，彼は首を振り，自分の靴に目を落とします。それから立ち上がって窓のそばに立ちます。マーティンが私の方を見ているのが分かりましたが，私がそちらを見ると彼は目をそらします。
　「マーティン，ここにおいで」と私は身振りで示し，ドールハウスの横に座ります。マーティンはやってきて，私の方を見ずに横に座ります。そして早速，小さな男の子の人形を取って遊び始めます。それを屋根の上に乗せたあと窓から落としたり，トイレの中に入れたり，戸棚に押し込んだりしています。「その子は隠れているみたいね」というと，マーティンはうなずき，再び人形を取り出し，窓を使って家を上ったり降りたりし始めます。マーティンは，人形を使って私に話しかけている，何か重要なことを言おうとしている，と感じました。しかし別の子どもが泣き出したので，私はその子の世話をしに行かねばなりませんでした。

　同じ頃，マーティンの母親も私にサポートを求めていました。しかし，これは活動体制には含まれておらず，さりとて学習メンターとしての私の役割に組み込むこともできないでいたことです。L校長は，私が教師の通常の方法でのみ子どもの親とやりとりすることを求めていました。それぞれの子どもには「スターブック」があり，そこに子どもの進歩が記されることになっています。そしてそれが，私と親の間を行き来するのでした。
　ほとんどの親は「スターブック」を使いませんでしたが，Hさんは家でのマーティンの生活を詳しく書いて，私との定期的な意見交換を始めました。しかし，Hさんが書いてくるのは，マーティンをどう扱ったらいいのか分からないという絶望感や無力感でした。「今日，マーティンは私を蹴った。ママのことが嫌いだと言った。食べようとしない……」。しかし，L校長もマーティンの担任も，私にHさんとは会わないようにと言いました。援助スタッフでさえ，私が廊下でHさんと話しているのを見ると，眉をひそめました。まるで皆が，この家族の悩みを学校の境界線の中に入れることを恐れているようでした。
　マーティンとその家族に対する私の心配は，月日が過ぎるごとに高まっていきました。

　　　今日，陽だまりルームで，マーティンはとてもイライラしているようでした。マーティンはお絵描きの活動に参加したがりませんでした。「学校

に来たくない。学校は嫌いだ。陽だまりルームも好きじゃない」と言います。セッションのほとんどの時間，頭をうなだれたまま一人で過ごしていました。しばらくしてから，私はマーティンと一緒にソファーに座り，どうしたら陽だまりルームが来てもいいなと思えるようなもっといい場所にできるかと尋ねました。マーティンはきっぱりと「もっと飾りをつけてよ」と言いました。

私は，自分の問いがマーティンの助けにはなっていないと分かりましたが，その一方でマーティンの答えは，学校の役割を彼がどう理解しているのかを知る手助けとなりました。

ワークディスカッション・グループのサポートを得ながら，私は，陽だまりグループの役割について，そして自分が子どもたちの役に立てず学習メンターとしての役割を果たしていないことに苛立っている理由について，自問し始めました。この学校は，周りの環境の苦悩や貧困から守られた，小さな世界を子どもたちに提供しようとしているように思われました。そのため，マーティンが指摘したように，飾り付けがきわめて重要視されています。しかし，現実の状況を防衛的に否認することは，学校組織全体を大きなストレスに導いていました。なぜなら，子どもたちは安全な世界を作ってもらってはいましたが，彼らは同時に心の中に外の大変な世界を抱えていたからです。私が学習メンターとして取り組むことを期待されたひどく脆弱な子どもたちとその親は，自分たちの不安や痛みを吐き出さずにはいられなかったのです。

ヒンシェルウッド（2002）は，組織が，個人と同様に極度の不安に対しても防衛的なパターンを構築すると指摘しています。その理由の一部には，不安に対する「目に見える有能な役割を演じることへのプレッシャー」が示唆されていますが，私は，これは最近のオフステッドによる否定的なレポートの影響ではないかと思いました。

この学校はまた，赤ん坊の否定的な投影に耐えられないために，子どもの体験を理解もコンテインもできない母親のようにも思えました──まさにビオンの言う，赤ん坊の泣き声に応える忠実な母親には違いありませんが，その強力な恐れや感情を自分に取り込むことのできない母親（Bion, 1959）なのです。その証拠に，職員には，確かに善意があったのです。

陽だまりグループは，最も脆弱な子どもたちに，学校が示せる良いものを惜しみなく提供するという狙いがありました。しかし，良いものの隣に悪いもの

が存在するのを許せないために，このすべて良いものだけでは，子どもたちにはほとんど役に立たないか，意味をなさなかったのでした。学習メンターという新しい役割は，学校の防衛的な機能パターンの中にはうまく調和しませんでした。なぜなら，学習メンターの狙いは，子どもたちの「学習を障害するもの」という側面に注意を向けることであるにもかかわらず，学校はその側面の排除に躍起になっていたからです。

新しいスペースを導入すること

　この時点で私は，HさんとL校長の了解をもらって，マーティンの精神科医とソーシャルワーカーと話しました。彼らは学校と連絡を取り合って，この家族の支援ネットワークを築きたいと考えていました。また，精神科医が，マーティンを心理療法のセッションに通わせるようH夫人を説得していたことを知りました。しかし，H夫人は学校からの援助にのみ同意していたのです。私はワーク・ディスカッションの指導教官のサポートとマーティンの精神科医の同意を得て，マーティンに，当初は週2回の，非構造的な設定での個人セッションを提供することについて，L校長と話しあうことができました。

　この新しい方法を始めるにあたっては，マーティンにも私にもかなり不安がありました。マーティンとの最初の1対1のセッションの記録にそれが表れています。

　　　私が初めての個人セッションのためにマーティンを迎えに行くと，彼はすぐに私の方を見ました。私は微笑み，一緒に来るように身振りで招きました。マーティンはすぐに立ち上がり，私の方に向かって少し歩を進めました。笑みを浮かべて私を見ながらも，それを隠そうとしているようでした。その時，彼は突然，横に傾きます。何かに躓いたのかと思いましたが，床には何も見当たりませんでした。単にバランスを崩しただけのようでした。マーティンは倒れたあと急いで起き上がりましたが，少し混乱しているようでした。

　　　廊下に出ると，私はマーティンに「秘密の裏道」を使って，陽だまりルームに行くことを告げました。

　これは，学校の事務所の裏を通る道で，教職員たちがある場所から別の場所に移動する際に，ガラスの壁の教室が並ぶ建物全部を通らなくてもすむ通路で

した。私はその日，マーティンに何か違うものを与えようとしていることを皆に知らせながら学校じゅうを歩くのを避けるために，この通路を選んだのでした。「秘密の」という言葉を使ったのは，マーティンの問題に取り組むための新しい方法に対する，教職員の反応に相当な不安があったからだと思います。私は，どの子どもであっても，個人的に特別の扱いをすることには反対意見があることも知っていましたし，問題を引き起こすことを恐れてもいました。

　実際，私とマーティンとの1対1のセッションは，すぐに他の子どもや教職員の注意を引くところとなりました。私が運動場に出ると，いつも子どもがやってきて，自分も連れて行ってほしいと頼みました。教職員たちは，私たちがセッションをしていると，しばしば扉を開けました。それは，「たまたま」であったかもしれませんし，わざとだったかもしれません。あるティーチング・アシスタントは，陽だまりルームのドアにガラス窓を取り付けるようL校長に頼んだほどです。マーティンとのセッションは，非構造的な時間を与えるためだと説明をしているにもかかわらず，彼の担任は，私との時間にやらせるようにと練習帳を繰り返し渡すのでした。その時間にクラスからマーティンを連れ出さないで，後にしてほしいと言われることもしばしばでした。

　この最初の数カ月間のセッションでは，マーティンは大半の時間をただボードゲームの遊びに費やすことを選びました。ルールがあり，コマをつかんでいられるゲームのおかげで，この個人セッションの時間に不安を喚起しない構造がもたらされているのだと，私は感じました。またこうしたゲームは，マーティンにある種の力の感覚も与えたようです。なぜなら，彼はしばしば自分の番はもとより，私の番まで取ってゲームの結果をコントロールしようとしたからです。

破綻と新しい出発

　年度末[訳注6]の6週間の夏休みは，マーティンの家族にとってかなりの困難であったことがわかりました。Hさんは，マーティンが手に負えない状態で，再び自分や家族を傷つけようとしたと報告してきました。またマーティンは全身に乾癬 Psoriasis[訳注7]も発していました（マーティンは以前にもこの病気を患っていましたが，ここまでひどかったことはありませんでした）。

訳注6) イギリスでは教育機関での1年は9月に始まり7月に終了する。
訳注7) 皮膚から少し盛り上がった赤い発疹の上に銀白色のフケのような垢が付着し，ポロポロとはがれ落ちる病気。

マーティンは,初日も2日目も学校に来ませんでした。Hさんは,彼が家を出たがらないのだと言いました。マーティンへの支援計画ができあがるまで,毎日,私とのセッションのために陽だまりルームに来てはどうかと提案すると,彼は学校に来ることを納得しました。これは,その最初のセッションの記録からの抜粋です。マーティンは,6歳になっていました。

> 私たちが陽だまりルームに着くと,マーティンはブロックをいくつか取って,カーペットの向こう側にあるドールハウスに投げつけました。かなり強く投げつけていました。私は,自分がどんなに怒っているのかを,私に教えてくれているんだねと言いました。そしてブロックを投げるのは良いけれど,自分や私を傷つけないよう注意するようにと付け加えました。マーティンはさらにいくつかのブロックを投げましたが,さきほどよりは強くありませんでした。マーティンは,私と視線を合わせずに素早く動いていました。
>
> 突然,マーティンはドールハウスの方に向き,2つの男の子の人形を手に取りました。この人形たちにドールハウスの壁をよじ登らせました。私は,長い夏休みの前にもこうやって遊んだねと言いました。マーティンはドールハウスの中を覗き,人形がひとつないと言いました。そして探し始め,クローゼットの中にあるのを見つけると,笑って,自分でそこに隠したのだったと言いました。

休暇に対するマーティンの怒りに私が耐えられたことが,彼にとってどんなに大切だったのか実感しました。ビオン(1962b)は,心の乱れた状態をバラバラにさせないものとしてのコンテインメントの概念を紹介しました。ワデル(1988a, p.34)が述べているように,「経験が理解されると,それを象徴的に表現したり,そこから学び,それを超えて発達していくことが可能になる」のです。隠された人形は陽だまりルームに残した自分の分身であり,その人形が無事に見つかったことは自分の分身もまた,無事に保たれていたことを意味するのだとマーティンは感じていたのでしょう。

休暇がマーティンにとって,より深い意味を持っていた可能性について私は考え始めました。オーショネシーは,赤ん坊にとって「不在の対象は,赤ん坊を飢餓と死にさらす悪い対象である」と述べています(1946, p.34)。クラインは,良い対象の出現と消失と「不安と罪悪感の重圧下でパーソナリティの一

部が破壊されることや分裂・排除される」メカニズムとを関連づけています（1946, p.20）。マーティンは，自分の中にはっきりと2つに分裂した側面——学校での「よい」マーティンと家での「悪い」マーティンと——を持っているようでした。そしてこの分裂は，（学校や学習メンターといった）良い対象の不在にさらされた夏休みの間に増長されたのです。

マーティンの乾癬の発症で，私は，早期のコンテインメントを体験しなかった赤ん坊が，脆弱なセカンド・スキンの機能をもつようになるというビックの発見（1968）について考えさせられました。マーティンの学校でのパーソナリティにはこのような機能があり，夏休みによる学校の喪失が，文字通り彼の皮膚を崩壊させたのではないかと思えました。

学校では，長期休暇に関する子どもの感情はまったく考慮されていないことに私は気がつきました。学年末に学校を卒業して行く子どもたちにさよならを言う際の私自身の悲しさについて教師たちに話すと，教師らは笑って「私たちは，あの子たちを追い払って清々する」などと言うのでした。私は，子どもも教職員も出入りの激しいこの学校で，切れ目や不在について考えることがどれほど難しいことなのかと驚きました。しかし，特にこのような学校では，子どもたちは休みの間も自分たちが心に留めてもらっていると知っていることが必要なのだということを，マーティンが私に示してくれたように思えます。

学習メンターの役割の再定義づけ

2つの重要な決定がなされました。ひとつは，マーティンが毎日決まった時間に30分間，私との個人セッションを続けることです。もうひとつは，私がワーク・ディスカッションの指導教官から追加のスーパービジョンを受け，その費用は学校の学習メンターの予算から支払われるというものでした。

私は，マーティンのセッションを保護することを主張し始めました。「セッション中」は，本当に必要な時しかドアを開けないこと，という大きな貼り紙を作り，またセッションの時間の変更は今後は受け付けないことにしました。

マーティンの担任とSENCO[訳注8]（特別支援教育コーディネーター）は，最初のハーフターム[訳注9]までに，彼の学習と授業への参加度の改善を認めました。やがて他に3人の子どもたちが学習メンターとの個人セッションに送られ

訳注8）Special Educational Needs Coordinator の略。
訳注9）各学期の前半と後半のうちの前半終了時点。

てきました。私は，陽だまりグループの運営を続けながらも，もっと幼い4・5歳児との短時間のセッションを行いたいということも交渉できるようになっていました。この子どもたちは，学びよりも，遊びに焦点をおいた小グループから得るものが多いからです。私は，必要な子どもたちにより綿密な支援ができるようになり，教師役を期待されているだけだと感じることもなくなりました。また，ようやく学習メンターとしての有意義な役割を確立しつつあると感じていました。

　私の仕事のもう一つの重要な側面は，学校外での子どもと家族へのすべての支援サービスについて「心に留めている」人でいるということでした。そこで，最初の冬休みが近づくと，私はマーティンの精神科医と家族のソーシャルワーカーに連絡を取り，休みの間の家族への支援方法を模索しようとしました。マーティンのためには，休みのあいだ，ホリディ・プレイ・スキーム[訳注10]が用意され，ソーシャルワーカーがHさんに会うことになりました。次の引用は，冬休み後，マーティンとの新年の最初のセッションからの抜粋です。その朝，母親と共に学校に来たとき，マーティンはゲームを手に抱えていました。母親は私に，マーティンは休み中，母親，兄弟，そしてソーシャルワーカーとこのゲームで遊んでいたのだと話しました。

　　　クラスに行くと，マーティンは私を待っていたようでした。マーティンは私を見るや満面に笑みを浮かべて立ち上がり，大きな声で担任に言いました。「スザンナと一緒に陽だまりルームに行って来る」。その声は，私の覚えているそれまでのマーティンのどの声よりも，自信に満ちており，まるで，これから私とのセッションに行くことをみんなに聞いてもらいたがっているようでした。

　　　陽だまりルームに着くと，マーティンはゲームを持ったまま，テーブルの前で立ち止まりました。何も言わずに，私の方を見上げました。私は，陽だまりルームに来るのは久しぶりだねと告げました。マーティンは，自分のゲームを見ました。新しいゲームを私に見せたかったのかなと私は尋ねました。マーティンはうなずいて微笑むと，椅子を引き寄せて座りました。マーティンは満面に笑みを浮かべながらゲームを取り出しました。テ

訳注10）学校や他の公的施設を使用して，地方自治体あるいは私的なグループが運営する学童保育のようなもの。

ーブルの下の足も興奮気味に動いています。マーティンが，自分は赤で私は黄色，と言い，私たちはゲームを始めました。1度，そしてもう1度，私たちはそのゲームで遊び，2回ともマーティンが勝ちました。マーティンにとって勝つことはとても重要なようでしたが，それは以前に私が感じたように，コントロールしたいからではなく，休みのあいだに自分が学んだことを私に見せたいからなのだと感じられました。

これは，オーショネシーの言葉（1964）「不在対象は思考の発達に対する刺激である」を連想させるものでした。

終わりに

マーティンは，小学校^{訳注11)}に上がるまで，私との学習メンター・セッションに通い続けました。そして新しい兄弟の誕生も含めて，家庭生活に大きな変化があったにもかかわらず，この1年を通して学校で順調に過ごすことができました。

私は主にマーティンとの出会いを通して，学習メンターが学校という設定の中で，かなり難しい子どもにさえ変化をおよぼすことができるという自信を持つことができました。私の経験では，学習メンターの支援に送られてきた子どもの親の多くが，学校外からの支援を受け容れられないという問題であがいていました。そうした親の子どもが，学習メンターという役割のおかげで，これまで学校内では得られなかった性質の支援にアクセスできるようになったのは明らかだと思います。

当初は，学校内部での新しい役割に対してかなりの抵抗がありましたが，私に自信がついてくるにつれ，校内の人たちが，子どもや休暇や困難な状況について新しい考え方をし始めたのが見て取れました。新しい専門職の展開を認めるといった組織の中での小さな変化でさえも，組織全体としての成長を導き得ることは大きな感動でした。

訳注11) イギリスの制度における5歳から11歳までの子どもが通う学校。

第3章
小学生への治療的アプローチ

スーザン・セイダー

　　学ぶことは，統合されており，なおかつ硬さがほぐれている［成長しつつ
　あるコンテイナー］の能力に依拠します。これは，自分の知識や経験を保持
　できますが，過去の経験を再び分解するのをためらわない個人の心の状態の
　基礎であり，それによって新しい考えを受け取ることができるのです。
　　　　　　　　　　　　　　　　　　　　　　　Bion (1962a), p 931 [訳注1)]

背　景

　私の初めての子どもに対する援助の経験は，当時計画中であった転職の一環として始めた，「読み書き支援ボランティア Volunteer Reading Help（VRH）」と呼ばれるプログラムのボランティアとしてのものでした。

　VRHは，小学校に在籍する子どもの個別支援をするために，地域の自治体がボランティアを募集し，養成する全国組織です。子どもは，勉強で一定の基準に達していないことを理由に，教師に選別されてこのプログラムに参加します。彼らの問題は，ある程度，情緒的な側面に基づいていると考えられています。子どもとのセッションの形式はとても柔軟ですが，私はリーディング・アシスタントとして，子どもたちを読み書きの力を伸ばすような活動に参加させることが期待されていました。子どもとは週に2回，30分ずつ，一人ひとり面接しました。主な目的は，彼らにひとりの大人との時間と関心を提供することで，自分の価値認識を高め，ひいては学力面での成果をあげることでした。

　VRHプログラムは，認知的な学習と情緒的なこころの状態とのつながりを

訳注1)「経験から学ぶ」の第27章 K 結合を踏襲。

認識しているものだと私は感じていました。目標として明確にうたわれているのは，自信が欠如し，成績が悪い子どもの援助です。この理念に通底する基本的な概念は――VRHの創設者たちが理論的なつながりを認識していたかどうかは別として――，ビオンの「コンテイナー／コンテインド」のモデルと，それに連なる「考えることの理論 theory of thinking」です。つまり，本質的には，子どもが早期の体験を通して自分自身をコンテインメントする機能を内在化できていなければ，学ぶことに支障をきたすかもしれないということです。もし，不確かさや欲求不満といった学ぶことに関連する不安が，考えることもできないほどに苦痛なものであるならば，子どもは心のスイッチを切ったり，「無思考 mindless」になったりするかもしれません。その結果，考えることや学びの過程が立ち往生しかねないのです。

ビオンのコンテインメントの概念（Bion, 1962a）は，母親は赤ん坊を理解するために，その感情と十分に触れ合う必要があることを示唆しています。たとえ赤ん坊の苦痛の原因がすぐには分からなくても，母親はそういった不安や不確かな状態に耐えることができなくてはならないのです。

考えることの理論で，ビオンは，赤ん坊の原始的な不安が消化されたなら，そのこころは新しいことを取り入れ，やがては考えたり学んだりすることへの欲求を育むと主張しました。ビオンは，こうした心の機能をKとして表しています（Bion, 1967b）。本質的に，考えるための能力は，自分のことを考えてもらった体験から生じるのです。早期の母子関係はその後の成長のための礎となるため，早期の体験が充分にコンテインされないと，認知的な学習に支障の出る可能性があるのです。

VRHプログラムの理念は，情緒的なこころの状態と学習困難とのつながり，および，ボランティアと子どもとの治療的関係において，母子間のコンテインメント機能が再現する可能性を想像しています。しかし，ボランティアが子どもにコンテインメントを提供するためには，ボランティア自身が抱えられ，コンテインメントされていると感じている必要があります。私は今になって，自分がVRHとしていつも孤立していたと思うようになりました。組織からは正式なスーパービジョンを提供されていませんでした。しかし，担任の教師とは継続的に話し合いを持ち，校長先生の完全なバックアップは感じていました。また私には，ワーク・ディスカッション・グループという支えがあったことも幸いでした。

治療的な設定は，ザルツバーガー・ウィッテンバーグ，ヘンリー，オズボー

ン（1983）が,「空間をきっちり区切ること」と名づけているものであり,それは「空間の内側で抱えられ,信頼できる人の丁寧な眼差しから生まれる安心感」(p.10) を提供することを意味しています。そして,それが適切な方法で与えられるなら,子どもの自己探求と情緒的成長に必要な,安定した土台を提供するものになります。

　小学校の環境は,その性質上,ある意味で個人のニーズを無視するようなものかもしれません。たとえば,場所や資源の制約は避けることができません。関心や欲求を競い合う子どもの大集団が,教室や教師を共有します。子どもたちは大きな机に着席して勉強し,互いに席を換えることも可能です。文房具はそれぞれの机の中央に置かれて共同で使います。

　このような共同体の雰囲気は,時として私のVRHの役割に持ちこまれることもあれば,その妨げになることもあると感じていました。私は,図書室で子どもとのセッションをもつのが常であり,そこは,ほどよい自然光のさす魅力的な場所なのですが,セッションの最中に他の子どもがしょっちゅう出入りするために,気が散らないというわけにはいきませんでした。時には,図書室が「特別な」グループワークに必要なので,他の部屋へ行くようにと言われることもありました。こうした中断や場所の移動は,明らかに子どもを不安定にさせました。そのような経験から,一人ひとりへの関心と場所が不足していること,そして私が子どもと実践しているような個別の援助の重要性が浮き彫りになりました。

　母親・赤ん坊のよい結びつきのなかで起きるプロセスを理解すると,治療的なコミュニケーションにおいて,そのことがどう反映されるのかが分かります。それはこちらに投影される子どもの不安を,包みこんで理解しようと努めることから始まります。ボランティアとしての私の責務は,そうした不安を心的に消化し,子どもが理解できる言葉でそれを子どもに返すことです。

　子どもは,無力感,混乱,分裂,恥,あるいは恐れのような耐えがたい感情を投影することがあります。それはこうした悪い感情を取り除きたいという願いからかもしれませんし,理解してもらい,助けてもらいたいという期待からかもしれません。もし子どものコミュニケーションを適切なやり方で受け取れたなら,このような不安に対処するのを助けることができるでしょう。このこと自体が,この仕事のなかで最大のチャレンジです。アブラハムセン（1993）は次のように説明しています。「じっとして,受け入れる態勢を維持し,投影される痛み,自分自身の不確かさという痛みに耐えることは,とても苦しいこ

とです。」(p.49)

　また，私は治療関係における境界の重要性を認識するようになりました。コプレイとフォリヤン（1977）は，確実な形で自分の「クライエント」と関係を作り，その時，その場所でクライエントをこころに留めることができるような枠組みを，設定の中で作ることの重要性を強調しています。

　VRH プログラムでは，セッションのために指定された時間に特定の場所で子どもに会うというような治療的な枠組みの一面が，組織として推し進められています。加えて私は，セッションに遅れないように細心の注意を払い，子どもが休暇や終結の心づもりができるよう，かなり早めに伝えるようにしていました。また，自分自身や自分の家族については何も話さないようにしました。

子ども

　VRH プログラムの対象となる子どもは，読み書きに支障があるという理由から選ばれていました。おそらく，ビオンの「考えることの理論」が示しているように，こうした支障と彼らの早期の体験との間には関連があるのでしょう。私は，この子どもたちの家族に会ったり，彼らの早期の体験について知ったりする機会は持てませんでしたが，彼らのことを知るにつれて，母親 - 赤ん坊のよい結びつきがしっかりと作られていたのかどうか疑問に感じるようになりました。ワデルは，乳児期のコンテイナー／コンテインドの相互作用を次のように説明しています。「それは，こころの成長を通して，至るところで，さまざまなかたちで常に繰り返される，徐々に複雑になっていく学びの経験の，情緒的な現実化を表すものです。」（Waddell, 1998a, p.103）

アレク

　VRH プログラムで出会った子どもの一人に，アレクがいました。彼女は細身で物静かなアフリカ系の女の子でした。彼女のこの学校での教育は，一家がガンビアへ引っ越した時点で，2 年間中断されていました。彼女がロンドンに戻り，この学校に戻って間もなく，私は彼女に会い始めました。迎えに行くと，彼女を見つけるのが難しいと感じることがよくありました。というのは，彼女はまるで目に見えないもののようだったからです。出会った時，彼女は 8 歳になっていましたが，ほとんど文字が読めないのも同然でした。教師からは，「怠け傾向」と言われていました。当初，兄弟は 3 人で，兄が 2 人と弟が 1 人

いました。その後，母親が双子の男の子を生みました。双子を除いて，6人の子どもの父親はみな違っており，どの父親も彼らとは一緒に住んでいませんでした。

　アレクは，一生懸命に取り組もうとしているように見えましたが，考えたり学んだりする能力は阻害されていました。彼女は「物事を知りたい」という欲求を見せることはありました。たとえばクラスの討議で出てきた言葉の意味について，質問を浴びせてくるようなことが何度かあり，時々は読むのを中断して，知らない言葉の意味を説明してほしいとも言いました。私はその言葉の意味を説明し，毎週復習できるように単語のリストを作ろうと提案しました。アレクはこれに賛成したのですが，1週間するとすべての言葉の意味をすっかり忘れてしまっていることが分かりました。このリストのことに少しでも触れると，不安が高まるようでした。数週間後，私は，リストを作るのを止めようと提案しました。知識がアレクから「漏れ出して」いるようで，そのために認知的な発達が遅れているのだと感じられました。コプレイとフォリヤンは，「ざるのような sieve-like」非コンテインメントの型について言及しています。そこでは情報は取り入れられずに，その人の中を通り抜けるようなのです (Copley & Forryan, 1977)。振り返って考えると，彼女が言葉の意味を知ることに特に興味を示した後に，言葉を覚えられないことについての彼女の気持ちについて考えるような手助けをするべきだったのだと思います。

　アレクの担任によると，彼女は毎週こつこつと単語のスペルを覚えるのですが，単語の音声構造が把握できないとのことでした。スペルのテストでは，教師は順番を変えて単語を読み上げるのが常なのですが，アレクは，自分が覚えた順番でしか書くことができませんでした。もし自分が覚えたリストの初めの単語が「train」だとすれば，教師が「house」と言っても，彼女は「train」と書こうとするのです。彼女は音の違いを理解できませんでした。このことは，ビックの「付着性同一化」の概念（1968）を連想させました。つまり，本当の理解が生じえない機械的な学びの様式であり，「3次元」的な関係はビオンの「名状しがたい恐怖」と同様，「奈落への転落」のように感じられるために，「2次元」的な関係しか成立しないのです。

　最初の年の12月の最後のセッションで，アレクはクリスマスと冬の休暇をとても楽しみにして帰っていきました。しかし1月に再び会った時，彼女は休暇をめぐる失望だけを語りました。プレゼントにがっかりしただけではなく，兄弟たちが「四六時中けんかしていた」のでした。対照的に，彼女はそれまでに

ない親しみと情熱を込めて，その日，私を出迎えました。それまでにはなかったことなのですが，彼女は私のことを名前で呼びました。この日に私が来ることを覚えていたかどうかと尋ねると，大きく頷いて，微笑みました。私たちはとても仲良しのような感じがしました。後でよく考えてみると，このような親密な感情をそれまで彼女との間で経験したことはなく，これはその後も二度とありませんでした。アレクは期待はずれの休みの間じゅう，私のことを，おそらく理想化して考え続けていたのだと思われました。セッションの終わりが近づくと，彼女は何度も時計を見て，もうすぐ終わるのね，と不安げに言いました。彼女は時計を読むことができませんでしたが，私たちが共に過ごす時間が無限ではないことが，突然に分かったようでした。別れる時，彼女は悲しそうでした。それは抑うつ的な悲しみでした。彼女の空想の中では，私たちの関係について，非現実的な考えにしがみついているようでした。しかし，セッションの現実に直面して，彼女にはからっぽの感覚だけが残されたのでした。

　ここでもまた私は，彼女が自分の感情を理解するのをもっと助けてあげられていたならばと思いました。しかし，アレクの絶望の投影は，彼女に応じる私の言葉をなくさせていたのです。アレクとのセッションで，私の中に無能だという感情を引き起こす強烈な投影に気づきました。読むことの進歩が痛ましいほどに遅いのに加えて，アレクの身体が臭うことから，私は彼女が十分に世話をされていないに違いないと確信していました。彼女を教え，彼女の人生をもっとよくしてあげたいという，私自身の欲望に圧倒されるような感じが何度もありました。そもそもアレクを援助するためには，私自身が，彼女の無能感や失望に圧倒されたり，投影同一化の状態に陥ったりしないで，それらをコンテインできるようになることが必要なのでした。

　２年目には，ついに私はなにがしかの進歩を遂げていると感じられました。ある日，特に簡単な一節を彼女に読んで聞かせていた時，いつものように私は音読しながらその語を指さしていました。すると私が促したわけではないのに，突然アレクも読み始めたのです。彼女に一人で読み進めさせるため，私が読むのをやめると，彼女も読むのを止めました。私が再び読み始めると，彼女もそれに加わり，私たちは一緒にその一節を読み続けました。彼女は一人で読むことはできませんでしたが，私と**一緒**に読み続けても大丈夫だと感じることはできたのでした。その後数カ月のうちに，アレクは次第にとても簡単な文章を一人で読むことができるようになりました。

レイラ

　VRHプログラムで出会ったもう一人の子どものレイラは，親しみやすく，元気のいい女の子で，両親はモロッコの出身でした。彼女はぽっちゃりとしていて，とてもかわいらしい顔をしていました。家族が敬虔なイスラム教徒であったため，彼女はいつも頭にスカーフを着けていました。レイラは6人兄姉の末っ子で，兄が1人と姉が4人いました。16歳の姉だけが，まだレイラと両親と一緒に住んでいました。他の兄姉は結婚し，それぞれに子どもがいました。レイラは身近な家族や身内のことをよく話題にしており，それぞれがとても緊密に結びついた関係のようでした。

　初めてレイラに会った頃，彼女は家族のことやモロッコで過ごす夏休みについてよく話していました。うさぎ，犬，猫，馬など，モロッコで飼っているたくさんの動物を自慢していました。そして，そこで従兄弟たちと遊ぶことや，ボーイフレンドすらいることなど，幸せな夏の思い出を語りました。本当に，豊かで素晴らしく聞こえました。彼女は初めての夏休みを，大きな憧れと期待をもって，心待ちにしている様子でした。モロッコについてこのようにたくさんのおしゃべりをするのとは逆に，イギリスについてはほとんど話をしませんでした。これを聞きながら，私は彼女の両親や年上の兄姉の体験はどうなのだろうかと思っていました。おそらく，彼らはモロッコについて理想化された感覚を抱きつづけ，対照的にイギリスについての理想的な気持ちは少なかったのでしょう。

　レイラとのセッションの初期，私たちは，元気が良すぎてしょっちゅう叱られたり，お仕置きをされている英国騎馬隊の一頭の馬についての本を読んでいました。その馬は「自分の気持ちは忘れろ，お前が護るのは他人の生命なのだ」と言われます。この一節にレイラの目がくぎ付けになり，その前年の夏，父方のおばあちゃんが亡くなった時，母親に「自分の気持ちは忘れなさい」と言われたのだと話しました。私は，母国を失くすといった喪失と，その悲しい感情に対して彼女の家族はそのように対処しているのだと思いました。おそらく，彼らは自分自身の悲しみを認めることができなかったために，モロッコを離れたことにまつわる喪の過程を乗り越えられなかったのでしょう。フロイトは，「国や自由や理想」，そして「愛する人」であっても，もしその対象の喪失を認めることも悲しむこともできなければ，メランコリーか抑うつが起こりうると説明しました（Freud, 1917e [1915]）。モロッコの理想化は，レイラの家族や，家族に同一化したレイラにとって，悲哀に対する防衛として働いていた

のかもしれません。

　レイラの家族は，敬虔なイスラム教徒であり，イギリスと関係のあるキリスト教的価値感はほとんど認めておらず，実際には軽蔑すらしているようでした。1年目の終わりに向かう頃，レイラは学校の図書室で見つけた『イスラムの世界』という本に非常に興味を示しました。彼女は，その本をほぼ最初から最後まで読んで聞かせてくれました。私は，彼女がそれを他の本を読むときよりも明らかにスラスラと読むことに衝撃を受けました。難しい言葉を発音したり，理解できない言葉の意味を尋ねるために，一段と努力をしているようでした。彼女は最初，その本を家に持って帰って家族に見せたかったのですが，その本にはキリスト教の修道士の絵が載っていたために，家の中に持ち込むことを兄が許さないだろうと言いました。その修道士はキリスト教徒でしたが，若い頃にモハメッドに出会い，モハメッドの内に秘められた偉大な能力に気づいたのでこの本に載っているのだと私は説明しました。レイラは，そういうことに関係なく，兄がとても怒るだろうと言って，結局，本を家には持って帰りませんでした。

　私は，レイラが，家族の信仰と，自分がイギリスの慣習に触れていることの葛藤で苦闘しているのだと感じました。レイラは，教師がイスラム教徒の生徒をだまして，禁じられている食べ物を口にさせるために，学校の給食に秘かに豚肉を入れているのではないかという原始的な迫害恐怖を抱いているようでした。彼女が私に話した夢の中には，キリスト教徒とイスラム教徒の間の残忍な争いが含まれていました。

　レイラは姉の電話を盗み聞きして，「神は，[彼女が]死す時に罪に対する罰として，[彼女の]耳に灼けた溶岩を注ぐだろう」と，怖くなったと話したことがありました。神についてのこの考えは，懲罰的な超自我を表象しているようでした。また，その考えは，「不適切な」イギリスやキリスト教のことを聞くために耳を傾ければ罰せられるという，両親からの暗黙の（あるいは明白な）警告を象徴するものではないかと思われました。つまり彼女は，他の見方を聞いたり，異なる考え方にこころを開いたりすることは危険なことだと，無意識的な不安を感じていたのでしょう。ワデルは「不安の勢力下では，思考はその情緒的な基盤から切り離され，不合理で硬直した考えや態度がその結果として生じ始める」（Waddell, 1998a, p.12）と指摘しています。

　このことから，私はレイラとの援助の経験について考えるようになりました。私は彼女がひとりで話し続けていたいのを見てとりました。彼女が話している

ことについて，私がコメントしたり疑問を口にしたりしても，彼女は返事をしませんでした。事実，彼女はしばしば私の話を遮りました。それはまるで，私の言葉を取り入れたら，私に洗脳されるのではないかと恐れているかのようでした。私はこうした行動と彼女の読む力の支障とのつながりに思いを巡らせました。彼女の認知的な学習は，乳児的な迫害不安によって阻害されているかのようでした。一度，私はフラストレーション状態に陥って，彼女は私の話を聞きたくないようだと指摘したことがありました。そのとき私は，自分が思いのほか強い口調だったことに気がついていました。しかしながら，私のコメントは確かに一つの変化を引き起こしたようでした。というのは，レイラはその後，はるかに一生懸命聞くようになり始めたからです。後になって思い返してみると，彼女は，家で話を聴いてもらえないという気持ちにイライラしており，その気持ちを私の中に投影していたのかもしれません。

　私はレイラとのセッションを進めるうちに，彼女が自分の住んでいる2つの異なる世界の意味をもっと理解したがっているのではないかという印象をもつようになりました。彼女は，これら2つの世界は共存しえるし，おそらくは統合もされるだろうという希望を抱いていたのではないかと思います。2年目に，レイラが車いすの少女についての物語を読んでいたときのことです。その少女の両親は過保護で，レイラは「もし私が彼女なら，一人にしておいてって親に言うわ。だって，私は自分でいろいろやれるもの」と言いました。おそらくレイラは，車椅子の少女に自らの姿を見ていたのです。葛藤によるハンディキャップはあっても，もし許されれば，自分のことは自分でする能力があるのだという楽観的な気持ちだったのでしょう。

　2年目の春に，レイラは，父親がモロッコの家を売りに出していると言いました。彼女は，この夏はモロッコでいつものような休暇を過ごすことができないと，とても残念がりました。そして彼女は何週間もの間，その失望感にもがき苦しみました。しかしこの出来事は，レイラにとって新たな局面の始まりとなったようでした。彼女は，その後の数カ月の間に，地に足をつけたようで，イギリスでの生活により重きを置くようになったようでした。担任から彼女の読む力が進歩したと報告を受けたのは，この時期でした。

　共に過ごす期間の終わりが近づいた頃，レイラは誕生日会をして学校のお友達を呼びたいが，兄は正しいイスラム教徒はパーティーをするものではないと信じているので，このことを兄には知られたくないのだと話しました。最初，パーティーのことを秘密にしておくという願いは，反抗的な態度であるかに思

えました。しかしその後，父親がパーティーをするように彼女を励ましてくれ，「来たいと思う人が来ればいいし，来たくない人は家にいればいい」と言ってくれたのだと話しました。モロッコの家を売り，その夏をイギリスで過ごすという決意に示されているように，両親のイギリス在住の決意への気持ちに変化があったのでしょう。父親がパーティーをするように励ましたことは，より統合された考え方を反映しているように思えました。

終　結

　2年目の学年末にVRHの立場を離れることを決めた時，私はできるだけよい終結に持っていくことができるかどうか不安でした。私は，4週間前にお別れを知らせることができました。そうすることで，子どもたちも私自身も，共に過ごした時間のなかで起きたことを振り返り，さようならを言うための準備ができると思ったのです。

　最終の数セッションでは，アレクとケディフ（VRHプログラムで出会ったもう一人の子ども）は，2年間にわたって読んできた本を思い出し，その本の話をしたり，同じ本をもう一度読み直したりしたがりました。彼らには経験をつなぎとめる具体的な方法が必要なようでした。ザルツバーガー・ウィッテンバーグは以下のように指摘しています。

> 　一時的なものにせよ，永久的なものにせよ，外的な関係が終結を迎えるとき，自分がその関係を忘れてしまうこと，忘れられてしまうこと，そしてそれまで価値を置いてきたことを失ってしまう恐怖がありますが……こうした不安は，生徒にも教師にも，何かを達成したことの証を求めたり，何か具体的な形にしておきたいという気持ちを抱かせたりするものです。
> [Salzberger-Wittenberg, Henry, Osborne, 1983, p.153]

　最終的には3人の子どものなかでは，レイラが最も心理的に統合されたようで，より象徴的に機能できました。彼女は終結についての悲しみの感情をはっきりと表現し，私がいなくなると寂しいと言いました。最終の数セッションの一つで，彼女は，とてもたくさんの人が自分を置いて行ってしまったので，体重が減ってしまうはずだと述べました。皆が自分の心の内を見ることができるなら，自分を残しては行かないと思う，と彼女は説明しました。私は，レイラの心の内に見たものについて，賢くて，思慮深く，興味深い女の子で，彼女の

ことを知っていくのは楽しかったと話しました。彼女は私の反応に満足したようでした。

　最後のセッションで私は，3人の子どもと一緒に，地元の図書館へ出かける計画をしました。どの子どもも，それまでにその図書館へ行ったことはありませんでした。自分の目で図書館を見て，自分用の図書カードを手に入れるための書類を家に持ち帰ってほしかったのです。このお出かけは楽しく，幾分，胸をさすような痛みもありました。帰り道で，レイラは，私がどこに住んでいるのかと尋ねました。彼女は私に出会える場所を知りたいので，住所を知りたいと言いました。他の子どもたちも同調して，私の住所を知りたがりました。私の個人的な生活についての空想，または私の家族についての羨望の気持ちがその根っこにあったのでしょう。あるいは，自分たちが，私との体験をこころに留めておくことができないのではないかと心配だったのかもしれません。私は彼らの願いには応えられませんが，新学期には会いに来ることを約束しました。私は，ここでの自分自身の動機について考えました。分離の生々しい痛みに直面するのを避けるために，私はまた彼らと会うことにしたのでしょうか？

　約束していた訪問のために，秋学期に学校へ行きました。再び3人一緒に会いました。彼らには凝集性があり，彼らが自分の力でやっていけている様子を見てうれしく思いました。身の回りの「ニュース」の報告を一巡すると，彼らは本を1冊読もうと言いました。彼らは一緒に，本当に簡単な物語を選びましたが，その本はどの子どもも私と一緒に読んだことのないものでした。私が読んであげようと言いましたが，レイラがこの場を仕切り，今日は自分たちが私に読んでくれるのだと言いました。彼女は，本を回しながら一人が一度に1ページずつ交替で読もうと決めました。最初，アレクは読みたくないと言いましたが，すぐにレイラの主張に折れて従いました。

　当初私は，レイラが有能な大人そっくりに振舞うことや，集団の自立の表現を目の当たりにして，自分がもはや不要であるように感じました。しかし，彼らが以前よりも自分自身に信頼をおけるようになっているのを見て，感動しました。私は，治療関係におけるコンテインメントの機能について考えました。それは，個人に治療的機能を内在化する力を与え，治療関係を進行させて，最終的に終結させるものです。レイラは，6月か7月に行われる自分たち6年生の芝居を見にきてくれるかと尋ねました。他の2人も見に来てほしいと言いました。私はその大切な行事に来るようにすると言いました。

　私の仕事の終わりは，この子どもたちの学年末と，彼らの小学校の卒業が見

込まれる年に重なっていました。私にとってそれは，VRHとしての仕事の終わりをも意味していました。サルモンが言うように，「一つの出来事の終わりは，別の出来事の始まりを告げるものです。そのパターンは人間の最早期の終わり／始まり，つまり誕生から動き出します。それぞれの終わりへの対処方法は，さらなる成長のための可能性に深遠な影響をもたらします」(Salmon, 1993)。どの子どもも，そして私自身も，これまで自身が体験してきたやり方でこの関係を「手放さ let go」なければなりませんでした。しかし私たち全員にとって，この経験は，それぞれの意味で豊かなものであったと感じています。そして，この経験が新たな試みへの移行を容易にしてくれることを願っています。

　VRHプログラムで出会った子どもたちに対して，私は彼らの不安について考え，それを理解するように努めることでコンテインメント機能を提供したと信じています。セッションの中で，彼らのコミュニケーションの意味を理解しようと懸命に努めながら，治療的な場を与え，彼らが私の中に引き起こす感情について考えることで，私は彼らを援助していたのだと考えています。私は，乳児観察の経験から観察のテクニックをつちかっており，「何かをする人 doer」であるよりも，感じる観察者であることの方に価値があるという深い洞察を得ていました。その後の仕事の場において私は，たいていの場合，相互作用のなかで生じるコミュニケーションには名前をつけられるということに気がつきました。またそうすることで，子どもたちは自分の経験について考え，振り返ることができるようになるのです。

Ⅲ

医療現場での実践

第4章
医療保健と入所施設の現場
——病院における病気の子どもとの仕事

クラウディア・ヘンリー

　これは，病院プレイ・スペシャリスト HPS[訳注1] として私が行った仕事の記録です。私はここではアナグマ病棟と呼ばれる12床の外科病棟の高度治療室（HDU）で働いていました。主に胃に問題がある，短期・長期入院の患者が混ざっていました。子どもの年齢は新生児から16歳にわたり，入院している子どもだけではなく，その親やきょうだいとも密接にかかわりがありました。

　仕事の多くは病棟のプレイルームで行われました。そこは子どもにとって安全な領域で，この部屋のなかでは子どもになんら侵襲的な処置がされないことを保証しようと努めました。また，子どもの容態が悪くプレイルームに来られない時には，ベッドサイドでのかかわりをもちました。

　プレイ・スペシャリストとしての役割においては，一日の決まった進め方はありません。病棟での状況は，変化しつづけます。プレイルームでは調子が良さそうに見えた子どもが，次の瞬間には様態を悪化させることもありえます。しばしば私は，脆弱さと不安が永遠に続くという感覚に圧倒されました。本論では，こうした不安の中でも考えることを続け，多分にリアルな死の危険があるところで，あらゆる生の徴候を保持するという苦闘に焦点を当てていこうと思います。

訳注1) Hospital Play Specialist Education Trust から認定を受け，大きなストレス下にある入院児童および通院児童のための「遊び」プログラムをつくり，実践している。HPSの活動は，病院内の子どもたちの非日常的な生活や環境の中に，子ども本来の日常を取り戻すために有効であるだけではなく，HPSが提供する遊びを通して，子どもたちは今後行われる医療行為や医療プロセスを理解し，不安を軽減することが可能となる。また，「遊び」を使った個別支援もHPSが実践している。HPSはコメディカルな立場で，子どもの治療に参加するMultidisciplinary Team（多職種協働チーム）の一員である。

第4章　医療保健と入所施設の現場　69

カーロとのセッションのはじまり

　ここでカーロと呼ぶ子どもとの仕事は，私自身を成長させてくれる体験でした。カーロとの仕事に費やした一年をここに提示します。

　カーロはスペイン人の両親の第二子で，12歳の姉がいました。生後2日目に，カーロは腸の深刻な先天性異常のために入院してきました。すぐに手術を受けましたが，腸がかなり損傷していることが判明し，3cmを残してすべて切除されました。

　カーロに出会ったのは生後2カ月時で，それは私がちょうど病棟での仕事を始めた時でした。生後4カ月で，カーロは僧帽弁の心臓感染にかかり，危篤状態に陥りました。3週間，集中治療室に収容されました。この間に静脈注射の薬剤が漏れて，右手に火傷を負い，その結果，指を1本失いました。

　生後15カ月でようやく自宅に戻ることができました。カーロが帰宅できたことに，私は大きな喜びを感じましたが，同時に喪失感も抱きました。この子どもと家族との経験が，私にとっていかに豊かで強烈なものだったのかを伝えることができればと思います。

　　まず，病棟看護師長のテサから，カーロと両親のL夫妻に紹介されました。私はそこでの仕事の2日目だったのですが，テサが「申し送り」で「この子は長くいることになるでしょうよ」と言ったのを覚えています。
　カーロと家族との最初の記憶は，閉ざされたドアと暗い部屋です。閉ざされたドアをノックしながら，私はこの家族のプライバシーに立ち入っていくように感じたのを覚えています。私は，病院で家族が出会ってきた専門家の中の新たな1人になるわけですが，家族はなぜプレイ・スペシャリストを望んだのでしょうか？　息子はプレイをするには幼すぎましたし，容態も良くありませんでした。
　私は，センサーライトと白黒の絵本をカーロに導入しようとしました。そして母親に，わずかな量の刺激でもカーロには良いかもしれないと説明しました。私は，強い無力感を味わったことを覚えています。私の提供するものが，助けとなりえるのでしょうか？　今振り返ると，L夫人にとっては，カーロが遊べるという考えを受け入れるということは，カーロが生きており，かつ生き続けるという観念を心に抱くことを意味していたのだと分かります。カーロがまだとても具合が悪いときには，これはあまりにもつらいことだと感じられたでしょう。カーロと遊ぼうという試みは，私

にとっても往々にしてつらく感じられるものでした。

　支援するというよりも，むしろ侵入していると感じながらも，私は毎日，閉ざされたドアをノックし続け，少しずつ歓迎されるようになりました。私がカーロのベッドの片側に立ち，L夫人が反対側に立ち，私たちは2人でカーロを見ながら，時折，彼について話しました。L夫人が最初に私と話したことの一つは「カーロは，まだ小さいのに，もうたくさんの仕打ちを受けてきたのよ」ということでした。L夫人の英語はあまり流暢ではなかったので，気持ちが高ぶっている時には，彼女の言葉を理解するのがとても難しいことがありました。しかし，L夫人の計り知れない悲しみを，私はとてもはっきりと認識していました。

　カーロの状態は改善し始めました。カーロは，おもちゃや，人が自分に話しかけてくれることを喜び始めました。また，ゆっくりと声を出し始めました。カーロの部屋の前を通ると，しばしば彼がバブバブと言っているのが聞こえてきました。これはつかの間の安らぎの時期でした。

　毎日，L夫人がランチを食べる時と少しの間の休憩をとるときに，私はカーロと時間を過ごすようにしました。

　カーロと時間を共にするようになった当初，難しいと思った実際的な問題のひとつは，彼につながっている多くの管でした。私は怖くてどうやって彼を抱き上げて良いのか自信がありませんでした。実際，この小さくて弱々しい赤ん坊を本当にゆったりした気持ちで抱っこできた記憶はありませんし，反対に，私の腕の中で彼がくつろぐこともなかったように思います。何本もの管が彼の身体の中に注入しているものとは別に，大人たちからのどのような不安の投影がカーロの身体に入り込んでいるのだろうと思いました。私が不安を自覚したり不安について考えたりしたことで，私がカーロに投影するものを減らすことができたことを願っています。

　父親のL氏は働いていたために，病院に来ることが徐々に少なくなりましたが，L夫人はめったに病棟を後にすることはありませんでした。家族に手助けがほとんどないことは明らかで，L夫人はほとんどカーロと2人だけでいました。メンジーズ・ライス（1988）は，長期入院する子どもについて「初期には親戚や友人，隣人が有効な支援者として機能します。しかしこうした支援は，急性から慢性へと状況が移るに従って，少なくなっていく」（2巻 p.137）ものだと述べています。この家族の場合にも同じことが見受けられ，こんなに不確かな将来という痛みに関わり続けるこ

とは，友人には持ちこたえるのが難しいだろうと思われました。

心停止

　カーロが生後4カ月の時，L夫人はカーロの様子がおかしいのに誰も自分の話を聴いてくれないのだと言い始めました。私がカーロのベッドの反対側に立っているあいだ，母親は首を振って心配だと言い，「母親にはこういうことが分かるの」だと話しました。

　私はセッションで，彼を「安静の部屋 sensory room」に連れ出し始めていました。時にはカーロは短時間，暗くした部屋で気分を落ち着かせていました。そして私はつかの間，カーロとのつらいけれども本当の触れ合いを体験していました。

　この日も，私は彼を連れて安静の部屋に降りていきました。しかしこのときカーロが落ちつけないでいるのは明らかでした。

　　私は膝にカーロを抱きました。カーロは背を丸めて私の顔の方に自分の顔を向け，一瞬私の目をまっすぐに見た後，目を閉じました。そして両手を握りこぶしにして自分の顔へもっていくと，泣き始めました。私は腕の中にカーロを抱いて揺らしました。そして，「ねえカーロ，大丈夫よ。見て。壁の明かりが見えるでしょう？」と言いました。しかし私には，カーロの様子が良くないという感覚がありました。カーロは熱く，その小さな体はぴくぴくし，こわばっていました。全く落ち着けないようでした。私は，自分が彼の苦痛で満たされていくような感覚に陥っていました。このセッションの時，私は初めて，カーロを連れて病棟から離れているという責任への恐怖を意識しました。私は病棟に戻りました。誰かがカーロの激しい不快感に気づいたことで，L夫人は，とても安心したようでした。「何かおかしいって私には分かるの」と彼女は言い続けました。「でも誰も私の言うことを聞こうとしないの」。

　カーロの健康状態はよく変わりました。私も，L夫人の心配はわかっていましたが，この状態は一時的に過ぎて，2〜3日で良くなるのではないかと思っていました。この時点で私は，L夫人の不安に付き合うことが難しいと思っただけではなく，カーロと過ごしたときに私を圧倒していた実際の痛みや恐れの感情を封じ込めてしまってもいたのでした。

次回，仕事に戻ると私は，カーロがまさにその夜，心停止で小児集中治療室（PICU）に入ったことを聞かされました。

このことが起きて初めて，私は，病棟にのしかかっている，運命，としか表現のしようのない感覚に気づきました。ナース・ステーションの背後からしばしば聞こえる笑い声は，時にかなりヒステリックなもので，私たちは皆，霧のベールの中で働いているように感じられました。カーロの身にふりかかったことは，ほとんど口にされませんでした。このことは，私が病棟について認識し始めた一つのパターンであり，子どもが亡くなるたびに浮かび上がってくるものでした。お茶を飲みたいかとでもいうような調子で，病棟看護師長が「カーロに会いにPICUに行った？」，あるいは「ティモシーの葬式に行く？」などと聞いてきます。こうした質問は多くの場合，あまりに唐突でほとんど感情が伴っておらず，私には答えられないことがしばしばでした。生と死が非常に接近している環境では，それを取り巻く圧倒されるような感情は認識されないことがあるのだということが，私の中で明らかになっていきました。物事は同じ調子で機械的に続くのですが，そこには躁的な否認の一種として強められた「ユーモア」が伴います。潜在的な不安の回避はしばしば，イザベル・メンジーズ（1959）の，不安に対する組織的な防衛についての論文を思い出させます。こうした組織的防衛は，時には病棟で非常にはっきりと目に見えるものでしたが，私にはそれに対する免疫がありませんでした。

私は，数日後にようやくカーロとL夫人に会いにPICUへ行きました。私は急に非常に忙しくなり，毎日PICUへ行く「時間がとれ」ないまま帰宅していたのです。このパターンが私にとって明らかなものとなり，私は自分の防衛機制に気づくと共に，「忙しすぎる」状態をどれほど容易に作り出すことができるのかということにも気づきました。私は，L夫人の苦悩や痛みを目の当たりにするのを怖れていたのでした。今やかなり状態の悪くなったこの子どもとの間に築いてきた関係にも，恐れを感じていたのでした。

私が会いに行ったとき，最初L夫人は，私が誰だかほとんど分からないようであったことを覚えています。L夫人の顔は蒼白で，苦痛に満ちていました。カーロには人工呼吸器が装着され，鎮静状態で寝ており，L夫人はその傍らに立ってカーロを見ていました。以前によくしていたように，私はベッドの反対側に立ちました。しばらくの沈黙の後，L夫人は「カーロは，今は遊べないの」と言いました。私は何も答えられませんでした。日が経つにつれて，この時期の私の役割は，L夫人がカーロの世話を続けられるように，L夫人の極度

に耐えがたい苦しみのいくらかに耳を傾け，抱えることだけだと，私は悟りました。私には答えがありませんでしたが，答えが必要ではないことを悟りました。

　カーロがPICUにいるときに，静脈注射用薬剤が漏れて片手に火傷を負いました。その結果，カーロは指を1本失いました。この苦しみの大きさと，ひどい仕打ちのように感じられることに直面して，私は再び，自分が逃げ腰になっていることに気がつきました。PICUにカーロとL夫人を訪ねることがあまりにもつらく感じられ，それが何らかの助けになっているのだろうかと思い始めました。役に立たないという私の気持ちはますます強力になり，時には，ほとんど麻痺状態になるほどでした。私は援助職にとっての支援の必要性を痛感し，自分がそうした支援を得ていることの幸運を実感しました。この時期，私は圧倒され，つらくて，無感覚にさえなって帰宅することがしばしばでした。しかし，セミナー・グループや個人分析の助けにより，私は少しずつ，感じないという防衛機制に気づき始めました。私は，この状況に留まって内的に引きこもろうとする気持ちに抗い，病院内の対処メカニズムに引き込まれないようにしたいという強い思いを自覚するようになりました。メンジーズ・ライス（1988, p.79）は，「その社会的防衛機制が原始的心性の防衛機制に支配されている機関で，最大限」その場所に留まるために必要な防衛機制について「メラニー・クラインが妄想‐分裂的防衛（Klein, [1946], 1959）としてまとめて記述したもの」だと述べています。この時期に私が直面していた感情は，多くの場合，とても強烈なものとして感じられ，私の中に大きな不安を喚起しました。

　カーロの手を温存するために，血液を排出する手助けとしてヒルが使われました。L夫人は低いとても沈うつな声で「ヒルよ，カーロの手にヒルを使っているのよ」と，何度も繰り返し言いました。カーロの生命を維持している先端技術の機械と，一つの治療法として用いられる野蛮で単純なヒルという対比が，L夫人には耐えられないようでした。私は，この血液を吸い取る生き物が，L夫人にどんな空想を喚起しているのだろうと思いました。

　恐らく，カーロが生命にしがみついていること，つまり運命に逆らって生き伸びていることが，ある意味で自分の生気を吸い取られているように彼女には感じられていたのかもしれません。L夫人は痛烈な腹立たしさをおぼえ始め，カーロをアナグマ病棟に戻したいと考え始めました。集中治療病棟の「血液を吸われる痛み」や不信感の募るスタッフたちから，カーロを引き離したかったのです。カーロをアナグマ病棟に戻すことが，L夫人の大きな関心事になり，

カーロは実際，おそらく通常より早く病棟に戻りました。しかし，カーロはまだ非常に慎重な経過観察を必要としたので，これは看護師たちに大きなプレッシャーをかけることになりました。

衝撃の影響――「閉じこもり closing down」

　カーロが生後5カ月でアナグマ病棟に戻った時，病棟を出て行ったときの発育途上の赤ん坊とは，とても違う男の子になっていました。戻った直後から，L夫人は，カーロが何だか変なのに自分の言うことを誰も聴いてくれなかったと，また繰り返し始めました。L夫妻の病院全体に対する信頼感が低下しつつありました。L夫人はカーロの側を離れようとせず，腹立ちと落ち込みを増していきました。L夫人は病棟を泣きながら歩き回り，看護師長のテサは，このことが他の親に与える影響について口にし出しました。

　カーロはとても引きこもっていき，唯一の実際的な反応は泣くことだけでした。彼は火傷した側である右半身を使わなくなりました。また，彼が耐えてきた，痛く侵襲的な処置を考えれば驚くに当たらないのですが，閉じこもってしまったかのように見えました。

　カーロは微笑むことも声を出すこともしようとはしませんでしたが，いつもじっと私のことを見る，とても強烈で鋭敏なアイコンタクトに私は気づいていました。カーロのじっと見る眼差しは，虐げられた眼差しのように感じられることもありました。カーロには「攻撃」としか受け取れないようなことにあまりに多く耐えてきたために，他者への信頼を失くした子どもになってしまったようでした。しかし私は，カーロの凝視（目）の中にある好奇心の要素にも気づいていました。カーロは外見上は発達していませんでしたが，いまも内面の隠れた場所で生気を吸い込んでいるのだと，私は信じていました。

　この頃が，恐らく私にとって一番大変な時期の一つでした。カーロに隠された生命力があるという私の確信は，かなり隔絶されたものであり，私の内でもとても脆弱なものでした。カーロが神経的なダメージを受けたのではないかという疑問が湧いてくることもありました。そうだと信じるほうが簡単な場合もありました。もしカーロが，心を閉ざすことで，接触を欠如させていると受け取れば，彼は何も感じていないのだと考えることができたでしょう。カーロの発達を妨げているものが神経学的な問題ではなく，彼が受けたトラウマのためだと信じ続けるために，私は自分自身と戦わなければなりませんでした。カーロの発育遅滞が，彼を世話する者にとって耐えがたいものとなった時に，その

答えを求めるために，さまざまな神経学的検査が行われました。しかし結果はすべて陰性でした。看護師の多くが，カーロの看護をするのは「むずかし」すぎると感じ始めていました。「カーロの母親は，あまりに要求が多いし，時間ぴったりに投薬してくれと言っている」というのです。息子が確かな時間に投薬されるよう気を配ることが，L夫人がなしうると感じられる唯一のことなのだという私の見解を共有しようと，私は何度も試みました。しかし，看護師の多くにとって，L夫人の不安とカーロの苦痛はあまりにも大きすぎ，また当然，世話をすべき他の患者もいるため，いつも期待される時間に正確に投薬することは不可能でした。

　L夫人は，まるで新生児のようにカーロをベッドに寝かせ，カーロはほとんどの時間を仰向けで過ごしていました。私のプレイの提案に対して，L夫人はいつもとても懐疑的なようでした。私はカーロの生活に何らかの日課と正常さとを組み込む方法を見つけ，L夫人がカーロが生きていることを受け入れられる方法を見出すのを手助けしたいと思っていました。

　私は，L夫人がとても怯えており，彼女にはカーロがどんなに弱々しく見えるのかに気づいていました。L夫人の高まった不安は，しばしば私の中にもあふれ出てきました。しばしばL夫人は，採血の注射痕だらけのカーロの小さな手を私に見せて，「やりすぎよ，ひどいわ」と言いました。小さな注射痕で一杯のカーロの手は，エスター・ビック（1968）の論文「早期対象関係での皮膚の経験」を思い起こさせました。恐らく，カーロのまだ統合されていないパーソナリティに対して「皮膚機能」として働くL夫人の能力は，彼女自身の経験によって損なわれていました。L夫人は明らかに痛みと不安でいっぱいでした。私は何度も，カーロはL夫人の瞳に何を見ているのだろうかと思っていました。カーロの「閉じこもり」の原因の一部は，抱えきれない破局不安だったのでしょうか？

　私は，自分が希望を抱きすぎて，現実の状況を認めていないのではないかと思うこともありました。恐らく，カーロは本当に病気が重すぎて遊べなかったのです。エルナ・ファーマン（1984）は「死にゆく子どもへの援助 Helping Children Cope with Dying」という論文で，ときには大人は子どもに「食べなさい，運動しなさい，遊びなさい，話しなさい」と要求するのをやめて，その代わりに子どもが負荷を「背負う」手助けをする必要がある，と述べています。つまりこれは，生き続けることに関わる領域からの離脱を意味するともいえます。カーロといて常に不確かだったのは，彼が「良くなっていく」子どもなの

か，「死にゆく」子どもなのか，ということでした。

回復——援助を開始すること

カーロの授乳はほとんどすべてチューブを通して行われました。彼が口から受け入れたのは，母親が愛をこめて準備した特別の重湯だけでした。

生後9カ月のある日，私はカーロを膝に抱いていました。

> L夫人はカーロの重湯を準備して部屋に戻り，注射器で与え始めました。カーロは，ひもじそうに口を開いて重湯を飲もうとしました。私は，カーロはお母さんの作った物が本当に好きみたいね，と話しました。L夫人は微笑み，カーロにはお湯を与えて，米は自分が食べるのだと言いました。それから「カーロはすべて注射器から摂っているの，薬も食べ物も注射も」と続けました。

医療チームは重湯の効果について，全く懐疑的でした。しかしそれは，L夫人とカーロの間では，希望と生を維持することにつながる情緒的なやりとりだと思われました。セミナー・グループでは，カーロに何か良いものを与えることができるというL夫人の気持ちの重要性と，L夫人が母乳に最も近づける形で子どものために作って与える重湯の関連性について話し合いました。しかしカーロはいつも吐いていました。重湯を呑み込むとすぐに，カーロはもどすことが多かったのです。

セミナー・グループの支援によって，私はカーロの生きたいという願いを自分の中で信じ続けることができました。私はカーロとの定期的なプレイ・セッションや，理学療法士と私との合同セッションを設定しました。最初に感じたのは，カーロが侵襲的に触れられることと普通に触れられることを識別する能力を失っていたということでした。カーロは以前，手の理学療法が必要で，それはかなりの痛みを伴うものでした。理学療法士のジェーンのことを自分に痛みを与える人間だと受け止めていたのです。しかしジェーンは，断固として別の理学療法士にカーロを引き継ぐつもりはありませんでした。ジェーンも，すべての苦痛の背後のどこかにある，カーロの生きる力に気づいていました。私たちは，相互に支え合うパートナーシップを形成し，セッションを続けたのです。

しばしばカーロは，もの凄くひどいことをされたような痛々しい泣き方をす

ることがあり，その後はしばしば吐きました。カーロが自分の意思で吐けるようになり始めたことがはっきりしてきました。それは恐らく，触れられた時の痛みをともなう侵入の恐怖感を排出する方法だったのでしょう。その泣き声に耳を傾け続けるのは大変なことでしたが，私には，カーロが泣き叫ぶ声が自分はまだ諦めていないと言っているのであり，ここが自分の泣き声が聞いてもらえる時間と空間なのだと（彼が）わかっているのだと感じられました。

　カーロはPICUから戻って以降，心不全と診断されていましたが，僧帽弁の交換をするのに十分な体力はありませんでした。このことは，セッションの際に，私にもジェーンにも強い不安を喚起しました。カーロが泣き叫ぶたびに，心臓の鼓動が劇的に増加するからです。

　私たちはセッションを忍耐強く続けました。そして生後10カ月のあるセッションで，カーロがあまりにも苦しがるために，ジェーンまで泣きだしたとき，カーロの相互作用の能力が表れました。

　これはそのセッションからの抜粋です。

　　　カーロはジェーンの脚の間に座り，私と向かい合いました。ジェーンが言いました。「見て，カーロ。友達がいるよ」。カーロは頭上に両手を握って座り，しばらくの間，私のことを見ていました。私はキーキーと音がする玩具の一つをカーロに見せて言いました。「見て，カーロ，これはやわらかいよ」。私が，カーロが無傷の方の手で玩具の感触を感じるのを助けると，カーロは傷ついた方の手を握り締めたまま口に持っていきました。それからカーロは泣き叫び始め，背を弓形にし，横になろうとのけぞりました。ジェーンは毅然と言いました。「だめ，カーロ。寝ないで。悪いことは何もしていないよ」。私はシャボン玉を手に取りました。シャボン玉はこれまで，カーロを落ちつかせるのに役立っていました。カーロは一瞬泣き叫ぶのをやめましたが，まだシクシク言っていました。私は，シャボン玉の棒の端で，シャボン玉を一つとらえて言いました，「見てカーロ，これをはじくことができる？」。私は，シャボン玉がはじける様子を見せて「あれれ，シャボン玉はどこに行っちゃったのかな？」と言いました。カーロはいつものようにじっと見ていましたが，反応はありませんでした。涙は出ないものの，さらに力強い泣き声になっていきました。私は言いました，「ねえ見て，カーロ。シャボン玉はどこ？」。私たちはこれをしばらくの間続けました。私はカーロがシャボン玉を感じられるように，

棒でシャボン玉を捉え続けました。そこには2人のカーロがいるように思われました。ひとりは泣き叫び絶望的で，もうひとりはシャボン玉と私とに積極的に関心を抱いています。カーロは泣き叫びながらも，私が棒の端にとらえたシャボン玉の一つに，初めて手を伸ばしてはじきました。彼がこれをできたことで私はとても大きな喜びを感じ，手を叩いてカーロがどれくらいお利口かと伝えようとしました。カーロは泣き叫び続けながらも，まだシャボン玉に夢中でした。少ししてからカーロは，再び別のシャボン玉に手を伸ばしました。

泣きながらも相互作用へ戻ったことは，再び生命と生きることへの信頼を見出すためのカーロの内的苦闘を描写するものだと思われます。カーロが何かを取ろうと手をのばしたとき，どんな痛みも彼の身に降りかからないということがありえたでしょうか？ 身に起こったことのすべてに怒り，泣き叫びながらも，まだどこかに再び発達し始めることができる十分な安全感があったのでしょうか？

カーロが最初に近づいたものがシャボン玉であったことが，重要なように思われました。とても不安定で脆弱なものです。カーロにとっても周囲の者にとっても，彼の命はとても不安定だと感じられていたのです。

カーロはこの頃から，ためらいがちに，ゆっくりと関わりを再構築し始めました。微笑も，片目と口のごく一部での半笑いから始まりました。L夫人はこの頃，これまでカーロからどんな反応も得られなかったことや，自分がしていることがカーロを喜ばせているのかどうかが分からないことが，どれだけ大変だったかについて話しました。「もしかしたら，カーロはつらすぎて微笑むことができなかったのかもしれない」。私は，カーロの進歩に対して，喜びとともに，大きな痛みの感覚が喚起されたことに気づいていました。なぜならそれは，カーロがどんな不快さに苦しんできたのかを明確にすることになるからです。この時期，L夫人は，すっかり抑うつ的になっているようでした。カーロの生命はいまだかなり脆弱で，恐らくカーロにとっての未来，そしてカーロとともに迎える未来を本当に信じ始めるには，あまりに脆く不確かだったのです。

結びつけること linking up

カーロは発達の上では進歩していましたが，まだ多くの身体的な問題があり，絶えず吐いていました。以前と同じように，L夫人はカーロについての心配を

言葉にし始めました。そして以前と同じように，誰も本当には話を聴いてくれないと感じていました。多くの場合，外科医たちはカーロの部屋の前を通り過ぎてしまい，中に入って彼を診ることをしませんでした。外科医たちも，カーロにどう対処すべきか分からないと感じていました。私たちのセッションのあいだもカーロの不快さは見てとれましたし，自分の息子が外科医たちに無視されているというL夫人の気持ちも良く分かっていました。病棟巡視で，カーロが再度「見過ごされた」とき，不安と怒りの感情が私のなかでさらに強力になりました。むしろ衝動的に，恐らくL夫人を代弁して，私はカーロをベビーカーで医師のところまで連れて行き，彼らがカーロを見る（気づく）まで隣に立っていました。私は，カーロが絶えず吐いていて，嘔吐物に血液が混じっていたこと，また明らかにつらそうだということを説明しました。外科医の1人がカーロを見て言いました。「ああ，この子は大丈夫だ」。カーロは決して大丈夫ではありませんでした。しかし少なくとも，カーロが生き続ける唯一の治療法である心臓外科手術を受けるのに，十分な力はあったのではないでしょうか？

　私は無力で，自分が役立たずだと感じました。また，ここで自分の役割から逸脱していたことにも気づいていました。

　外科医との出会いが助けになったわけではありませんでしたが，この後すぐ，カーロの僧帽弁交換の心臓外科手術を行うか，あるいは自宅に帰して緩和ケアを行ったほうが良いかを判断するために，すべての専門家による倫理委員会の審査が召集されました。

　私にとって，この会議はとてもつらいものでした。議題は，カーロが戦い続けることが認められるか，死ぬことが認められるべきかを決定することのように感じられました。しかしその会議は，カーロのケアに関与する人すべてが集まったはじめての機会であり，カーロがはじめて一人の子どもとして見てもらえた機会でもありました。外科手術は危険を孕んでいましたが，L夫妻が同意すれば，行うべきだと全会一致で決定されました。私はそれを確信していました。

　もし手術が成功すれば，L夫妻は，カーロに必要な家での薬物投与を続けるための看護技術を教えられることになります。

　この会議で私は，とてもたくさんの感情を喚起されたことを覚えています。それは，カーロの入院が終わる可能性が視野に入ってきたという希望，実際にカーロが退院した時の私の喪失感についての思い，そして彼が手術を乗り越えられない可能性についての不安でした。さしあたってのところ，カーロの生命

は，まだとても多くの「もしも……」の上に成り立っているように思われました。

　不安はあるものの，L夫人は何らかの見通しが確立され，どこかの時点で息子を自宅につれて帰れる可能性が出てきたことに，ホッとしているように見えました。私は新たな希望の感情を保ち続け，カーロが以前にも増して抱いている，長く苦しい眠りから「目覚め」たいという希望と，そのための戦いに集中しようとしました。カーロは支えなしで座るようになり始め，半笑いは，より大きな笑みになっていきました。最も重要なことは，それまで苦しそうな表情で人々を怖がらせて避けさせていたカーロに，微笑みによって人々を引きつける能力が開花したようになってきたことでした。カーロは他者の顔に，不安よりもむしろ微笑みが映しだされるのを見るようになり始めたのでした。

退　院

　生後11カ月の時に，カーロは手術を受けました。術後，私が出勤すると，担当の看護師が教えてくれました。「カーロの状態はとても良好よ。手術の翌日には人工呼吸器を外したの。明日にはこの病棟に戻ってくるわ。カーロは，私たちの奇跡の赤ん坊だわ」。

　カーロは病棟に戻ってきました。そしてL夫妻は，薬物治療とチューブでの栄養投与の方法を学ぶトレーニングを受け始めました。

　自分の息子が生き延びることと，息子を家に連れて帰れることを信じ始めた頃，L夫人がカーロのために初めて物を買い始めたことに，私は気がつきました。この時点まで，カーロのすべてのおもちゃ，ベビーカー，衣服の多くは病院のものでした。このことは，ロマーナ・ネグリの未熟児に関する記述を思い起こさせます。ネグリの観察によれば，赤ん坊が重篤状態の間は，母親は妊娠中に好んで聴いていた歌や音楽を流したがります。これは，赤ん坊がまだ胎内にいるように感じていることを示しています。赤ん坊の容態がよくなるとともに，母親は自然に，保育器の中に引っ掛けられるおもちゃを買い始めます。「赤ん坊は，もはや胎内にはいません。もう生まれているのです。ですから生まれ出た子どもにより相応しいおもちゃを必要としているのです」(Negri, 1994, p.29)。カーロが自分を生かし続けた病院／子宮の内部にいた間は，L夫人にとっては，本当にカーロが生まれていること，それゆえ未来があるということを信じるのが難しかったのかもしれません。L夫人は，今やカーロの入院の終了に見通しが持てたので，カーロも病院／子宮の外にふさわしい物が必要

になったのでした。

　何週かが過ぎて，カーロが退院する時が近づくにつれて，私は，カーロや母親と，私とのそれぞれの関係性が変わりつつあることに気づくようになりました。それまでカーロとのプレイ・セッションだった時間は往々にして，L夫人がカーロを抱いて，この1年間の経験を追体験しながら帰宅についての希望や恐れを話す時間となりました。これはよく理解できることで，依然として多くのつらいことや非難したいことがあるのは明白でしたが，私はそれをけしかけないように努めました。

　L夫人が話す間，カーロを抱いていたことが，私のなかに大きな喪失感を喚起させました。私と病院はともに，カーロの世話を母親のもとへと帰しつつあったのです。L夫人は，初めて，自分の腕の中にしっかりと息子を抱いていたのです。私の役割は変わったのでした。

　これはこの時期のセッションからの抜粋です。

　　　ベビーカーに座っているカーロの前の床に，私は座りました。L夫人は私の右隣の椅子に座っていました。私の勤務時間が終わった5分後のことでした。L夫人は，もしカーロを生後4カ月で家に連れて帰っていたら，ほとんど正常で健康な少年になっていたでしょうが，今，自分は病気の子どもを家に連れ帰るのだと話しました。L夫人は普段は身体表現をしないのですが，その時，私とカーロの両方を腕に抱擁して言いました。「さあ，カーロ，彼女を家に帰らせてあげないといけないわ。一晩中ここにいてもらうわけにはいかないでしょう」。

　おそらくL夫人は，カーロを家に連れ帰ることについて，複雑な気持ちを抱いていたに違いありません。いまL夫人は，腕の中にカーロを抱けることを確信しながらも，家でカーロと二人きりになること，かなり込み入ったケアの全責任を負うこと，そしてこれまで体験してきたことの情緒的な影響などに気づいていました。L夫人はカーロを連れて帰宅したかったのですが，それでもそれはかなり心配なことだったのです。またL夫人は，自分のそばで助けてくれる人が必要だったに違いありません。私はカーロが退院できることを望んでいましたが，すでに述べたようにそこに大きな喪失をも感じていました。もしかすると，私はそのために超過勤務をしていたのかもしれません。

　カーロとの出会いは，プレイ・スペシャリストとしての私の役割の多くの側

面を結びつけたように思われます。私がカーロとの関わりで学んだと感じる最も大切なことの一つは，身体的・精神的苦痛からの「閉じこもり」の衝撃が，カーロにも私自身にもあったことに気づいたことであり，苦痛に耐えながら生き続けることと思考プロセスを維持することの重要性でした。

　カーロが病院を去った日，数え切れないほどの人々がやって来て，さようならを言うのをカーロは見ました。彼は，一日中，不思議そうな表情をしており，変化に十分に気づいているようでした。母親がカーロをベビーカーに乗せて，廊下を出口へ向かって行く間，カーロは新たに知った手を振るという動作をすべての人に対してして見せました。そしてそのあと，私は病棟のドアのところで，カーロが初めて明瞭な言葉で「バイバイ」と言うのを聞いたのでした。

第5章
小児癌治療におけるトラウマとコンテインメント

アリソン・ホール

　この章の目的は，病棟看護師の役割と小児癌治療の体験との間の不協和について述べ，検討することです。

小児癌

　「癌」とは，腫瘍学的疾患（腫瘍）と血液学的疾患（血液）の両方に適用される総称的な用語です。英国の小児癌発生率は600人に1人です。子どもたちは主として高度治療を必要とする群と，一般治療の群の2つのカテゴリーに分けられます。治療が最長で3年に及ぶ一般治療群に比べると，高度治療はより厳しいものの，治療期間は短く（約7カ月），予後が悪いのが特徴です。

　治療が始まると，ほとんどの子どもが素早く好反応を示し，時間の経過につれて再発率は徐々に減少し，5年後にはごくわずかになります。したがって「5年生存 five-year survival」という言葉は，「治癒 cure」と同義なのです。5年生存率は全体の65％です。治癒に行き着くために，子どもたちは細胞傷害性化学療法 cytotoxic chemotherapy[訳注1]の周期的治療を受けます。補助的な外科手術や放射線療法を要することもあります。子どもたちは頻繁に全身麻酔や骨髄穿刺[訳注2]を施され，時には週一度の腰椎穿刺[訳注3]を受けます。化学療法はすべての細胞に影響をあたえますが，健康な細胞は再生できます。その一方で腫瘍細胞の死滅をねらうのです。健康な細胞は再生するのですが，薬の副作用に対処するために，しばしば対症療法が必要になります。ある意味では，そうした初期の安定のあと，治療のために子どもたちは本当に病気になってしまうのです。

訳注1）細胞のDNAに損傷を与える伝統的な療法だが，癌細胞に加えて多くの正常細胞を殺す。
訳注2）骨髄を穿刺して血液を採取し，造血能力や血液の成熟度，異常細胞の有無などをみる検査。
訳注3）脳脊髄液圧検査と，液採取のために行う穿刺法の一つ。

設定

　この仕事は，私が看護スタッフとして勤める血液腫瘍癌病棟でのものです。病棟の子どもには，新生児から18歳までの年齢幅があります。ここでは便宜上，全員を「子ども」と呼ぶことにします。病棟には常時，治療中の子どもが平均40人います。病棟は26人の看護師，さまざまなサポートスタッフ，6人の主治医を含む多職種チームで構成されています。看護師は，12時間半のシフトで月に13回勤務します。連続して3シフト以上の勤務は組まないということ以外には，決まった勤務パターンはありません。平均すると，ひとりの看護師が月に1度夜勤をこなします。そのため，個々の看護師がいつ勤務するのかは予測できません。各シフトごとに，子どもたちは担当の看護師に割り当てられます。翌日も勤務であれば同じ患者を担当することになっていますが，これは常にそうとは限りません。

　この仕事について書くにあたって，子どもの治療の2つの側面に特に焦点を当てます。1つ目は突き刺すこと，つまり皮膚への侵入が伴う治療であり，これは関わる人すべてに相当激しい苦痛を引き起こす事態についてです。2つ目は化学療法後の段階に関するもので，必要な処置の副作用が原因で子どもの身体に起こる苦痛という事態についてです。

　すべての勤務において臨床素材を得られるにもかかわらず，私は当初，観察結果を記録する際に一貫性を保つことが相当に難しいと感じていました。病棟という現場には，診断，予後，日勤，夜勤，経過観察中の動向，そこにいる人の数や組み合わせ，観察される子ども，といった広範な要素があります。予備観察の記録を見直すと，手当たりしだいで規則性のない報告であることがはっきりと分かります。また，予備的な臨床素材は，強調したい点を述べるために選んでおり，素材自体にテーマを表わす余地を与えていなかったことにも気づきました。このことは以下のラスティンの言葉を裏づけています。

> この方法にとって重要なことは（中略），エビデンスの収集と，それぞれに特徴的な理論的推論を作り上げ続けることです。早すぎる段階での理論化は……，真の理解のための手段であるよりも，情緒的体験の痛みや無知に対する防衛になりがちです。(Rustin, 1989, p.52)

　勤務パターンの都合上，特定の曜日を「観察日」にすることはできませんでした。また，入院やその後に必要な看護が予測不能であるため，特定の子どもや出来事を選ぶことも不可能でした。そのため，10週間の間，その週の最初の

勤務日に焦点を当てることに決めました。観察の対象は、その勤務で私が主に関わる子どもとしました。週の最初の勤務であれば、病院の持つ防衛にさほど影響を受けずに、記録しようとする状況により心を開くことができるだろうと考えたのです。

以下に、2人の子どもについて描写します。どちらの子どもも、観察の中で私が「外的な」トラウマ（苦痛を伴う治療を施すこと）と呼ぶものと、その後の「内的な」トラウマ（薬の副作用による病的状態）を有しています。

外的トラウマ

治療の一部として体内への侵入的な処置が必要となりますが、これはスタッフがその子どもと顔見知りになっていない初期の段階に多い処置です。子どもと接触しないで針穴を開けることはできません。また、新しい針穴をいくつも開けることになります。化学療法やその後の対症療法を受けるために、子どもたちは皆、血流に直接入るための「ライン」を必要とします。これはヒックマン・ライン Hickman line という、半分が身体の外側にあって端が心臓の入口で終わるカテーテルか、あるいは内部はこれに似ているものの、その先端の終着点が胸壁の皮膚の下の見えないポート blind port になっているラインです。後者の皮下埋込カテーテルはシングルとダブルとがあり、グリッパーニードルを使って差し込みます。ポートは断続的使用が想定されており、使わないときには子どもは普通に風呂に入ったり、泳いだりできます。偶発的に抜けたり、感染するような「ライン」ではありません。ポートは移動可能であり、針を刺す前に触診で探して安定させなくてはなりません（皮膚は事前に局所麻酔で麻酔できます）。グリッパーニードルは、1週間は同じ位置に留めておけます。しかしポートは爪ほどの大きさなので、その動き具合、皮下の深さ、看護師のスキル次第で、針がポートを外してしまう可能性もあります。これは明らかに子どもの不安を増長し、子どもは決まった看護師にグリッパーをやってほしいとの願望を強くします。グリッパーの挿入のような仕事は、たいていは看護技術修得の際の核になります。そしてこの時の看護師の集中力が、子どもにではなくその作業に向けられていることを、観察は示しています。

子どもが受ける化学療法には病院による差はありませんが、ラインの選択には多様性があります。ある病院では、すべての子どもにヒックマン・ラインがつけられますが、家族の選択によるところもあります。私が勤務していた病院では、要高度治療の状態でなければ、ポートをつけていました。こうした違い

は，個々の医局長や外科医の判断によります。子どもの病院受診は主にポートをつなぐことから始まりますが，これは化学療法か，その後に必要となる対症療法の薬剤（抗生物質，輸血）を投与するためです。この章の目的のために選んだ外的なトラウマの事例は，グリッパーニードルや経鼻胃管の挿入に関わるものですが，ここに記される感情は他の外的なトラウマの形にも当てはまります。筋肉注射のような処置でも同じような反応が引き起こされます。

観察1：アイビー，8歳——グリッパー挿入

アイビーは予後の悪い8歳の少女です。アイビーの家族（母親，父親，そして3歳の弟）が住む家は，病院から2時間ほどのところにありました。この観察のとき，アイビーは骨髄移植を受けて3週間の隔離状態で，高化学療法の副作用で調子が良くありませんでした。これより前に，アイビーはすでに皮下埋込カテーテルを通した化学療法を10日ごとに70日にわたって受けており，その後2週間の安静期間を経てから，小さくなった腫瘍の切除手術を受けました。アイビーには移植のためにダブルのヒックマン・ラインが挿入されており，それに持続点滴がつなげられる必要があり，そのためにポートの上の皮膚が損傷することが予測されていました。アイビーの痛みをコントロールするためにモルヒネの注入を始める必要があるため，今日，点滴のアクセスポイントをもうひとつ増やさなくてはなりません。そのためアイビーの皮下埋込カテーテルに触れることになります。

　　……私は，アイビーのベッドサイドにひざまずいて言います。「グリッパーをするわね。」彼女はうなずき，「いいわよ，あなたは外さないから」と言います。私はうなずいて「どんなふうにやってもらいたいか教えてね」と告げます。するとアイビーは「やる時を言わないで」と言います。私が「分かったわ。まず皮膚を消毒して，それから触診の準備をするわ」と言うと，アイビーはうなずきます。
　　……私が最初のグリッパーを取ると，アイビーはそれを見て穏やかに，しかしだんだんパニックになって言います。「それ好きじゃないのよ」。アイビーのお父さんが「うまくやるから」と言い，私もそう言います。私がどのポートを最初にするかと尋ねると，アイビーは外側のだと言います。私は左手の指で外側のポートをしっかりとらえ，右手でグリッパーを用意します。

アイビーが「まだ心の準備ができてない」と言うので，私は「わかったわ」と言います。アイビーは「もう少しで，準備できるから」と言い，私はうなずきます。私はそのままの態勢で，アイビーがときには突如として自信を奮い起こすことや，かつて私が「準備」の状態を捕まえ損ねたことを思い出していました。……私は黙っています。お父さんが準備はできたかと尋ねるたびに，彼女は「もうすぐ」と答えます。……「まだ準備できていない」と，アイビーが私の目を見つめながら再び言ったのは，おそらく，私がいつまでも待てないことを察してのことでしょう。私はうなずき，「いいわよ，アイビー，待つわ。でも，もうすぐ準備できるようにしてね，スーが化学療法を待っているのよ」と言います。そしてポートを定位置で捉え続けているために腕が痛くなってきたので少し休憩を取ると伝えると，アイビーはうなずきます。私はすぐに指を置き換えました。するとアイビーは「本当に，もうほとんど準備できてる」と言ったので，私は彼女が本気なのだと感じました。

　アイビーは「私がキャーって叫んだら，入れて」と言い，かすかに頭を父親のほうにむけて，叫び始めました。私は針を入れました。「入ったわよ，アイビー」と私が言うと，彼女は叫ぶのをやめ，深呼吸し，ほとんど泣きそうな顔で，ほっとしたように言います。「これを入れるようになってからずいぶん経つけど，叫び声は役にたつわ」。私がアイビーに，次のを続けてやってほしいか，それとも少し休憩するかと尋ねると，アイビーは休憩を選びます。

　……私は2つ目の準備をし，アイビーは私を見てから父親のほうに頭を向け，ほんの少ししてから，叫び始めます。針を入れるとき，彼女が少し動きました。あるいは動いたのは私かもしれないのですが……それで私はもう一度針を入れなくてはなりませんでした。入っていくと確信しながら。

　過去の経験から，アイビーが私にポートにアクセスさせてくれること，そして私が一回でグリッパーを入れられることを，確信していました。アイビーがグリッパーを見たとき，私は転移を通してアイビーのパニックを感じましたが，不安にはなりませんでした。おそらく，このようにして私は逆転移の中で穏やかにアイビーの不安をコンテインしていたのです。アイビーが，「まだ準備できていない」と繰り返しつつ私の目をまともに見たとき，それは私が待つという体験を共有してくれる――または共有できる――だろうか，また私が主導権

を握って彼女を抑えつけはしないかどうかを見極めようとする挑戦だと，感じられました。よく考えてみると，待つということで，この処置をいくらかコントロールする力をアイビーにもたらしたことが，私には分かります。それは以前に私と共有した経験の文脈の中で生じていたのでした。アイビーの叫びは聞くたびに耐えがたいものでした。身体を突き刺すことを許すために，叫び声で他のすべての感情をかき消すのでしょうか？　アイビーのこの作戦が有効なことは，2度目のグリッパーを承諾した速さからも明らかです。私はアイビーの担当ではなかったのですが，私にグリッパーを挿入してもらいたいという彼女の願いを受け入れてあげて良かったと思います。

観察2：アレックス，17カ月──経鼻胃管チューブの挿入

　アレックスは5人きょうだいの4番目です。血液学的にはかなり予後の悪い状態です。この観察の時，アレックスは入院後4カ月を経過していました。当初，アレックスはとても状態が悪かったのですが，今はかなり調子も良く，今日は診断が下されて以来初めて，病院からの外出を許されていました。彼の経鼻胃管チューブは，1日に6回受ける投薬治療のために付け替えが必要でした。

　アレックスはにこやかな眼差しでベッドに横たわり，包装を半分はがしたイースターエッグを口元に持っていきます……私は笑って言います。「うれしそうだね」。アレックスのお父さんは，チューブを指差しながら，「じゃあ，私もご機嫌とらなくちゃね」と言います。私がチューブの用意をする間，アレックスは私を見つめています。私は「チューブを元に戻さないといけないの，おチビちゃん」と言います。するとアレックスはエッグを落として泣き，ベッドの上で身体を父親側に向けながら父親を見つめます。私は父親に，アレックスを抱っこできるかどうか，もうひとり看護師を呼んだほうが良いか尋ねます。父親は「いえ，大丈夫ですよ」と言います。必要なものをすべて整えて，私はベッドに近づきます。アレックスはいっそう大声で泣き，父親によじ登ろうとします。

　父親は無言で，アレックスを仰向けに寝かせ，片方の手でアレックスの両腕を胸の前でつかみ，もう片方の手でアレックスの頭を固定します。……「行くわよ。1, 2, 3」と私は言い，チューブの端をアレックスの右の鼻孔に押し込みます。抵抗を感じるまで押しこみ続け，少し止めます。アレックスは咳き込み，吐き気を催していました。口は大きく開き，目は

閉じていました。彼が吐くのじゃないかと思いながらチューブを入れ続けました。マーカーに到達し，テープで留める間，父親は鼻孔にあるチューブに指をおいています。明らかに正しい手順を知っているのです。私たちは「入ったよ」と言いながらアレックスを前向きに座らせます。アレックスは私の手を押しのけ，ずっと泣いて不満を訴えています。私はチューブからガイドワイヤを引っ張り，スポイトで液体を吸引してチューブが彼の（肺ではなく）お腹にあることをチェックします。

　私がガイドワイヤを洗い始めると，アレックスはそれを見て泣き声をエスカレートさせます。彼にはそれが何だかわかっているのです。私たち2人はアレックスにもう終わったと安心させて，私はその場を離れます。私はアレックスの薬を取りに部屋の向こう側へ行き，戻って来てその薬剤を新しく通したチューブに通します。するとアレックスは嫌がり，私の手をおしのけます。父親はテープがはがれないように，アレックスの頬っぺたにおしつけていますが，アレックスは父親の手を払いのけ，顔をそむけます。その午後の間ずっとアレックスは，私が部屋に入るたびに私を無視し，検温などの度に私の手から身体をそむけて抵抗していました。

　アレックスはこの処置についてすぐに認識し，その反応は敏感でした——イースターエッグを放り出し，動揺してパニックになって父親の腕の中に入っていきました。父親は簡単に彼を仰向けに寝かせたので，アレックスはもがいて逃れることはできませんでしたが，身体的な処置が始まる前でさえ，アレックスの苦痛や抵抗は必死のものでした。関わりをもたないように努めるという私たちスタッフの防衛をもってしても，彼の経験への理解が深まることで，侵入的な処置が私にとっても重圧の度を増していきました。私は自分自身で準備モードのスイッチを入れて，アレックスのパニックを冷静に見つつも，何も考えず，話さず，ただ処置を続けました。父親も私も処置を完了するまでアレックスに話しかけなかったのは，信じられないことでした。その日の勤務の間，私が近くに行くたびにアレックスは私を押しのけ，抵抗していることが分かりました。彼につらい出来事が起きていた時に，アレックスと一緒にいてあげなかったことで，私は彼の信頼を裏切っていたのだと感じました。

内的トラウマ

　化学療法後の段階に，内的なトラウマが起きます。化学療法の副作用のため

に苦痛を引き起こすのは、子ども自身の身体です。ここでの看護師の役割は、介護役や慰め役へと変わり、生存のために子どもに必要な対症療法的なケアを提供するのです。対症療法的なケアには多くの方法があります——静脈注射や経口による抗生物質や薬、赤血球や血小板の輸血、スキンケア、口腔ケア、そして苦痛の緩和です。

観察3：アレックス——一般的なケア

この観察は、経鼻胃管チューブの挿入の2カ月前に行われたものです。アレックスは体調が悪く、自分の病気と感染症、化学療法の副作用にも苦しんでいました。

> 私が部屋に入ると、アレックスは一人でうつぶせに寝ています。右の鼠蹊部の大腿骨静脈を通る2本の点滴、経鼻胃管チューブ、そしてつま先には血中酸素飽和測定針がつけられています。古いラインのあとには絆創膏がはられており（そのラインは化膿して使えなくなっています）、横腹には最近の生体組織検査による縫合痕があります。アレックスの肌は広範囲にわたって荒れてざらついています。体温を下げ、皮膚を回復させる目的で圧力軽減マットレスの上に裸で横たわっています。
>
> ……私は「くるっと回ってもらわなくちゃならないの、おチビちゃん。あなた、オムツがびしょびしょね」と言います。アレックスは呻きます……洗い始めると、彼は呻き続けます。そして私の手をつかんで肌をつねろうとします。私は保湿クリームを自分の手に広げて手を温めます……アレックスの呻き声がかすかに増え、腹部のあたりをこすると、すぐに「ウーームムム……」という低く弱い声になります。それから私は彼の足を交互に持ち上げて、足首から鼠蹊部にかけて「こすります milk」。アレックスは気持ちが良さそうで、目を閉じています。
>
> ……母親が来ると、アレックスは目を開け、うめき声はさらに大きくなります。アレックスは母親に向かって腕を伸ばします。母親は息子に微笑みかけて、「アリがクリームを塗ってくれているのよ、坊や。ありがとう」と言います。母親が部屋を歩き回る間、アレックスの目は彼女を追っています。母親は絶えずアレックスに話しかけています。母親がやってきて「おっぱいがほしいのね」と言うと、アレックスがうなずくので、母親は「いいわ。それじゃあ」と言います。母親はベッドによりかかり、パジ

ャマの上着から乳房を出してアレックスにあてがいます。アレックスは身を乗り出して吸い始め，片手を乳房の下に，もう片方を乳房の上において，満足げな音を出しています。

母親と私は，骨髄移植のためにきょうだいの誰かがアレックスと適合するだろうかと話していました。アレックスはその間ずっとおっぱいを飲んでいます。……私が血管注射をするために戻ると，彼は一人でした。

アレックスは私の手袋をつかんで，ビニールの上に指をはわせています。私は，（血管注射を終わらせるために）私の手の代わりになる物はないかと周りを見渡します。私はそこで風船を見つけたのですが，彼がベッドに風船をつけておくのを好きな理由が分かりました。握り締められるものが欲しいのです。私が自分の手の代わりに，風船の紐をアレックスの手に持たせると，彼は紐を掴みます。アレックスが再びうめき声を上げるので，私は座って，手袋を脱いだ手をもう一度彼に触らせます。アレックスはそっと感触を確かめながら時折，つねってきます。私を痛がらせようとしているのかと尋ねると，彼はうなずきます。まどろんでくれると良いと思いつつ頭をなでてやると，モニター上のアレックスの脈拍が落ち着いてきていることに気づきました。

自分がアレックスの気持ちを楽にしてやれたことがわかり，私は彼へのケアに自信と落ち着きを抱きました。私は，身体を動かしたり清拭したりしてほしくないというアレックスの気持ちを理解したと感じました。また，アレックスが私の手をつねったとき，痛みについての彼のコミュニケーションを受けとめたのだと感じました（ただアレックスが同意したのは，彼の年齢を考えると無理なようにも思えるのですが）。観察を記録するなかで，私はアレックスの無防備さと孤独，そして彼と関わる自分の手について強く意識しました。授乳の際の母親と赤ん坊の「普通の」親密な時間を観察することで，アレックスにはこうしたよい体験を引き寄せ，それを保持できる力がまだしっかりとあるのだとわかりました。これは，彼が私の指をその代わりの対象にしていたり，また，指すらも手に入らない時には，風船をその代わりの対象にするといった様子からもわかることです。

観察4：アイビー―――一般的なケア

1週間後，アイビーの容態は変わりありません。複数の抗生物質や抗ウィルス剤，点滴による栄養補給，そして痛みの緩和が続けられています。

　　深夜，私は投薬と夜中の点滴内容の確認のために部屋に入ります。アイビーの顔の右側はすべて，帯状疱疹でごわついて赤く爛れています。ヒックマン・ラインを通して，2つの点滴をしています。ポート経由のモルヒネの点滴と栄養補給の腹部のチューブです。つま先には血中酸素飽和測定の針があり，帯状疱疹の痛み緩和のために顔にはアイスパックがのせられています。片目はほとんど閉じるくらい腫れていて，もう一方の白目は内出血で真っ赤になっています。腹部は膨れ上がっていますが，体は痩せこけています。

　　……アイビーが眠そうに「何をしているの？」と言うので，私は「お薬のために経鼻胃管チューブを使うわね」と答えます。アイビーはTシャツを持ちあげて「栄養補給を止めるの？」と言い，私はうなずきます。アイビーがラインを止め，私は最初の注射の準備をします。アイビーは注射のサイズを尋ね，これから投与する薬剤名を当てます。アイビーは自分でやろうとしていますが，眠そうなので，私がやろうかと尋ねます。アイビーは「いいわよ」と言い，眠ってしまいます。

　　……それから私は彼女の血管注射の液を持って，「抗生物質用に3ウェイ栓をつけなくてはいけないの」と言います。「自分でやるわ」とアイビーはシャツを持ち上げましたが，今にも眠りそうです。アイビーは，「（日勤の）看護師が私にやらせてくれていたの」と言いながら，目は半分閉じかかっています（アイビーは多量のモルヒネ点滴をしています―――それは私が彼女のグリッパーに入れたものです）。私は「自分でやりたいなら，いいわよ」と言いましたが，アイビーはその手を，注射器を持った私の手の上に置いて眠ってしまいます。私は抗生物質をゆっくり注入します。

　　私がちょうど背を向けようとしたとき，アイビーはまっすぐに座って，「ボウルを取って」と言い，すぐに吐き始めます。「ああ，もう，薬を全部吐いちゃった。」……吐き気がおさまるまで少しかかります。アイビーはベッドの上で足を組み，膝の上にボウルをのせ，頭を下げて座っています。「あの抗生物質の味で気持ち悪くなるのよ。このティッシュを見て，素敵でしょう」とアイビーは言い，私の腕に一枚を置きます。……私が「逆の

順序のほうが良かった？　血管注射が先で，それから薬」と聞くと。アイビーは「大して違わなかったと思うわ」と言います。しばらくしてアイビーは横になります。

　……またアイビーは急にまっすぐに座り「トイレ！」と言います。ベッドのそばの椅子におまるが用意してあり，アイビーは一人で立ち上がると，全部のラインに気をつけながら，おまるに座ります。アイビーは「ああ，もう，また下痢だ……」と言います。

　……しばらく後，アイビーの部屋からアラームが聞こえます。……鼻から少し出血しています。しかし私が部屋に入るまでには，ほとんど止まっています（アイビーは隔離中のため，私たちは入室前に洗浄してエプロンをつけなくてはならないのです）。アイビーは「ほんのちょっとなの。前は血小板があったの」と言います。アイビーはしばらく身体を起こしていると言います。私が戻ると，アイビーは椅子で眠っており，私はそっと毛布をかけてやります。

　アイビーの一見したところ自立した様子や管理能力は，彼女へのケアを通して私の中に生じる感情とは符合しませんでした。私はアイビーの病室ではひどい疲れを感じ，彼女が5台の機械と7本のチューブにつながれた状況で，どうしたらそんなに活動的で自立していられるのか想像できませんでした。肉体がアイビーをひどく痛めつけているようでしたが，彼女はそれにも身を任せているかのようでした。嘔吐から素敵なティッシュへの切り替えは，私の感情を混乱させました。アイビーがいまだにそんな喜びを感じられることに私は驚きました。

考　察

外的トラウマ

　ビック（1968）は，皮膚を，心理的な一体感を保ちつつ自他の境界を作るものだと表現しています。癌治療ではやむをえないように，この境界に継続的に穴があけられていると，自らの皮膚には，無傷や安全といった感覚は存在しえません。子どもや看護師は，このことをどう感じているのでしょうか？

　アレックスが実証したように，たとえ話さなくても，子どもたちは常に処置が切迫したものであることに気づいているようです。すべての年齢の子どもに

共通のテーマは，彼らがこうした処置を無抵抗に受けてはいないということです。彼らの抗議や不安は，幾多の形で見られます。身体をそむける，言葉で叫ぶ，嘆願する，黙って無視する，などです。アイビーは恵まれた立場にありました。処置が必要な理由を理解でき，その上で，主導権を握って，処置を承諾する覚悟をするための時間を手に入れることができるのです。アイビーの力は，何時間ものプレイ・スペシャリストとのセッションと，これまで共に処置を経験してきたことによって培われたものであることがわかります。

　多くの子どもたちは心の準備ができていませんし，そのための時間も与えられていません。また，幼すぎて処置が必要な理由を理解できず，同意のないままに押さえつけざるを得ない子どももいます。今となっては信じられないことですが，容赦のない現実として，この押さえつけることがひとつのテーマだと認識するのに，私にはずいぶんと時間がかかりました。しかしこうした強硬な行為は，単に身体面に関わるだけではありません。情緒的な実態でもあるのです。多くの苦痛に満ちた処置についての観察を検証して気づいたことは，概して，看護の際には子どもが伝達するものにほとんど注意を払っていないということでした。常にこうした状況であったために，私の理解は深まっていくにもかかわらず，苦痛や欲求不満は募っていくばかりでした。

　ほとんどの場合，子どものグリッパーを誰がどのように入れるのかはわかりません。病棟では，子どもがある処置をどのようにやってもらいたがっているのかは文書化されていません。より心配なことは，誰もめったにこのことについて問わないことです。また，遊びを通した準備やプレイ・スペシャリストのセッションが，常に行われるということもありません。数カ月前，アイビーの最初のグリッパー交換の時期がきたとき，私はあえて自分がそれをするとは申し出ませんでした。他の看護師の仕事に口を出さないためと，アイビーが私に「頼りすぎ」ることのないようにとの思いからでした。このように，私がグリッパー交換をするほうがアイビーにとってはいいと「知りつつ」も，病棟環境を無視してはならぬという圧力の方が勝ったのでした。担当の看護師にどうだったかと尋ねて，「大丈夫よ。さっと突っ込んだだけ。時間をかけてる暇はなかったから」と言われたとき，私は自分の決断をすぐに後悔しました。こうした点に関して，私はしばしば同僚に怒りやイライラを感じました。より深い問題に触れようとすると，こうした思いの強さが露呈するのでした。

内的トラウマ

　子どもはそれまでの外的なトラウマの間，しばしば私たちと戦うことになっていても，内的なトラウマのあいだは，自分の命を文字通り私たちに委ねなければなりません。化学療法後に吐き気や嘔吐や下痢が繰り返されるサイクルは，授乳，不快さ，排泄という乳児の体験と関連づけられます。赤ん坊の時の子どもの体験が，悪い経験よりも良い経験が勝っていたために健康なものであったならば，それによって現在の不快がいくらか和らげられるであろうことが望まれます。アレックスは確かに母親の「良い」乳房をうまく活用できていましたし，それが不在のときには，風船や私の手を代替物と見なすことができていたのです。

　子どもは，自分の身体や周りの物理的なスペースにとても敏感で，隔離室は子どもの身体の延長のようなものなのだと，私は理解しました。アレックスは母親が音を立てずに病室に入ってきても，すぐに目を開けました。アイビーはすべての薬の名を言うことができ，ラインの交換時期や毎日の血液検査の数値を正確に知っていました。いまや突然の攻撃を仕掛けてくる敵は，まさに自分の肉体なのです。

　内的トラウマの時期の私の役割は，より多くの気遣いをすることのようでした。「病気の」子どもたちは，より基本的な看護を引き出すようです。食事，洗浄，身体機能の観察，そして子どもの身体からのすべての入力と出力をモニターし，測定することが求められます。こうした行為の多くは子どもをより快適にし，優しい感情を生じさせます。これは，以前に述べたものよりも「より易しい」役割のように見えます。

　私が記録した看護のいくつかの中で，私は，「とても重篤な病人のベッドサイドで静かに座って，穏やかに，そして健康になるという確信を持って看護する」とラニヤード（1985, p.51）が述べる夢想状態にひたりきっていました。しかし，仕事を進めるにつれ，罪悪感を抱きながらも，最も重症の子どもの看護を避けている自分にも気がついたのです。これは私としては奇妙なことです——通常，私は，現段階で良い看護をして悪化や集中治療室行きを予防できると分かることで，達成感を抱いていたからです。「血管注射くらいの患者の負担」を「気にしてなんかいられないわ」と自分に言い聞かせていました。しかし私は，子どもの状態の重篤さがだんだん分かってくる状況を，正視したくないのだということに気づいたのです。

　パメラ・スミス（1992）は，防衛的な厚皮を発達させないで仕事から生じる

ストレスと戦う際に，看護師に求められる「情緒的な仕事」について述べています。「厚皮」が保証してくれるのは，患者からの意思伝達を跳ね返すことであり，その伝達を理解し，考慮し，適切に応えることではないのです。

スタッフの組織的防衛

　医療ケアのシステムにおいて，この仕事が喚起するストレスと戦うために，個人的な防衛や組織的な防衛が用いられることについては，これまで幅広く検討されてきました（Menzies Lyth, 1985; Robertson, 1958）。観察記録を徹底的に検証することで，スタッフが使用する言葉から物理的機器にいたるまで，スタッフや組織の具体的な防衛の形式が明らかになりました。

　自分がしようとすることを説明するときに，私はかなり一貫した説明をしていたことに気づきました——たとえば，「いい，最初にあなたの肌をきれいにして，それから私の指の準備をするわ」というように。でも私は，自分がほとんどこれを儀式的に行っていただけだということに気がついたのです。この前口上を，私は子どもからの意思伝達に関係なく使っていました。私は，子どもに心の準備をさせるのと同時に，自分の心の準備をするためにこう言っていたのではないかと思い始めました。ひとたび私が実際に処置をしようとすると，子どもの質問や抵抗を観察者としての自分の記憶には留めて，それを記録していたにもかかわらず，私の仕事仕様の心は，それに対して無反応な場合が多かったようです。必要な一連の手順を通知しようとしていただけなのです。もう少し詳しく検証してみると，私は出来事を小さく見せるような言葉を用いていることに気がつきました。「ちょっと just」という言葉を，「これからちょっと……しようとしている」のように，数え切れないくらい用いていました。またいくつかの重要な言葉は使っていませんでした。子どもの感じ方をきちんと表わす言葉——恐れ，苦しみ，そして痛み——は，観察記録の中には全く出てきません。

　観察記録を記すうち，自分の手が実際よりも大きくて不気味なものになり，手袋をはめた手が恐怖の対象のように見えるという体験をしました。「ディーは周りを見渡して，私の手袋とトレイを見るなり泣き始めた（ディー，3歳半，筋肉注射）」。私はたいてい「大丈夫よ，私はまだ手袋をしてないから」と言います。一旦「手袋をする」と，最初からやり直して清潔な手袋をつけ直すよりも，たいていは，他のスタッフが電話に出たり，子どもを連れてきてくれるのを待ちました。ですから，手袋というのは，二重の目的をもっているようでし

た。手袋は（化学薬品や血液製剤から）物理的に私を守ると同時に，私の心の準備や心理的防衛の一部を形成していたのです。

　私が気づき始めたもうひとつの防衛の形は，ある種の処置の記憶を「失念する lose-in-mind」能力で，それが後に観察記録をタイプしている際に，ぼんやりと，やがては鮮明に思い出されてきます。この失念するという能力は，集団としての看護師のコミュニケーションの欠如や非連続性，知識の断片化といった傾向の一因となっているに違いありません。ヒンシェルウッドとスコグスタッド（2002）は，看護師が苦しみから目をそむけるさまを記述しています。時の経過とともに，私は特定の処置を避け始めました——そして観察記録を記すことも避けていました。私には書くだけのエネルギーがなく，また思い出せないと感じていました。まるで自分がその人自身ではなく，ハンディキャップのみを見るように，一人の子どもではなく，ただその身体状態を見始めているかのように感じていました。自分の仕事を検証し，それが不十分なものだと気づくのは苦痛です。しかしこうした発見は，私たちが施さなくてはならない治療が，いかにつらいものなのかを表してもいます。個人も組織も，こうした気づきにこころを開くことに対して防衛するのです。

　勤務体制が不規則で，誰がどれだけ苦痛の多い仕事を行うのかが不明確であることは（明らかに，特定の看護師に過剰に依存しないようにするためですが），一人ひとりの子どもにとっては，自分の看護をしてくれる人や，処置がどんなふうに行われるのかを予測できないことを意味します。メンジーズ・ライスは（1985, p.197）は，いかに「スタッフの数が，看護を場当たり的にするリスクを高めるか」について述べ，子どもたちの意思伝達の意味を否認することと場当たり的な看護とを関連づけるロバートソン（1958）の調査に同意しています。こういった勤務体制がはびこり，続けられているのは，無意識的にせよ，スタッフを守るためなのです。しかし，これは正当化されることでしょうか？　場合によっては何年も続く，つらく侵襲的な治療では，子どもとスタッフの両者の間の情緒的経験が，仕事と同等の注目を受けることが義務づけられるべきではないでしょうか？

親たち
　観察記録を多数検証したにもかかわらず，長いあいだ私は，こうした状況下にある親についてはきちんと思いを向けることができませんでした——私は親には，また別の観察の焦点を当てる必要があると感じていました。しかし，あ

る時やっとこのことに気づいたとき，ありありと明らかになったのは，親の沈黙という事実でした。まさに私が探していたものは，それが存在しないことで姿を現したのです——苦痛や抗議が表現されないという状態。つまり単純に，発言の欠如なのです。ジャッド（1995, p.75）はこの状況下での親は，「拷問のような治療」を許容するために子どもの感情から距離をとり，「毅然，断固，かたくな」になると述べています。親はひどいジレンマに直面します——親は，子どもに治癒をもたらすという希望の下に治療を望みますが，子どもが苦しむのを見るのは耐えがたいものです。親は無言の承諾という状態に退却するようです。

　治療のあいだ，親の保護的コンテインメントと，子どもを保護する皮膚には，常に穴があけられ続けます。親がそこで，つらい治療に言いなりになっていると，子どもは基本的な水準で親が自分を守りきれなかったと感じるに違いありません。ジャッド（1995）は，保護シールドとして行動できる親の能力は，親もまたトラウマを受けたと感じているその程度にかかっていると述べています。彼女は「シールド」という言葉を，「フィルター」に置き換えています。それは双方向のプロセスを示すためで，医療従事者によって子どもに押し付けられるものを濾過することと，子どもの反応を伝え戻すことです。癌の子どもが耐え，親が目撃せねばならぬつらい処置の膨大さのために，そのフィルターはいとも簡単に詰まってしまう可能性があり，子どもの自分への信頼が脅かされ続けるなかで，親はただ自力で対処せねばならないのです。

　自分が同意した治療のせいで子どもの状態が悪くなっていると知ることは，とてもつらいことに違いありません——一方で，その治療が功を奏するかどうかもわからないのです。自分の子どもの安全を維持するための援助を求めることすら，つらいことなのです。内的トラウマの観察からは，親が静かにそこにいて子どもをコンテインし，慰める姿を見ることができます。子どもが個々の看護師の提供する多種多様な形の看護を受けることについても，親はほとんどコントロールできません。自分の子どもの看護をしてくれるスタッフに嫌われるような危険を犯して，不満を言ったりすることは難しいでしょう。

考　察

　腫瘍学的／血液学的疾患の看護師の日常は，このように重要な侵襲的治療を行うことと，その後の病的状態の看護をするという，共に大切な仕事の間で揺れ動きます。いくつかの水準で，間違いなく万能感と罪悪感が同時に起こりま

すが，これは潜在的に生命を与え，延命を確実にする化学療法を行うことによって生じるものです。このような治療がいつも子どもにとって最善の利益であるとは限らず，結果として具合が悪くなったりもします。子どもも，この分裂を経験します。つまり外的トラウマを与えた同じ看護師が，その後の調子の悪いときに援助をしてくれるのです。

　自分の仕事について，子どもと親の体験を，それに伴う感情の理解に努めながら記録するという私が選んだこの道のりはつらいものでしたが，同時に多くのことを教えてもくれました。子どもが治療を通していかに積極的であるかを理解したり，子どもが良い体験を保持していられる能力を目にしたことは，たいへん励みになりました。観察のスキルを通して，子どもの意識的，無意識的なコミュニケーションに寄り添うことで，私自身と子どもの両者の経験を理解する助けが得られました。アレックスが自分のベッドに風船をつけておくのが好きだというのは，看護の経験から分かったことです——しかし，なぜなのかを理解するためには，観察の際の気づきと直接つなげる必要がありました。同僚に対する私の怒りの強さを認識したのは，その看護が私の基準に達しないときでした（たとえば前には従順だった子どもが抑制されたり，プレイ・スペシャリストによる準備が行われなかったときです）。おそらくこうした感情の強さは，看護師の防衛の強さと同等のものだったでしょう。しかし，その防衛のせいで，看護師は自分がせねばならないことがあまりに酷いために情緒的なケアが求められているということを認識できないでいるのです。しかし，看護師が治療を要する子どもに責任を取れないという事実は，少なくとも部分的には，子どもが治療にどう対処するかを決めるうえで看護師には責任がないということを意味するものではありません。継続性は，避けるべきものではなく，**求める**べき理想であり，これが看護の原則の一部であることを私たち看護師が理解すれば，大きな変化をもたらすことができるでしょう。私の観察は，馴染みのない看護師からの予期せぬ侵入は，誰にとっても最大の不安を引き起こすことを実証しています。子どものそれまでの経験についての情報や準備が不足していると，子どもが治療に対峙するのを援助しようとするのが困難なのは明らかです。そのような危険をはらんだ治療をする可能性のあるスタッフに対しては，情緒面での綱領とでもいうべき，心の準備や管理についての覚え書きが必要ではないでしょうか？

　ホプキンズ（1986）は，医療的治療がいかにつらいかという「容赦ない現実に直面する」ことが，子どもにとって本当にためになるのかという疑問を呈し

ています。私は，何度か，同じことがスタッフにも当てはまると感じました。恐ろしさを意識しないようにすることが，おそらく私たちに必要な防衛なのです。私たちの仕事のトラウマティックな性質を認識する必要性と，スタッフにとってのある種の「抱えること holding」の必要性が，この研究で支持されたと私は信じています。コプレイとフォリヤン（1997, p.167）は，「コンテインするアプローチの提供において，耐えがたいと感じられる多くの感情の受け皿であるスタッフのニーズも考慮されなければならない」と述べています。痛々しい事実や認識が存在するところでは，子どもの癌という世界に関わるすべての人々にとって，将来の精神的なウエルビーイングを保つ手助けとするためのより受容的な環境を整えるには……定期的な支援やディスカッション・グループがどうしても必要でしょう。

　困難はあるでしょうが，私は観察による研究が看護の実践に影響を及ぼすことができると楽観しています。うまくいけば，そう遠くない将来に，それぞれの子ども病棟で，個別化されたケアが実践されるようになるでしょうし，こうした問題に対処するための「心理的ケアの基準」が文章化されることでしょう。

心理的ケアの基準――ひとつの提案

- 家族のプライバシーが守られること。
- 子どもは治療期間を通して，少なくとも一人の「担当の看護師」を持つこと。
- 看護師の引継ぎは一対一でなされ，一人ひとりの看護師はシフトごとにそれぞれの子どもの看護に責任を持つこと。
- どのような処置の前にも，子どもが心の準備をできるようにすること。
- 処置が必要なときには，常に子どもに説明をすること。そして可能な限り，処置の間にいくつかの選択肢が与えられること。
- 親が子どもの身体の抑制をするのを，期待されたり薦められたりしないこと。
- 処置の進め方について，子どもの看護記録に記すこと。
- 可能な限り，プレイ・スペシャリストが処置に関わること。
- 看護における継続性は，それ自体が目標であること。
- 日常的に子どもに関わるスタッフ数を最小限にとどめること。
- 親もスタッフもサポートグループを利用でき，難しい問題について考えるための時間と場が与えられること。

Ⅳ
福祉現場での実践

第6章
脆弱な家族
——難民コミュニティでの仕事

フェドゥモ・オスマン・アーメッド

　この章では，難民のニーズに対応するためのコミュニティ・センターで，私が行ってきた仕事について述べます。これはめったにないことですが，ここではスタッフもクライエントも同じ国の出身で，ほとんどがこの国へ来て10〜12年以内の人々です。多くの人にとって，新しい環境に適応することは，かなり情緒的に揺さぶられる体験です。このコミュニティは，心に深い痛手を負った喪失体験をした人々の集まる場所です。クライエントのほとんどは「シングル」マザーで，5〜6人の子どもをひとりで育てるのに必死な状態です。生活は，夫や家，また母国に残してきた家財などの財産がどうなっているのか分からないために，いっそう悲惨なものになっています。また，パニック状態で危険から逃げてきたために，一緒にここに逃げてこられずに離別してしまった子どもたちの行方が分からない親すらいます。

　こうした衝撃的な体験を取り扱うこのコミュニティ全体のやり方には，パラドックスがあります。というのは，こうした体験がトラウマ反応を引き起こしていても，それを充分に認識することが難しいためです。私はここで，極めて複雑な感情を理解するに当たって，私自身が取り組んだことについて述べていきたいと思います。私は，スタッフとクライエントの双方が，精神疾患を軽視していることに気がつくようになりました。おそらく，こうした問題に向き合うには極めて大きな苦痛が伴うためでしょうが，スタッフはクライエントが必要とするメンタル・ヘルス・サービスを提供しないでいるように思えました。

施　設

　スタッフは，電話相談のためのワーカーとアウトリーチ・ワーカー，および

3人の通訳という少人数から成り立っています。連絡を取りあう専門機関は，内務省，社会福祉部門，住宅部門，地方自治体など極めて多岐にわたっています。私たちの主な目的は，家族や子どもたちが，新しい国に定住するのを援助することです。クライエントが最低限の英語しか話せないことを考慮すると，これは難しい仕事です。他にも問題があります。非常に多くの家族が，個人的にも，また家族としても深い喪失体験をしており，それが多くの場合，情緒的に深い混乱を残しているのです。しかし，そのような喪失感，特にそのことによる情緒面への影響はなかなか認識されません。

　故国では，精神疾患は不幸な出来事で，恥ずべきことだと見なされています（Bhui et al., 2006）。おそらくこうした理由から，この施設とクライエントは精神疾患とその影響について語りたがらないのです。おそらく心の内にあるものを開示するのを恐れ，入院する羽目になるかもしれないことや家族と離れ離れになることを恐れ，また自分たちの文化を失うこととそれにともなう恥や屈辱を恐れているのです。対照的に，英国では精神疾患に対してはより寛容で，人々は援助を受けようという準備がよりできています。この施設のスタッフは，コミュニティのメンバーの問題に取り組み，解決したりすることで，自身の苦痛や疲労を軽減できているようでした。一方，クライエントの方は，家族の世話や新生活への適応に必要とされる当座のサービスを受けることで，情緒的苦痛を取り繕っているようでした。

　私の立場は，アウトリーチ・ワーカーとして家庭訪問をして，幼児のいる親，精神疾患を抱えている人や高齢者など，センターに来所できないクライエントをアセスメントし，助言をすることでした。面接では，私は助言することよりもまず，彼らの抱える問題に耳を傾けていました。クライエントのこころと思考は，複雑な恐怖と苦悩に満ち溢れており，何かを取り入れられるだけのスペースはないと私は感じていました。私は，カウンセリングや治療的援助の訓練を受けていませんでした。しかし，助言やガイダンスだけでは不十分なことには気がついていました。というのも，これらのクライエントはひどいトラウマを負い，脅え，孤独で，喪失感に苛まれていたからです。

　クライエントと一緒にいると，私は自分の気持ちを抱えきれなくなり，その過酷な体験のインパクトから自分を守ることが難しくなっていました（Whittaker, Hardy, Lewis, & Buchan, 2005）。おそらく，私自身の抱える感情表現の困難さは，クライエントの子どもたちの情緒に触れることに役立ったと思われます。たいていの場合，子どもたちは沈黙のうちに苦しみ，自分たちの苦痛を

吐き出す機会がありません。通常，私たちは親とは直接出会い，積極的な働きかけをします。それが，子どものために働きかけることを許されることにつながるのです。ここに，離散の危機を体験した2組の私が担当した家族について述べます。すでに何らかの信頼関係を醸成していたことが功を奏して，この親たちは自分自身，そして子どもたちの内的・外的現実に取り組むことを恐れませんでした。彼らは，長期間にわたって社会福祉サービスを受けることに伴う痛みに満ちた体験と，何とか対峙することができました。この実践は，コミュニティの長老メンバーの援助だけで解決しようとしてきた従来のやり方との決別を示すものとなりました。

メイラ

コミュニティのメンバーの一人が私に接触してきました。隣人（ロヴィーナ）が，自分の子どもメイラ（3歳）が地元の保育園で職員から虐待されているのではないかと心配していると言うのです。以下の記述は，それをめぐる電話でのやり取りです。

> ロヴィーナは，電話の主である隣人にこう語りました。子どもたちが保育園から帰宅して，ロヴィーナが買い物から戻ると，他の子どもたちはお菓子やチョコレートを競って奪い合っているのに，メイラだけはそこに加わりませんでした。そこでロヴィーナは，何があったのかメイラに問いただしました。メイラは答えません。ロヴィーナがメイラに保育園はどうだったのかと尋ねたところ，メイラは「私，先生が好きじゃないの」と応えました。ロヴィーナはメイラに，「ご飯の用意が終わったら，お母さんが話を聞いてあげるから」と伝えました。ロヴィーナは調理している間中，落ち着いていられませんでした。他の子どもたちが遊んでいるのに，メイラはリビングでじっと座っているのです。ロヴィーナはメイラを部屋へ連れて行き，どうして先生が嫌いなのかと尋ねました。メイラは泣きながら，先生が彼女の中に指を入れてきたのだと言いました。ロヴィーナは自分もショックを受け，メイラの言っていることがにわかには信じられませんでした。ロヴィーナはメイラを抱き寄せ，どこに指を入れられたのかを恐る恐る尋ねました。メイラは下半身を指さしたそうです。ロヴィーナの声は心配を隠しきれず，彼女の話を聞き取るのもやっとのことだったということでした。

私が最初に下した決断は，こうした出来事は地域のコミュニティの中で内々にしておくべきではないというものでした。同僚の小児科医に電話してみると，私は電話の主に説明しました。秘密保持の点での大きな心配については，訪問の日どりを調整する中で，小児科医と話し合いました。

最初の会合

ロヴィーナの報告によると，メイラは診察を受けた結果，身体的な損傷はなく，社会福祉課はこのケースを調査するように通告を受けたということです。またロヴィーナは，この数日間メイラと弟や妹たちを保育園に通園させていないとも言いました。ロヴィーナは疲れて顔色が悪く，保育園側が自分に連絡してこないことに腹を立てていました。園長にも失望していました。かつては助けになってくれ，理解者であると彼女が評価していた人物です。彼女の話では，ソーシャルワーカーが通訳も無しに，2回電話してきましたが，上の息子が通訳をしてくれたそうです。しかし息子は，弟妹と仲が良いために動揺してしまい，事態を心配していると言います。もう一つジレンマがありました。それは他の3人の子どもたちが，いつになったら園に通えるのかと繰り返し尋ねることでした。「いい？　今日で3日目なのに，連中は電話すら掛けてこないのよ」とロヴィーナは言います。ロヴィーナは私の目をまっすぐに見据えました。私がどう答えて応じるか，彼女が私の表情と身振りをつぶさに覗っているのが伝わってきました。

このようなことが起こった場合，園と社会福祉課は事態を調査し，児童保護の手続きに従って，家族と連絡を取るべき責任があるということを説明しました。そして3日間も返事待ちの状態というのは，長すぎると思うとも付け加えました。しかし，今回の問題はとても繊細なもので，私たちがじかに園に接触するわけにはいきません。それでもロヴィーナの同意を得て，私は難民教育コーディネーターに，今回の事案への援助を求めるために連絡を取ることができました。コーディネーターの返事では，園と社会福祉課は児童保護手続きを進行中であり，ロヴィーナとの面接の日程が間もなく設定されるとのことでした。コーディネーターの報告では，告発されたのは在職16年の教師だということです。評判の良いこの教師に対しては，今回の申し立ての他には，何の証拠もな

いのでした。
　話し合いは決裂し，私は社会福祉課と母親との健全な関係を作る機会が心許なくなっていると感じていました。園とソーシャル・ワーカーは，メイラの気持ちを蔑ろにし，教師と園の名誉を守ることに腐心しているようでした。彼らは，母親の不安を理解していませんでしたし，母親が自分の娘を守ろうとしていることも理解していないようでした。メイラを関与させず，メイラへの面接もしないという決定は，おそらく園とソーシャル・ワーカーが，自らのつらい感情を扱うことへの恐れが原因だろうと感じられました。
　ロヴィーナの園長に対する失望感の陳述には，家族を学校との争いの渦中に巻き込んだメイラに対する彼女の怒りと失望感が反映されているのだろうと感じられました。家族も大変な状態にありました。兄弟たちは，自分たちが園に通えなくなってしまったことでメイラに腹を立てていました。
　結果として，ロヴィーナはあたかも自分のやり方を通すのだと言わんばかりに，子どもたちに保育園を休ませているのでした。ロヴィーナは私の表情を読み取ろうとしているかに見え，おそらく，私が保育園と社会福祉課の一味なのかどうか，果たしてどちらの側につくのかを，見極めようとしているように感じられました。

1週間後

　私はソーシャル・ワーカーからの電話を受けました。面接の日程について私が話したがっていることは分かるが，ロヴィーナの態度から，ソーシャルワーカーはこのコミュニティとは一切関わりたくないと思っていると言います。私はこのケースに最初から関わっており，事態を妥協によって収束させたいのではなく，解決したいのだということを説明しました。ソーシャル・ワーカーは，私が都合の付かないその会談の日程を変更することを渋っていました。

　私はロヴィーナに，ソーシャル・ワーカーと電話で話し合ったことについて説明するために電話をしました。ロヴィーナは怒りに満ちた声で，「子どもに通訳させるからこんなことになるのよ」と言いました。そして身内を連れて行くので，面接の日には通訳は来なくていいと社会福祉課に伝えてくれるようにと言いました。私は，保育園がサポート・ワーカーを任命する以上，話し合いは私を抜きでも行われるであろうことを伝え，ロヴィーナが尋ねたいと思う質

問事項を書き出しておくことを助言し，必要ならいつでもこちらに会いに来るよう話しました。私は，自分が蚊帳の外に置かれたという感情への対処に苦心しました。

　保育園と社会福祉課との面接について，ロヴィーナはその結果にがっかりしているということでした。保育園側は，訴えを証明する証拠がこれまでに上がっていないと考えており，そのため社会福祉課ではこの案件を終結処理にしてしまったのです。ロヴィーナの印象では，面接は形式的なものに過ぎず，最初から結論は出ていたのではないかということでした。ソーシャル・ワーカーはこの家族との関係作りに時間をかけることもせず，事案を十分に検討する時間も作らなかったことから，私は，ソーシャル・ワーカーがどうやら偏見を抱いているようだと思いました。

3日後

　社会福祉課は，私を招いて援助と仲介役を求めました。というのも，ロヴィーナが相変わらず，子どもたちを保育園に通園させていないからでした。このことは，ロヴィーナの心配や苦痛，怒りが抱えられていないことを示唆していました。ロヴィーナは保育園を取り巻く状況を変えることはできなくても，自分の子どもならば思いのままにできると考えているようでした。

所　見

　この事例の不幸な結末は，実際，私にとって教訓に満ちたものでした。あまたの困難，たとえば「一方」に味方するか，それとも他方に味方するかといった個人的なプレッシャーがありました。しかし，この案件は，このコミュニティが公的サービスを適切に利用できるようにすることの必要性を明確に示してくれました。さらに，誤解や偏見を克服するためにも，法定部局との正式な取り決めを確立することが，最優先課題だということです。

ファイサル

　母親のハイバックが3歳のファイサルについて相談してきました。母親は，5歳に満たない2人の子どもの養育に大変な苦労をしており，特に2人の内のひとり（ファイサル）は「ハンディキャップ」があるのだと語りました。先に述べた最初の事例とは異なり，彼らはあらゆる専門家に頻繁に相談をしていましたが，ハイバックはアドバイスを細かく与えられることに圧倒され，混乱し

ていたのです。ハイバックは，自分たちにはコミュニティからの援助と介入が必要だと感じていました。

　相談の席でハイバックは，生後14カ月で3種混合ワクチン[訳注1]の予防接種を受けるまでは，ファイサルの発達は正常だったと語りました。ファイサルが夜中じゅう起きて泣き叫ぶため，今や両親のベッドで眠り，サンチアは姉と一緒に寝て，父親はリビングで眠ることになっていました。また，保健師がファイサルを保育園に入園させてくれたとハイバックは話しました。しかし保育園に一日たった2時間半預けるために，ファイサルを連れて行くのは疲れるのだとハイバックは訴えます。ハイバックは他に何の援助もなく，疲れ果てていると私は感じました。ハイバックは，自分の人生の喪失にともなう怒りの気持ちと苦悩についても語りました。彼女は打ちのめされているような口ぶりでした。

　　私は家庭訪問を行いました。父親，母親，ファイサル，そして妹のサンチアが家にいました。母親，ファイサル，そして妹がリビングにいました。この訪問は，初回面接の2週間後に行われました。この2週間の間に，私は地域の保育園の園長を訪ねていました。園長は，現在，定員に空きがあるので，ファイサルを引き受けてもいいと考えていると言ってくれていました。両親はこの知らせに大変喜びました。私はまた，ソーシャル・ワーカーの援助やレスパイト・ケアも必要かどうか，それともその園での経過をまずは見極めてからにするかを尋ねました。母親は乗り気だったのですが，父親は迷っていました。すると母親は，ファイサルの療育計画のための話し合いが延期されたのだと言いました。

　　ファイサルは，テレビの目の前にある自転車にまたがって，一心不乱に画面を注視していました。数秒間，自転車にまたがってじっとしていた後，自転車をこぎ，部屋の片方の隅から他方の隅へと動き出しました。自転車に乗って遊んでいる間中，かん高い声をあげていましたが，私の第一印象では，注意力については問題がないようでした。サンチアがスカーフを床から拾い上げました。父親が台所から出てきて，皮をむいたリンゴを一切れファイサルに与えました。ファイサルは，あまり関心がなさそうにそれをつかんで食べました。「この子は気持ちを伝えないんだよ」と，父親は

訳注1）麻疹，流行性耳下腺炎，風疹予防の混合ワクチン。英国ではこのワクチン接種後に子どもの発達の問題を訴える家族が少なくない。

言いました。ファイサルにもテレビにも近いソファーに，父親は母親と並んで腰掛けました。

　子ども番組を見ている間，ファイサルは何かぶつぶつ言いながら，身体を揺すっていました。歌を歌っているようでした。また，着ているＴシャツを胸まで捲り上げたり下ろしたりを絶えず繰り返していました。その後，母親が息子の名前を２，３度呼びますが，ファイサルは母親の方に目を向けることはありませんでした。ファイサルには母親の声は全く届かず，ボーっとした様子で，まるでそこにいないかのようでした。すると父親はがっかりした様子で，9カ月前のファイサルは手を振って「バイバイ」と言い，同じ日に「ちょうだい」とも言い，それが3日間は続いたのだと話しました。その後ファイサルは，また話すのを止めてしまいました。ファイサルは私たちを見てはいませんでしたが，私は彼がどの程度，会話を理解しているのか，その会話の与えた影響や衝撃が気になりました。自分の気持ちを表現できないゆえに心の内に感じているはずの欲求不満や怒りについても私は考えていました。

　その後，妹が両親と遊び始めました。妹は両親の座っているソファーの上に立っていました。彼女は次に両親の後ろに回り，彼らの頭を順番に触ります。そして母親の頭に巻いてあったスカーフを引っ張って取り，それを自分の頭にかぶせようとしました。父親が妹をくすぐり，皆が笑いました。ファイサルは遊ぶのを止めて，3人をじっと見ます。私には彼の眼差しが，深い悲しみに打ちひしがれているように見えました。ファイサルは家族の遊びに加わることはなく，ただその様子を見続けていましたが，両親のどちらも，ファイサルに仲間に入るように声を掛けることはありませんでした。周りが大騒ぎしているなかで，彼は孤独に見えました。両親には，ファイサルを仲間に入れてやろうという思いやりも，発想もないように私には感じられました。誰もファイサルのことを考えていないように見えたのです。両親は，ファイサルがMMRのせいで死んだも同然のようになったと見なしており，そのためにファイサルの存在を心に留められなくなっているのではないかと思えました。私は，両親の絶望感に打ちのめされるような感覚を抱いていましたが，それを拒絶することなく，対処する必要性を感じていました。私は意志の疎通をはかることができる可能性にすがりついていました。私は玩具がいっぱい詰まった箱がすぐ隣にあるのに，彼がそれを手に取ろうとする素振りを決して見せないことに気づき

ました。ファイサルは自転車にまたがり，窓を見つめたり外をのぞいたりしていました。この状況に居合わせるにはあまりにつらく，それ故，ファイサルは静かな場所を求めているのではないか，あるいはより深遠な引きこもりの状態に入っているのではないだろうかと思いました。この引きこもりは，どこかで有能な妹の存在と関連しているのではないかとも思われました。

　ついにファイサルは再び自転車をこぎ始め，今いる部屋から別の部屋へと移動しましたが，私たちの誰とも目を合わせることはありませんでした。私は再び興味をかき立てられました。ファイサルの一見したところの好奇心の欠如や，探索しようとする思いの欠如について私は考えを巡らしました。今日はファイサルの「イヤな一日」なのでしょうか？　あるいは，これはいつものことなのでしょうか？　私は帰る前に，ファイサルの近くへ行き，話し掛け，孤独な状況から彼のことを引っぱり出したいと思いました。しかしファイサルは，窓のところへ行って，玩具を端から端まで動かすのみでした。「バイバイ，ファイサル」と私が言っても，彼は振り返りませんでした。

関連する記録

　数週間後，ファイサルの多職種アセスメントの報告会議が行われました。参加者は，小児科医，保健師，理学療法士，父親と母親，そして私です。私の役割は，両親を支援し，場のコミュニケーションを促進させることでした。私はそれまでここに参加している専門職の誰とも会ったことがありませんでしたが，それまでに報告書を読み，両親からも話を聞いていました。この間，ファイサルと妹は，隣家に預けられていました。

　会議の席上，ファイサルには深刻な言葉の遅れがあり，社会性がほとんど無いと述べられました。検査時にファイサルの機嫌が悪くなったために，頭の寸法測定など必要な検査を完了できなかったと小児科医は語りました。しかし，ファイサルの総括的な神経系統の状態は正常だと認定していました。また，ファイサルにはある程度のコミュニケーション能力があり，さらに全体的な運動能力には心配がないということでした。保健師によれば，家庭訪問の時，ファイサルは彼女のことが誰だかわかり，訪問中は落ち着いていたとのことでした。ある時のクリニック受診時には，ハサミを手に取り，自分の髪の毛を切ろうとしていたとの報告もありました。すると母親は，その前日にファイサルが髪を

切ってもらっていたことを明かしたのです！　チームは，ファイサルに自閉症スペクトラムの特徴がある可能性を強調し，毎日の日課を決めることが役に立つと示唆しました。理学療法士と保健師が分担して，ファイサルの援助の日課をこなすことになりました。私はファイサルが保育園に毎日通えるようになったと報告しました。しかし，ファイサルの行動からすると，毎日2時間半も保育園にいることに我慢できるのだろうかと，母親は語りました。

2回目の家庭訪問

　　母親，ファイサル，妹のサンチア，そして10歳の兄が在宅でした。父親は不在でした。私が居間へ入っていくと，ファイサルはソファーの上に立っていました。ファイサルは窓を触ってソファーから降り，部屋から走り出ていきました。そしてバスルームに入ってシンクを触り，またソファーに戻ってきました。彼は「キャーキャー」と騒いで行ったり来たりしていました。彼は上ったり降りたりするのを楽しんでいるように見えました。私は母親とサンチアに挨拶をし，ファイサルにも近づいて挨拶をしました。しかし，ファイサルは私のことを見ることもなく，私の存在に気づいた素振りはみじんも見せませんでした。ファイサルは走り続けていました。母親はサンチアを膝の上に乗せて，肘掛けイスに座っていました。床の上には玩具が散乱していました。

　　ファイサルはかなり痩せていました。3週間ほど会っていませんでしたが，体重の変化が見て取れました。私は繰り返して行えば，ファイサルは覚えることができるという保健師の言葉を思い出しました。そこでファイサルに働きかけるために，座る場所を変えてみました。ファイサルが行き来しているソファーに，ファイサルと何らかの関係性が取れることを期待しながら腰掛けました。ファイサルは床の玩具には一切注意を払っていないようでしたので，それを踏んづけてケガでもしてしまうのではないかと思っていました。私は玉の入った筒型の玩具を振って，ファイサルに差出しました。ファイサルは緊張した表情で，私を見つめました。多分，私のことを誰なのかと不思議に思っていたのでしょう。私はファイサルに「遊ぼうか？」と尋ねました。ファイサルは無視しましたが，緊張は和らいだようでした。今度はファイサルの名前を呼び，スコップとバケツを携えて彼の目の前に行きました。次に，私はおもちゃの自動車を手に取って，ライトを点滅させて床を走らせました。ファイサルは床に座りこむと，興味

を示してその車をつかみました。私は車の色——赤と黄色——をファイサルに伝えました。ファイサルが車をじっと見つめている間，彼が私と関わりあうことは決してないのではないかと不安でした。私は前回訪問した時にもファイサルと同じ部屋にいて，母親と父親からそう遠くはないところに座っていたことから，ファイサルは，私のことを認識できるだろうかと思いを巡らせていました。

　数分後，ファイサルは，母親のもとに行って膝の上に座りました。母親に顔を向け，首にしっかりとしがみつきました。母親は首に巻き付いたファイサルの腕を解き放そうとしながら，「ゆっくり，ゆっくり」と繰り返して言いました。母親はファイサルにキスをして，何が欲しいのかを尋ねました。母親はファイサルを揺すってなだめましたが，彼は攻撃的でした。そして悲しげな声を上げました。母親は上の娘を大声で呼び，ファイサルとサンチアの分のビスケットを持ってきてほしいと頼みました。母親はファイサルのサインをとらえてはいますが，誤ったメッセージを伝えていると私は感じました。母親は，ファイサルの行動を制止して，何か頼むときにはどうすればよいかを教える代わりに，息子をなだめてキスをするのです。その後，母親は台所へ行って子どもたちの食事を用意します。台所にいる間，ファイサルとサンチアに一緒に遊んでいるように言いました。ファイサルは右手にビスケットを持って食べながら，行ったり来たりと走り始めました。私はファイサルを止めて座らせようとし，妹や私と一緒に遊ばないかと尋ねました。ファイサルが私とは遊びたくないという気持ちをはっきりと示したので，私は彼を解放しました。

　母親がサンドイッチとりんご１個をファイサルに，スープとパンをサンチアに運んで来ました。母親はファイサルが水気の多い食物が好きではないと教えてくれ，「パンやご飯は，ぱさぱさしていないといけないの。ファイサルは肉が好きで，食事の問題はないわ」と言います。そこで，私はファイサルの身長は伸びているか，体重の減少はないかと尋ねました。「ファイサルは，かなり体重が減ってしまったわ。だって，あの子，たいていいつも走っているんですもの」と母親は，がっかりした様子で語りました。私は彼女の夫と娘についてふれ，彼らに大いに助けられているのではないかと言いました。しかし，父親は前回の会議以来，家族のもとを去ってしまったと言うのです。この話を聞いて，私はショックでした。そして母親が，このことをファイサルのせいだと思っているのではないかと思

いました。この訪問のあと，私たちは八方塞がりの時期を迎えました。母親は，ファイサルが毎日，保育園で一日中過ごすことを望んでおり，ファイサルが自宅でテレビを見て過ごす時間の長さをとても心配していました。母親はファイサルの社会性は，テレビのない場所で育まれると信じていました。しかし，ファイサルのコミュニケーションの欠如と，他の子どもたちに対する関心の低さを理由に，園側は教育委員会が個別対応のワーカーを派遣するまでフルタイムで引き受けることができない旨を両親に通告していました。

　教育心理士が保育園でファイサルのアセスメントを行ったのは，かなり後になってからのことでした。その心理士は，ファイサルの通園は，一定時間内のままで継続すべきであると提言しました。教育心理士の次回の訪問までの期間に，保育園はファイサルの発達を支援するための特別な課題を与えられました。母親はこの決定に不服で，一緒に保育園の園長と会ってくれないかと依頼してきました。私は教育心理士が両親不在時に保育園を訪問したことで，母親は，息子のニーズや自分たちの要望が無視されたと感じているという印象を抱きました。また母親は，最終的な決定を下すのは園長次第だと思っているようにも感じられました。

保育園への訪問

　約束は月曜日でした。午前9時15分に，ファイサルの園生活が始まることになっているため，自宅で9時に会うことを提案しました。私が家に着くと，母親とファイサルはすでに準備ができていました。父親が手伝いに来ており，サンチアの面倒を見るために家に残るということでした。母親の話から，私は父親はよく手伝いにやってくるのだと理解しました。母親はその前の週の中間休暇の後，ファイサルが保育園に慣れるのが難しかったと話しました。と言うのも，ファイサルはその前の週の最初の3日間，インフルエンザで欠席していたからでした。母親はその日も，ファイサルが保育園にいられないのではないかと心配していました。それで私は，保育園が許可するなら，園長との面談を終えた後もファイサルともう少しつきあってもいいと母親に告げました。

　保育園へ行く道すがら，ファイサルは問題なく母親と手をつないで歩きました。嬉しそうな素振りを見せることもなければ，悲しそうな素振りも

見せませんでした。母親がファイサルの手を取ると，ちらっと目を合わせましたが不満は表明しませんでした。ファイサルは以前より背が伸び，幾分リラックスしているようでした。保育園に近づくと，母親は目の前の草の生えた場所を指差して，「この子は，高くなっているところを登りたがるのよ」と言って，「見ていて，今に走りだすわ」と予言しました。しかし，ファイサルはそうはしませんでした。

　保育園に入っていくと，2人のスタッフとそれぞれが率いる子どもたちのグループを紹介されました。ほとんどの子どもたちがファイサルに挨拶をしましたが，彼は返答もせず，母親にしがみついていました。その後，私たちは園長室へ入っていきました。園長は立ち上がって私たちを歓待してくれました。ファイサルはすすめられてはいないのに，椅子に座りました。私たち2人は突っ立ったままでした。園長は肩をすくめて言いました。「まだ教育委員会からの返答をもらっていないんですが，そちらには何か返ってきましたか？」，「ないですね」と私が応えると，園長は続けて「明らかに予算の問題です。教育委員会はファイサルのための予算を社会福祉課に出してもらいたいし，社会福祉課は教育委員会に出してほしいと考えているんです」。こうした資金面の問題が俎上に上がったのは，今回が初めてではありませんでした。私は無意識に母親に目を向けました。母親は，眉をしかめて下唇を固く噛みしめていました。ファイサルは回転イスに座り，イスの横に手をかけ姿勢を正していました。私はファイサルが，むしろ堂々とした気分を味わっているのではないかと思いました。今度は，ファイサルは壁際から反対の壁際まで何度も回転イスで往き来を繰り返しました。園長は付け加えて，「ファイサルより大きい子をもう一人かかえているんです。教育委員会は，その子は1月から小学校へ行くべきだと主張しているの。でも，その子は，まだその段階ではないし，必要な配慮もしてもらえないでしょうしね。そこで私は，その子どもの母親に11月までは保育園に通わせるように助言したんです」と話しました。

　そこで私は園長に，ファイサルの置かれる状況に関して変化があれば，その都度連絡してくれるように頼みました。私は，あらゆる機関がうまく連携をとれずにいることに両親は困惑していると園長に説明しました。たとえば，教育心理士が保育園のファイサルのもとを訪問するのがいつになるのか，両親に知らせていなかったことです。教育心理士がファイサルをアセスメントした後も，結果的に，両親にはなんら報告がなされることは

なかったのです。少ないながらも得られた情報というのは，園長がくれたものだけだったのです。両親はこれには感謝していましたが，園長の説明によれば，ファイサルを園に紹介したのは私と言語療法士なのに，社会福祉課や教育委員会への紹介の手はずを整えるよう自分が期待されるのはお門違いだということでした。園長は続けて「言語療法士に対してはっきり申し上げましたが，これは園長の私の責務ではなく，言語療法士が行うべきことだし，そのことが，今となってはファイサルがフルタイムでここを利用することに遅れが生じている理由だと思います」と言います。私は戸惑いと疎外感を感じ，自分がネットワークの一員ではないような気持ちになりました。と言うのも，園長との前回の面談では，このような事情は全く語られなかったからです。

　ファイサルは，まだ回転イスに座っていました。そしてゆっくりと一方の壁際から反対の壁へと行き来しています。ファイサルは肘掛けの合成化学素材を触って，感触を確かめていました。そして時折，両手で耳を塞いでいます。ファイサルがフルタイムで園を利用することについての意見を求めると，「ファイサルはマン・ツー・マンで対応すれば，効果が得られるでしょうね。そういう人員配置ができるまで，私たちはファイサルを受け入れることができないわ」と園長は応えました。このことを教育心理士に伝えたかどうか，私は園長に尋ねました。「ええ，もちろん。私は手紙まで書いたわ」と園長は応えました。私は，児童発達支援チームと教育委員会宛てに書簡を送ろうと思うので，園長が教育心理士に宛てた手紙のコピーをもらえないかと尋ねました。すると園長は強い調子で，「私はちゃんと送ったのよ。コピーはないわ」と言いました。私はこの発言に困惑しました。ファイサルの母親に私の不安を転嫁しないために，もっと問い詰めたいという欲求を抑えるよう努めました。たとえファイサル側の要求に沿えないとしても，園長はファイサルをパートタイムのままにとどめたいと思っているように私には思えました。

　なぜファイサルのフルタイム登園が無理であるのかについて，園長はさらに説明しようとしました。教育心理士が訪問した時には，園にはもっと少数の子どもしかいなかったと言います。新しい施設基準法では，特別に手がかかり，おむつを交換しなければならない2歳児は，2人しか預かることができないことになっているということです。

　私たちがファイサルのグループを訪ねると，子どもたちはさまざまな活

動をしていました。先生と子どもたちから，大声の挨拶で迎えられました。ファイサルは母親にしがみつき，グループに合流しようとはしませんでした。母親と私は彼らに挨拶を返しました。しかしファイサルは，母親の足を摑まえて顔を腿の間に埋め，上着を脱ぐのを嫌がりました。そこで母親が「帰らないわよ，一緒にここにいるわよ」と言い終わる前に，ファイサルは叫び声を上げ，バタバタと足を床に打ち付けました。ファイサルは母親が上着を脱がせようとするのを拒み続けました。母親が荷物部屋へ行って，脱がせた上着を引っ掛ける際にも，ファイサルは母親の右足を抱きかかえ，しがみついたままでした。

ファイサルは叫び声を上げて，母親に抱きついたままでした。母親に助け舟を出し，ファイサルをとりなそうと寄って来る園の職員は誰一人いませんでした。数分後，お茶の時間になりました。職員のひとりが，右手を差し出して「いらっしゃい，外で遊ぶのが好きでしょ」とファイサルを外へ連れ出そうと声をかけました。ファイサルと母親が後に続きました。しかし私は，彼らと一緒に動くことに躊躇を覚えました。母親が，私が一緒に行くことを求めなかったからです。数分後，母親は私のところに戻ってきて，指図するように「さあ，ファイサルが熱中している間に行きましょう」と言いました。母親はまるで私の手を引っ張って行きたがっているように感じられたので，私たちは保育園を後にしました。しかし同時に私は，母親のこの行動は穏やかではないと思いましたし，自分がその共犯者になってしまっていると思いました。さらに，ファイサルにはマン・ツー・マンによる具体的な方法での支援が必要であると同時に，私ができる以上に彼のコミュニケーションを理解できる人との出会いを明らかに必要としているとも痛感しました。

ファイサルには，ある種の専門家の援助が役に立つと私は感じていました。紆余曲折の末，両親への援助，およびファイサルへの単独の援助を調整することができました。限られた資源で奮闘する施設にかかり得る重圧を，私自身が強烈に理解することになったこの期間は，困難でしたが有益なものであったとも思い返しています。自分がこのコミュニティからも公共福祉サービスからも，不穏分子だと受け止められていることも明らかになってきました。コミュニティは，私を社会資源の利用方法を知る存在だとみなしていましたが，私が彼らの同志になりえるという確信は持てていませんでした。一方，公共福祉部門に

とっては，私のことをこのコミュニティにどっぷりつかりすぎていて，客観性に欠ける人物として位置づけることは容易でした。こうした状況で，残された狭い選択肢の中で，道を探っていくのは往々にしてつらいものでした。

原注
1. このコミュニティの成績不振の子どもたちの問題については，アリーとジョーンズ（2000）がより詳細に記しています。

第7章
服役中の親に面会する子どものためのプレイの設定

マルゲリータ・カステラーニ

　この章では，大都市中心部の刑務所でのプレイワーカーとしての仕事の経験について探究していきます。まず，こうした設定での仕事の体験について振りかえり，ここでソフィアとマークと呼ぶ2人の子どもとの関わりの詳細について，描写しようと思います。他の多くのケースと同じように，限られた時間しかなく，また，難しい状況にあるにもかかわらず，彼らは与えられた場と時間を，考えることや感じることのために有効に使いました。遊びや描画を通して，自分の感情に触れ，家族の状況に向き合うことができたのです。

　刑務所内のプレイルームの設定は，子どもにも私のあり方にも重要な影響をもたらすものでした。子どもがプレイルームにたどり着くまでの経路を説明することで，刑務所の様子を描写してみます。そこは外部からの訪問者に対する必要な警備がなされているのですが，大人の目からは，その道中は特に恐ろしい感じはしません。しかし，鞄を預けておくビジターセンターを出発して，コンピューター制御のドア，ガラスの仕切り，金属探知機，時には麻薬犬と続き，ようやく面会室――家族のためにたくさんのテーブルが置かれた大きな長方形の部屋――にたどり着く経路を，子どもはどのように感じているのでしょうか？　プレイルームは面会室の一角にあり，心地の良い独立した空間です。玩具や本，図画工作の道具などが揃っていますが，子どもはそこにたどり着くまでの道中にこころを奪われて，すぐにその部屋の様子に気づくのは難しいかもしれません。

　プレイルームに入る前に，母親か付添人が子どもの登録を完了すると，子どもは面会室からプレイルームの間を自由に行き来できることになります。プレイルームを訪れる子どもの数は，静かな時で1～2人，週末や長期休暇の時などは10～15人と，かなり幅があります。プレイルームの責任者のプレイ・コーディネーターが一人いて，非常勤のプレイワーカーが3～4人います。警備上

の理由から，プレイワーカーが2人いる場合にのみ，プレイルームを使うことができます。そうでない場合は，1人のプレイワーカーがおもちゃの箱を持って，面会室で子どもと会うことになります。私たちプレイワーカーは，面会を月に2回だけと限定されている既決囚の子どもではなく，毎日の面会が許されている未決囚の子どもと出会うことの方が多いです。

　プレイワーカーはおよそ1時間半の面会時間中に子どもと過ごします。そしてその間，親は自分たちだけの時間を持てることになります。緊張の高い状況下にありながらも，私たちはおそらくは多少の正常さとでもいえる状況を貫くことで，できるだけリラックスした雰囲気を提供しようとしています。このような設定の中で2年以上働いて，私はプレイワーカーとしての役割の意義に気づくとともに，いろいろな限界についても学びました。私には囚人の情報を手にする権限がないため，どのくらいの期間，子どもが面会に来るのかは全くわからない状況です。たいていの面会は不定期なため，子どもとの継続した関係をもつ機会はほとんどありません。出会いが一度限りで，その後は二度と会わないケースがほとんどです。忙しい日には，子どもの一人ひとりのニーズにこたえられずに，失望することもあります。その一方で，プレイワーカーという役割ゆえに，子どもに関心を向け，子どもが痛々しくも混乱した感情を表現するのを助けることで，面会時の子どもを支えることができるのです。

　面会に来る子どもたちは，親や近親者が服役中であるという自分の体験についてはあまり話そうとはしません。彼らは，めったに看守や門，柵について問うことはなく，また「刑務所」という言葉もほとんど出しません。こうした態度は，投獄という不名誉に対する囚人の家族の懸念を表しています。子どもには否定的な痕跡として家族を脅かす，禁じられた話題である父親の投獄について直接触れることを避け，それにまつわる痛々しい感情を重要視しないことが期待されているのです。親は，しばしば父親の本当の所在を子どもに伝えていません。そのかわり，入院中だとか，工場で働いているだとか，大学で勉強しているなどと伝えているのです。ある時，6歳の男の子が，絶対に母親に話せない秘密があるのだと教えてくれました。彼は父親が刑務所にいるのを知っていましたが，母親にはそれを言えないというのです。なぜなら「お母さんは，お父さんが入院中だと信じていて」，もし自分が本当のことを言えば，母親がひどく混乱するだろうからというのです。

　ボウルビーは，子どもにとって，親が子どもに知らせたくない事柄と対峙することの困難さについて考察しています。彼は，「思い，考えや感情，そして

行動にかなり大きな影響をもたらし続けるにもかかわらず，閉め出されることになる状況や経験は，子どもには知られたくないと親が願う状況や経験である」と書いています（Bowlby, 1979, p.101）。プレイワーカーの役割における難しさは，親の説明を否定したり，それに疑問を投げかけることなく，子どもがより真実を体験することを助ける方法を見つけることです。

　こうした苦痛な現実に対する防衛である否認の状態は，職員の行動にも見られます。プレイワーカーには，遊びの「楽しさ」や「良さ」の側面を強調し，心をかき乱し，対処するのが難しい感情の強烈な影響を避ける傾向があります。これは，ピーター・スペックが記述した，死にゆく人々をケアする職員の「慢性的な素敵病 chronic niceness」（1999）を思い出させます。彼は「職員は素敵な人たちで，瀕死の状態の素敵な人々のケアをしており，その死に行く人たちは，素敵な場所で素敵に死んでいく」（1999, p.97）という集団的幻想が現れる一方で，いかに否定的で苦痛な感情が分裂され，否定されるのかについて論じています。私もよく似たような態度——素敵に飾られたプレイルームで，素敵な子どもたちに1時間の素敵な遊びの時間を提供するという無意識の願い——を感じます。そうした願望は，悲惨で「素敵ではない」世界は面会室に残しておき，プレイルームを「素敵な」体験のために「穢されていない」空間——痛みに満ちた施設の中の保護された領域——として保つというものです。イザベル・メンジーズ・ライスは，高レベルの緊張に直面する職員が用いる「社会的な防衛システム social defence system」について述べています。その主な特徴は，「不安や罪悪感，疑惑や不確実性という体験を避けるのを援助する方向性」（1997, p.63）にあるといいます。彼女は，こうした集団的防衛は，不安を緩和することはできますが，成長を促進することはないと述べています。

　私が刑務所で働き始めて最初の数カ月間に起こった次のエピソードは，否認の状態に引きずり込まれず，考え続けようと奮闘する姿を描くものです。

　　　プレイルームには，3人の子どもがいました。6歳のジョージは，窓の前にじっと立って，プラスチックの双眼鏡で何かをじっと見つめていました。彼は不安そうで，窓の外の気味の悪い風景以外はすべて無視しているように見えました。5歳のロバートは，ただただ部屋の中をウロウロと歩き回っていました。5歳のジュリアンは床にすわり，本を読んでいました。部屋には，重苦しい，情緒的に生気のない雰囲気が立ち込めていました。プレイ・コーディネーターのメアリーは，一緒に歌を歌おうと声をか

けました。ジュリアンは同意し，ウキウキしたように見えました。ロバートは歌には参加しましたが，上の空でした。ジョージは窓の外を見つめ続け，部屋の中で起こっていることには，何の注意も払いませんでした。

私は，自分が体験していた圧迫感から逃げるために，メアリーの提案した歌に参加しようという思いと，恐らく不快ではあるその圧迫感の体験にとどまろうとする思いとに引き裂かれた感覚を覚えています。後日，ワーク・ディスカッション・セミナーで，プレイワーカーである私の役割は，子どもの気を逸らせて元気づけることなのか，それとも彼らが本当の感情を表現するのを援助し，それに適切に反応することなのかについて話し合いました。私は，徐々に自分が自分の感情に触れ続けておくことで，刑務所を訪れるという体験を子どもが受け止めていく援助になるのだと考えるようになり始めました。ワーク・ディスカッション・セミナーのおかげで，私は考え続けることができ，また，メアリーと私の仕事に対する態度の違いについて明確に理解することができたのです。

ソフィア
刑務所で働き始めて10カ月ほど経った頃，私はソフィアに会いました。彼女は，赤っぽい長い巻き毛と大きな緑の目，そして優しくて魅力的な——天使のような顔立ちの6歳児でした。内気で，その話しぶりも動きもとても慎重なものでした。

　プレイワーカーが私ひとりだったため，プレイルームは使えず，面会室の一角におもちゃ箱を持って座ることになりました。ひとりの女の子が，2人の女性とやたらと大声で喋る囚人のテーブルに座っていました……私はそのテーブルまで行って，その女の子に，部屋の反対側の角におもちゃがあるので，気が向けばいつでもそこで一緒に遊べると伝えました。するとそこにいた囚人は激怒し，長い間会えなかった娘を自分から引き離そうとしていると私を責めました。私は不安になり，また襲われている感じがしました。私は，これはただの提案で，訪問中は彼女の望むだけお父さんとの時間を過ごせるのだと説明しました。男は提案ならばいいと答え，親指を上にあげてOKサインを作りました。

ソフィアの父親は，すぐに私を刑務所の関係者だと認識し，攻撃してきたのです。家族のプライバシーを侵略してしまったという私が感じた不安は，侵入的な組織にコントロールされているという父親の感情の投影かもしれませんでした。私は恐らく，彼の心配と怯えをいくらか感じさせられていたのでしょう。私が彼の否定的な感情を受け入れ，娘をどうするかは自分で選べると言って安心させたことは，彼の迫害感を軽減し，自分が状況をもっとコントロールできると感じさせたようです。そのために，私の存在を受け入れようという思いをより大きくさせたのだと思われました。

> 私が自分のテーブルに戻ると，すぐにその女の子はやってきました。彼女は私の横に座り，静かに遠く前方をじっと見つめていました……
> ソフィアは，おもちゃの箱から鉛筆を何本か取り出して，父親のために絵を描き始めました。父親の叫び声とはかなり対照的な小さな声で，彼女は何を描いているのか説明してくれました。天使，青空，大きくて明るい太陽，そして草原。ソフィアは，夏休みが始まったばかりだけど学校がずっとあれば良いと思っている，と言いました。とても寂しそうです。私は，家にいるよりも学校にいる方が楽しい時があるのね，もしかすると家では嫌なことがあるのかもね，と彼女に話しました。ソフィアはうなずきました……

ソフィアは，父親の怒りの感情に圧倒され，自分のいる余地がないと感じて，父親との直接的な関わりから距離を置くことができたようです。天使と太陽が輝く青空は，苦痛な現実の否認を示唆するものかもしれませんが，同時に，希望の感覚や耐え忍ぶことの必要性をも表現するものでしょう。この「明るい」絵を描いた後に，ソフィアが家での「暗い」状況について考えることができた点に注目することは興味深いと思います。恐らく彼女は，好意的な対象を抱き続けることで，喪失の痛みでいっぱいの気持ちと向き合うことができたのでしょう。

次の引用は，自分に起こっていることをソフィアが必死に理解しようとしている姿を描写するものです。メラニー・クラインは，「認識愛本能 epistemophilic instinct」——知識に対する渇望——という語を用い，これは人間が生まれた時から備わっているものだと信じていました。そして「洞察への切望 longing for insight」について，自分の内的世界を理解しようとする本能

第7章　服役中の親に面会する子どものためのプレイの設定　123

的な願望であると主張しています。

　　　……ソフィアは私に「プロテスタントかカトリックか」と聞き，自分は
　　プロテスタントのクリスチャンだが，教会には行っていないと言いま
　　した。彼女は，自分はアイルランド人であると教えてくれました。そして家
　　族はジプシー（旅人）で，トレーラーに住んでいるのだと話しました。そ
　　れから，私もジプシーのように見えると付け加えました。私は，私たちは
　　お互いに仲良くなってきて，まるで同じ家族の一員みたいに感じられる
　　のかもしれない，とソフィアの感情についてコメントしました。彼女は続け
　　て「ねえ，私のお父さんは水晶の宮殿に住んでいるのよ。建物の中はすべ
　　て光り輝いていて金色なの。お父さんと一緒に水晶の宮殿に行ったことが
　　あるんだけれど，それはそれはきれいな所なのよ」と言います。ソフィア
　　は，私に彼女の父親が水晶の宮殿に住んでいることを信じるかと尋ね，家
　　族がそう話してくれたんだと付け加えました。もし，私が信じないのなら
　　ばお父さんに聞いてくる，と彼女は言います。彼女が同じ質問を繰り返し
　　たので，私はどう答えていいのかわからず，ためらいました。私は不安に
　　なり言葉を失いました。するとソフィアは父親の所に走って行き，戻って
　　きて，お父さんは確かに水晶の宮殿に住んでいると言ったと教えてくれま
　　した。私はソフィアに，水晶の宮殿の絵を描いてみたいかと声をかけまし
　　た。彼女は，はしゃいで，そうすると言いました。彼女は3つの高い隣接
　　したタワーを描き，その真ん中のタワーには小さなドアを，そして窓のと
　　ころにいくつかのXを描きました。それから，とても大きな建物を描き
　　加え，これは教会なんだ，と言いました……

　私がジプシー（旅人）のようだというソフィアのコメントは，私たちの間に
できた関係の承認のように感じられました。水晶の宮殿を私が信じるかどうか
という執拗な問いは，本当のことを知ることへの願いと，好ましくない現実か
ら自分や親を守るために，知らないままにしておきたいという願望との間の葛
藤が示されていたのかもしれません。
　私の中に引き起こされた不安と無力感は，彼女が物事を考えられない状態に
なっていた時に，私が受け止めることができたソフィア自身の心配と不安の投
影であったと気づきました。ビオンは，乳児の正常な発達において大切なこと
は，子どもが母親に投影する苦痛を母親が受け取ることができ——コンテイン

――，それを保持し，そこに意味を与え，その後，子どもが耐えられるような形で子どもに戻してくれる母親――コンテイナー――を体験することであると言います（Bion, 1959）。ソフィアに対する私の役割は，彼女の不安と疑念をコンテインし，それについて考えることでした――そしてその後に，以下に見るように，そのことについてコメントすることでした。

　水晶の宮殿を描くことで，ソフィアは刑務所での自分の体験について考え続けました。賢明にも彼女は，水晶の宮殿は私たちがいる建物の入り口に非常に似ていると気づきました。私は，おそらく人々は水晶の宮殿を出て行く前に彼女が描いた大きな教会で立ち止まり，祈らなくてはならないんだろうと言いました。彼女はうなずきました。私は教会について考え，それは償いの場なのか，それとも審判の場なのかと思い巡らしました。ソフィアは，父親のために絵を描き続け，できた絵を急いで父親の所に持って行っては，こちらのテーブルに戻ってきました。描かれたものすべての中に天使がいました。ソフィアには父親への償いの任務があるのか，あるいは父親の投獄に責任を感じているかもしれないと私は思いました。次の絵を描き終えようとした時に，ソフィアは絵がごちゃごちゃしていると文句を言い，きちんとしているのが良いんだと言いました――そして，「あなたのように」と付け加えました。私は，ソフィアがそんなにすばやく「きちんとした」という考えと私とを結び付けたことに驚いたのを覚えています。私は彼女に，水晶の宮殿のように自分には理解できないことがたくさんあるので，ごちゃごちゃと散らかっているように感じているのかもしれないと言いました。そして質問がたくさんあるのに答えがないのは，なんと大変なことだろうと言いました。後に，ワーク・ディスカッション・セミナーにおいて，ソフィアの私に対する「きちんとした」という言葉は，彼女や父親の投影によって私が傷ついていないという気持ちを表現したものではないかと話し合われました。私は，彼女の苦悩を体験し，それでも無傷でいることができたのでした。

　ソフィアは，残りの時間をジグソーパズルをして過ごしました。おそらく，バラバラな経験に，ある程度の構造を創造しようとしていたのでしょう。面会時間が終わりに近づき，母親が彼女にもう行くから父親にサヨナラを言いなさいと呼ぶと，ソフィアはためらい，突然，不安そうな様子をみせました。そして，家族のテーブルに戻る前に，私がすべてのおもちゃを片付けるのを手伝うのだと言い張りました。私は，父親をここに残して行くのはイヤなのかもしれないと話し，もしかすると，彼女のことについて私と一緒に考える時間が足ら

なかったと感じているのかもしれない，と付け加えました。

　私は，ソフィアが自分の状況を探索していくための安全な場所を見つけたと同時に，彼女に対する私の関心がもっと欲しかったのかもしれないと感じました。私は，プレイワーカーである自分の役割の限界に苦しみ，もっと彼女のために何かできないかと願う自分に気づいていました。おそらく，私は「救世主」のような存在になって，不確実な状態に耐えることよりも，むしろ「解決する」ことを望んでいたのでしょう。それにもかかわらず，私はソフィアにコンテインメントの経験を与えることができ，おそらく，「水晶の宮殿」への旅が，それほど恐ろしい経験ではなくなるように援助できたのではないかと感じていました。

マーク

　プレイワーカーとして働いた最後の時期に，私はマークに出会いました。彼は6歳で，ガリガリに痩せていて，ほとんど浮浪児のようでした。落ち着きなくこちらを凝視する暗い瞳が印象的でした。母親に連れられて，彼はプレイルームに飛び込んできました。母親は夫と話す必要があるので，その間，私が「マークの面倒を見る」ことができるかどうか尋ねました。私は，彼女がマークに対処できず，彼の面倒を見るのに援助が必要なほど不安なのだということに，衝撃を受けました。

　マークは木製の車に乗り，運転しているつもりになっていました。彼はこの遊びに完全に夢中になっていて，極端に興奮していましたが，不安そうでもありました。ハンドルを回し，「ブルーン」と言って大きな音をたてながら，元気よく車の座席の片側からもう片側へと身体を傾けています。私はマークに近づき，どこに向かっているのかと聞きましたが，返事はなく，ただ同じく「ブルーン」という声が聞こえるのみでした。少ししてから彼は，私を見て興奮した声で，「どこに向かって運転しているかはわからない，ただ，運転したいだけなんだ」と言いました。私は，マークは多分，あまり好きじゃないこのプレイルームから離れていくように運転しているようだと伝えました。彼は，「スピードを出した運転」を続け，私のことを無視していました。私は，もしかしたら私から遠ざかろうと運転しているの？と聞きました。再び返事がもらえず，ただ彼が出しているブルーンという車の声が響くだけでした。私はマークが周りの現実から自分を切り離し，不安を緩和する方法として隔離状態に退避しているのではないかと感じました。彼の心に届こうとする最初の試みは，

こうして無駄に終わりました。絶え間ない身体的な活動，「スピードを出した運転」を通して，マークは自分自身を一つにし，つらい状況からくる大きな影響を避けようとしているようでした。このマークとの最初の関わりに，私は無力感と拒絶感を感じました。にもかかわらず，私は，マークは恐らく何かを伝えようとしているのではないかと考えました。彼にとって刑務所を訪れるとはいったいどんな感じのすることなのか。隣の両親の面会から排除され，あるいは収監されている父親から拒絶されていることで，イライラし，混乱しているというのはどんな感じのすることなのか。それを彼は私に経験させていたのでした。メアリー・ボストンは，不愉快な状況をこのように逆転させるメカニズム（機制）について次のように述べています。

> どんな子どもも，時々，（中略）セラピストに，役立たずで拒絶され，見捨てられたと感じさせます。（中略）それはまさに，患者自身が耐えることのできない，あるいは耐えるのが難しい経験や感情です。この痛々しい経験の逆転は，言葉で伝えることが容易ではない子どもについて理解しようとする際に，とても大切なことだと思われます。[Boston, 1983, p.58]

　マークは，木製の車から立ち上がり，数分間，玩具を見ながら部屋の中を歩き回りました。それからプラスチックの怪獣が入った箱のそばで止まりました。箱から怪獣をひとつ取りだすと，すぐに手を離して，箱の中に落としました。彼はこれを別の怪獣でも，何度も何度も繰り返しました。私は，マークはおもちゃを落っことすのが好きなようだと言い，恐らく，お母さんがプレイルームに自分を落っことしていったと感じているのかもしれないと付け足しました。彼は，こちらを素早くちらっとみて，不安気な笑みを浮かべました。

　親によって「落っことされた」体験を，マークはとても具象的な形で私に伝えているのだと感じました。自分が受けた体験を今度は自分がすること——自分が落っことしているんだということに，彼は楽しさを感じているように見えました。床におもちゃを投げるのを楽しんでいるという私のコメントの後に見せたマークの笑みから，私は彼の心に届いたと感じました。
　以下は，刑務所に来ることにまつわる，マークのこころの状態を鮮明に描写するものです。

彼は，棚からパズルボックスを取り出し，さまざまな形をしたプラスチックをその中に入れ，それからそれを取り出すのに時間をかけて苦労していました。彼はこの作業にかなり没頭しているように見え，何度か繰り返していました。箱に入れるのは簡単だけど，取り出すのは大変だと言います。彼は私を見ないで，「難しい」と言いました。少したってから，彼は小さなプラスチックの怪獣を一つ掴み，それを箱の中に入れ，それからまた取り出そうと懸命になっていました。力の限り箱を振ってから，「閉じ込められちゃった，出てこない！」と叫びます。私は，怪獣が箱から出られなくて怖がっているかもしれないと言いました。彼は，「その通り，怖いよ」と言いました。私は，ひょっとするとマークはプレイルームから出られなくなるかもしれないのが怖いのかもしれないと示唆しました。彼はほんの少しの間固まって，それから私に背を向けました。私は，自分が言ったことが気にかかりました。

　この場面では，マークは私と共に，彼の置かれている境遇を探索していくために，おもちゃという道具を使う能力を示しています。彼は，父親を刑務所につかまっている「怪獣」として，現実に向き合っているようでした。また，自分自身も囚人になってしまうのではないかという不安も表現しているようです。
　あとから私は，マークが怖がっているというコメントは，まだこの時点では早すぎたのではないかと感じました。怪獣が怖がっているというのは聞き入れる余地があったようでしたが，**彼自身**が怖がっているかもしれないと私が示唆すると，彼は突如，苦悩の表情を見せたのです。マークはこのコメントを脅しのように体験したのではないかと思われました。私は，彼については触れないで，単に怪獣の不安な気持ちを探究していくことのみを促すべきだったのではないかと考えました。
　1週間後，マークは再びやってきました。最初の10分間は，一見したところ，無目的にせわしなく次々にいろいろなおもちゃに触れていきました。

　彼は，車で遊びたかったんだと言いながら，小さな車が入っている箱の所に急いで行き，それから砂場に移動し，バケツとシャベルで遊び始めました。1分後には，彼はおままごとコーナーに駆け寄り，人形で遊びたかったんだと言います。それから棚にあるプラスチックのティーポットを指さし，それを取ってくれと頼みます。動きがあまりにも早いので，彼のし

ていることについていくのはまったく不可能でした。私は，マークは本当は何をしたいのか分からないようだと伝えました。

今回もマークは，自分の周りのいろいろなことから切り離されたようでした。おもちゃを取りあげては置いていくのは，意味のないことのようでした。マークの「混沌とした」遊びに，私は困惑していました。それでも，マークは自分の落ち着かない何らかの心の状態を表現しているのだと気が付いてはいました。私の役割はマークが何か一定の活動に集中できるように勇気づけるのではなく，彼の混乱した感情をコンテインし，落ち着きのない遊びについて考え，そしてそれについてコメントすることなのでした。

マークは，しばらく部屋の中を落ち着かない様子で歩き回り，それから絵を描きたいと言いました。彼はイーゼルの前にすわり，青と黒の絵の具をくれと頼みます。彼は，真っ黒な背景に，貧弱な青い，彼曰く「セキセイインコ」だという「いきもの」を描きました。彼はつづけて，自分は昔，セキセイインコを飼っていたんだけど死んでしまったんだと話し，悲しそうに「僕の友達だったんだ」と付け加えました。私は，身を切るような喪失の描写であるマークの絵に心打たれ，彼が俗語の表現「doing bird（刑期を務めている）」を聞いたことがあるのだろうかと思いました。私はマークのペースについていくことにして，父親との分離については話題にせず，セキセイインコの死についてコメントしました。私は，「セキセイインコ」が死んだ時は本当に悲しかったに違いなく，また，友達と離れ離れになるのはつらいことだと伝えました。マークはしばらく沈黙のままで，絵を描き終えました。その後，彼は「お父さんへ，早く帰ってきて」とは，どんなふうに書くんだと聞いてきました。彼は絵の一番下にそう書いて，それを父親に渡しに急いで行ってしまいました。その日の残りの時間を，彼は両親のテーブルの所で過ごしました。

マークは，このように少し距離がある安全な出来事——セキセイインコの死——に関連づけて，喪失感情に向き合い始めたのです。やがてその経験がそこまで圧倒的なものに感じられなくなると，彼は父親との分離について考え始めることができ，父親に家に帰ってきてほしいという願望を表現することができたのです。

私は，2週間後にもう一度マークに会いました。彼と母親は思っていたより早く刑務所を去らねばなかったため，彼はほんの短い間だけ，プレイルームにいました。その理由はさまざまですが，主には警備上の理由で，面会を突如終

えなければならないことがありえるのでした。それは心痛い交流で，私に深い悲しみの感情を残しました。

　　彼はプレイルームに急いでやって来て，父親のために絵を描きたいんだと言いました。イーゼルの前にすわり，3つの単純な人の姿を描き加え，「ほらね，これは皆，良い人なんだ」と言います。彼はもう少し人の姿を描き，それは「悪い」やつらだと言います。突然，彼の心の状態が変わったようでした。不安そうに見え，混乱に陥る寸前のようでした。彼は，筆を黒の絵の具の中につけ，自分が描いた人間達を塗りつぶし始めました。かっとなって絵を破り，ゴミ箱に捨ててしまいました。私は不安を感じ，マークの気分が突然に変化したことをどのように意味づけるのかを懸命に考えていました。私は，恐らく彼は「悪い」人と「良い」人をお互いに離していたかったんだろうけれど，一枚の同じ紙の中に両方を描いてしまったので皆が悪い人になってしまい，彼——マーク——も悪くなってしまったように感じたのかもしれないと言ってみました。彼は私を見ることなく「向こうへ行け」と言いました。私は，私も悪くなってしまったと感じているのかもしれないと伝えました。彼は椅子から立ち上がり，木製の車にすわり，運転しているように「ブルーン」という声を出しました。
　　数分後，マークの母親がプレイルームにやって来て，もう帰らないといけないと告げました。彼は帰りたくない，もう一つ絵を描きたい……などと言って泣き始めました……母親は，電車に乗り遅れるからと，彼の腕をつかみ，引っぱって出て行ってしまいました。

　その日，私はマークと母親に対して十分なことができなかったという感情に苛まれながら，刑務所を出ました。私の感じていた無力感は，面会が想定外に短縮されたことに対する，母子の感情を反映したものかもしれませんでした。マークの絵には「良い」人と「悪い」人を区別して，秩序を作りだそうという試みがみられました。私はマークがこの不安定な差別化がうまくいかなかった結果，迫害感でいっぱいになってしまったのではないかと感じました。扱うことのできないほどの不安に対する，原始的な防衛機制としての分裂というクラインの考えが私の中に浮かんできました。クラインは，痛々しい出来事が迫害不安を増大させると考え，分裂は明らかに迫害感とつながるものだと仮定しました。彼女は次のように言っています。

> 幼い子どもたちにとっての不愉快な体験（中略）は，特に大好きな人との幸せで親しい触れ合いがないと，動揺（アンビバレントな感情）を増し，信頼や希望を減じ，内的な崩壊と外的な迫害に対する不安を強化します。
> [Klein, 1940: 347]

　私は，刑務所に——社会が「悪」と決め定めた——父親がいるという体験が，マークの内的世界にある良い親対象への信頼と，自分自身の良い部分にどのような困難をもたらすことになるのかと考えました。

　マークは，喪のプロセスに入ることができ，苦悩の感情を表現することができました。彼は，冷静で内省的な心の状態を維持できましたが，それでも不安があまりにも大きくなると，「スピードを出した運転」に退避するのです。一方，ソフィアは，懸命に父親の話に共謀し，耐え難い現実に対して躁的な防衛を働かせているのでした。

結　語

　この章で私は，囚人の子どもが直面する困難さについて描写しようと試みました。父親の収監や消息を巡る混乱。家族内でのコミュニケーションの欠如。罪悪感と喪失感。自分も囚人になるかもしれないという恐れ。そして「悪い」父親との同一化。

　私は，「悪い」父親との同一化は，特に危険だと考えています。それは，犯罪者の子どもはその他の子どもよりも，刑事司法制度の加害者になりやすいと分かっている（Johnston, 1992）からです。囚人の家族は，その経験プロセスについて考えるスペースが提供されるといったサポートを，とてつもなく必要としています。私の仕事は，こうした課題に，ほんの少しでも貢献するものだったと思っています。

第8章
入所型アセスメント施設における感情麻痺と無思考

スチュアート・ハンナ

　この章で取り上げるのは，私が地方自治体の家族支援センターの副センター長だった頃に参加していた，ワーク・ディスカッション・セミナーでの経験についてです。

　ワーク・ディスカッション・セミナーでの発表原稿をもとに，自分の実践におけるテーマと変化を特定し，さらにそれらについて精神分析の主要な考え方や概念を用いて理解していきたいと思います。振り返って考えてみた際に，ワーク・ディスカッションの経験を通じて得られた「付加的な次元 added dimension」が，自分の仕事の実践にいかに役立ったかについて述べたいと思います。

　子どもの心理療法の前臨床段階の訓練の一端として，私は週1回，このセミナーに参加していました。セミナーでの発表のため，何か出来事があるとすぐに記録をつけていましたが，ここではそのうち3つの異なる場面から引用します。その際には私の思考や実践が，セミナーへの参加経験の結果として変化していった姿を伝えられるようにしたいと思います。まず，危機，投影，コンテインメントの好例となると思われる家族アセスメントの事例から始めます。その次に，家族アセスメントのもう一つの事例について述べ，機能不全や分裂，そして奇怪な対象といった概念と関連づけていきます。最後の事例は，ある思春期青年のニーズについて議論する，スタッフ会議の体験からのものです。これは，役割の明確化と本来の使命 primary task について論ずるために用います。最後に，ワーク・ディスカッション・セミナーで考えるスペースがもたらされたことで，情緒性をたどる私の能力がより大きくなったことに関して検討し，締めくくりたいと思います。

背　景

　ここに述べる事例は，地方自治体の家族支援センターのものです。ここは，包括的な入所型の家族アセスメント業務と，「公的保護下にある」思春期青年に対する短期／中期的な入所型のアセスメント業務という2つの役割を担っています。こうしたセンターの財源は各地方自治体で（社会福祉課が維持管理する），ケースはその地域のソーシャルワーカーから紹介されてきます。紹介されてくる家族のほとんどは，子どものニーズにうまく対処するための親機能に，継続的で深刻な懸念があります。通常，思春期青年は家族崩壊の後に，今回初めて「公的保護」を受けることになった子どもたちです。その多くは，長期的な里親家庭への委託を必要としています。そのため，アセスメント業務は，多くの場合「里親適性度 fosterability」に焦点があてられます。

家族アセスメントにおける危機，投影，そしてコンテインメント

　副センター長として新しく仕事を始めて4カ月，ワーク・ディスカッション・セミナーに参加するようになって6カ月目に，私はナタリアという6カ月の娘をもつ母親カーラと，父親ピエロの家族アセスメントの事例を担当することになりました。カーラは，双極性障害と人格障害の診断を受けており，ナタリアの父親との関係は，暴力や性的虐待に彩られたものでした。下記は当時の記録の一部です。

　　　午後6時25分，カーラはナタリアを抱えて，元気よくキッチンに入ってきます。彼女はちょうどお風呂に入ったところで，髪はぬれていました。ナタリアは前に小さな青いクマさんのエンブレムがついた黄色いパジャマを着ています。カーラの目は大きく見開かれ，ややムキになって言います。「もう6時半になるのに，まだ医者に行っていないの。ピエロが会いに来るはずだったんだけど，来ないのよ。これじゃあシングルマザーも同然だわ」。話しているうちに，彼女の瞳から涙がにじみでてきます。「どうしたらいいか，わからないわ。彼は私たちを置き去りにして，まったく責任をとらないし」。カーラはリチウム薬を使い果たしているのに，医師の診療時間は6時半で終わってしまうと言います。私はすぐに，キッチンでそばにいた若者と，カーラとナタリアを見つめて極度に不安げな表情を浮かべている女性スタッフのことが不安で気になります。私は「わかった」と言って立ち上がり，そばにいた若者から離れてキッチンを出ます。カーラと

ナタリアがついてきたので,「診察は6時半で終わる。だから薬をもらうために,医者に行かなくちゃいけないんだよね?」と確かめました。間に合わないという結果を思い浮かべて不安を感じながら,「戻ってくるまで,私にナタリアを預けておいたほうがいい」と伝えます。彼女はナタリアと温かい哺乳瓶を私に渡して,「ありがとう」と言い,足早に廊下を歩いてビルを出て行きます。

　このような私の反応は,思慮深い内的な力を発達させることで,質が高められていったものです。毎週のワーク・ディスカッション・セミナーへの参加は,メンバーのなかに,観察し,理解し,そして行動する能力を促進することが本来の課題ですが,私の中には職場での体験を新たな視点で,距離を置いて再考できるような,思慮深く考えるスペースが形成されていたのです。この事例において,他人の不安を受け止めて考えるという私の能力が発達しはじめていました。私は,定期的なワーク・ディスカッション・セミナーで提供されるモデルを,内在化しはじめていたのでした。

　振り返って考えると,まさに文字通り「赤ん坊を抱いて」取り残されたこと,そしてカーラが私に強烈に投影していた激しいパニックの性質をありありと思い出します。フロイト(1895d)とクライン(1946)は,「投影」という用語について,自己の一部や,あるこころの状態を他者の中に置くプロセスとして考えました。このときカーラは,自分自身の無責任さを,彼女のいう「自分たちを置き去りにしてまったく責任を取らない」,不在で当てにならないパートナーに投影していたのです——おそらく,当てにならないパートナーによって喚起された内的不快感や,それに伴う限界のあるコンテインメント(Bion, 1962a)を排出していたのです。ビオンは,コンテインメントを母親の機能,つまり赤ん坊がより耐えられるように,その情緒状態を受け止め,理解する母親の能力に例えました。カーラの精神疾患とその時の高い不安状態は,この時点で彼女のコンテインする力にマイナスのインパクトを与えていたようです。

　娘のナタリアを抱えた私を置いてカーラが去ると,私は落ちついて,何が起きたのかについて考え,消化することができました。そのため,カーラの不安に対するコンテインメントと,実際に母親がいないナタリアの身体にケアを提供することができたのです。私はある程度明晰な思考力を保ち,センターでの他の仕事でも,このように小さな危機の衝撃を和らげることができていたのです。診察から帰ってきたカーラは,少し落ち着いているようでした。彼女は処

方箋を受け取ることができ，ナタリアと共に再会を喜んでいました。薬を受け取れてよかったし，カーラがいなかった間，ナタリアも大丈夫だったと私は彼女を安心させました。私は役に立つ支持的な応答ができて満足を感じていました。

家族アセスメントにおける機能不全，分裂，そして「奇怪な対象」
　3カ月半後，3カ月の包括的入所型家族アセスメントのために入所してきた，スミス一家と出会いました。その家族構成は，軽度の知的障害を持つ19歳の母親のマーガレット，人格障害の診断を受け，薬物とアルコール濫用の既往歴がある25歳の父親のアンソニー，そして生後8カ月のジェームスでした。ジェームスは，6カ月のときに偶発的ではない怪我をしており，申し立てによると，それは母親の目の前で父親により加えられたものだということでした。両親ともに公的保護下で育ち，幼少期に家族の崩壊と剝奪を経験していました。下記は，彼らがセンターで過ごした最初の1カ月に，私が担当したときの記録です。

　　　アンソニーがノックにこたえてドアを開けてくれました。彼は，私を見て少し眉を吊り上げ，すぐに廊下を引き返しました。私が「やぁ」と言うと，ジェームスが四角形のベビーウォーカーから頭を突き出してくるのが見えました。ベビーウォーカーには絵や音が出たりメロディーが鳴ったりするボタンと，明るい赤色をしたプラスチックの電話が付いていました……私が居間に入ると，マーガレットは座ってテレビを見ていました。テレビは中東の暴力的な闘争の映像で，かなりうるさく鳴り響いていました。彼女は私を見て半分だけ私に意識を向けると，またテレビに目を向けました。ジェームスが再びベビーウォーカーでやってきて，私たちをそれぞれ見ながら，興奮してやかましく部屋中をかけまわりました。

　私がすぐさま感じた歓迎されていないという感覚は，この家族と過ごす時にはよくあることでした。自己完結の「個室 cell」（訳注：ベビーウォーカー）の中にいる赤ん坊ジェームスもまた，たいていは心ここにあらずの不在の親というこころの状態の中で，私のことを歓迎していないようでした。この歓迎されていないという感覚は，孤独な自給自足状態のジェームスとの無意識的同一化か，家族内の活発な投影プロセスとの関連かもしれませんでした。

第8章 入所型アセスメント施設における感情麻痺と無思考　135

　ジェームスは音を立てながらベビーウォーカーを使って部屋中を走り回り，母親の足にドンとぶつかるまでは，嬉しそうで満足げな様子でした。マーガレットはベビーウォーカーをそっとキックして遠ざけ，「痛いよ！　私のつま先よ」と文句を言いました。ジェームスはすぐに反抗的にぐずり始め……そして母親を必死でじっと見つめていますが，母親は彼を無視して，膝の上に広げた雑誌のページに集中し続けていました。アンソニーは一心に携帯電話に耳を傾けていました。静寂と，ジェームスへの興味や関心の欠如に，私は不安が大きくなっていくのを感じていました。

　ジェームスが対象を探索する行動は，この機能不全の家族ユニットのなかで，ネグレクトのサイクルと結びついていたのかもしれません。観察者であり評価者でもある私の存在が，両親にとって迷惑であるのと同様に，実際に彼も厄介者になっていました。拒絶され，無視され，不要な負担になっているという私の体験は，ジェームスの体験を反映したものだったのかもしれません。

　剥奪され，施設で育てられた母親と父親自身の経験が，おそらく家庭生活をうまくこなし，折り合いをつけるのに必要な，心理的・社会的な力を身につける上でのつまづきとなっていたのです。数多くの研究が，虐待の世代間伝達について精査しています。メインとゴールドウィン（1984）の研究もその一つですが，それによると，母親が幼いわが子を拒絶するのは，自分自身が母親から拒絶された体験についての語りから予測可能だということです。ライアンズ-ルースとブロック（1996）は，身体的虐待の既往が，乳児に対する敵対的で侵襲的な行動や，乳児に対する陰性感情の増大，およびトラウマ関連の症状についての語りの矮小傾向に関連すると言及しています。親が虐待パターンを反復する傾向についての理由を考える中で，エゲランドとサスマン-スティールマン（1996）は，虐待の世代間伝達の主要因となるのは，解離プロセスであるとの仮説を立てました。マーガレットとアンソニーのふたりは，このアセスメント期間中に，解離と回避の性質を呈していました。

　ビオン（1962a）は，こうした現象について精神分析的に説明しています。彼は，発達の病理的形式においては，現実の体験がそもそも迫害的に感じられているのだと語りました。これが強烈な憎悪を喚起し，その結果，外的にも内的にも，あらゆる現実体験に断片化を生じさせるのです。このとき理想的な対象と悪い対象の間には，「きちんとした分裂 tidy split」がなく，その代わりに対象は小さな破片に分裂し，それぞれが自我の，微小で強烈な敵意に満ちた部

分をコンテインしていると見なされます。こうした「奇怪な対象」は，その迫害性と知覚器官の耐え難い切断をとおして，自我に損傷を与えます（Segal, 1964）。両親の施設での養育体験，あるいは「奇怪な対象」の取り入れは，両親がともに幼児期に家庭の崩壊と剥奪を体験した結果です。そしてそれが，夢想やコンテインメント機能という彼らの親としての能力に影響を及ぼしてしまったようです。結果として，ネグレクトに満ちた養育パターンが世代を越えて再現されていたのです。

マーガレットは，ジェームスを投影同一化を拒絶する対象（Bion, 1962a）として提示していたのでしょう。そのため彼は，「耐えられる死の恐怖ではなく，名状しがたい恐怖を再び取り入れて」いたのです（Bion, 1962a, p.116）。度重なる投影の失敗経験は，意味を破壊し，不可解で意味のない世界に主体を置き去りにする内的対象の形成をもたらします。このような内的対象に意味をはぎ取られることで，行動に関して無意味な命令を発する超自我が生じます（Hinshelwood, 1998）。こう考えると，ジェームスがこの両親に育てられる体験は，不幸にも親の体験を忠実に反映するものであり，彼がより洗練された成長・発達を遂げ，成熟するために必要な，心理的・社会的機能は与えられることはないといえるでしょう。

しかし，こうした理論的考えは，情緒的に関与した観察と結びつけていかない限り，わずかな証拠に基づく早まった診断や仮説を導いてしまいます。私がワーク・ディスカッション・セミナーに参加して向上したと思えるのは，情緒的に関わる力，そしてきめ細かな観察力と思慮深く考える力でした。ここまで述べてきたような課題達成型施設では，思慮深く考える機会はほとんどありません。観察，連想，そして内省は，新鮮な考えやしばしば痛みに満ちていても生産的な自己の振り返りをもたらしてくれました。たいていは潰れそうで，圧倒されるようなアセスメント業務について，グループの仲間に発表できることは貴重な体験でした。触発され，子どもや家族に対応する自分の業務を見つめるための，さらにクリアなレンズを授けられたと感じながら，私は仕事に戻ることができていたのです。

ひと月後，私はもう一度その家族を観察しました。その2週間前に両親は別居しており，アンソニーはもうアセスメントの対象ではありませんでした。

マーガレットはおもちゃ箱を動かして，スドクリーム[訳注1]のチューブを拾い上げました。そのおもちゃ箱は，ジェームスが何度も手を突っ込ん

ではおもちゃを一つずつ引っ張り出そうとして，すっかり夢中になっていたものでした。彼女は彼のお尻にたっぷりとクリームを付け，お尻はまっ白になっていました。そしてオムツを付けようと苦戦し始めました。彼は身体をくねらせたりよじったりして，マーガレットがオムツをつけるのをとても難しくしていました。一箇所を留めた途端，彼は寝返りをうってしまい，またオムツが取れてしまうのでした。マーガレットがようやくオムツの両端をしっかりと留められるまで，少なくとも２〜３回はこれを繰り返していました。マーガレットが辛抱強くジェームスにオムツをつけようとする傍らで，ジェームスはこのように繰り返される日常の中でたくましく育っているように見えました。ただそこには，お遊びや楽しみの余地がまったく無いのでした。

　この仕事についてセミナーで話し合うことで，ジェームスと母親に対する自分の態度が，無意識のうちに変化していることに気づかされました。以前に行ったアセスメントでは，私は父親のアンソニーを悪者として，母親のマーガレットを良い人と見なす傾向にありました。アンソニーが去り，その不在の中で，マーガレットについてより正確にアセスメントするようになると，私はマーガレットの子育ての，あまり良くない否定的な面に気づくようになっていたのです。この種の分裂はたいていは無意識的なもので，クライン（1946）のいう妄想・分裂ポジションにおいて特徴的なものです。剥奪され，傷つけられた子どもや家族と関わる仕事では，こうした現象が幅ひろく蔓延します。そして，スタッフメンバーやチームの内部，あるいはその関係性を脆弱にし，そこに緊張感を引き起こしかねません。分裂の影響を意識的に自覚することで，より健全で成熟した，機能的なモードで支援を提供することができるようになります。ワーク・ディスカッション・セミナーで第三者的視点を提供してもらうことで，事象についての新鮮で少し距離のとれた観点が得られ，それによって同僚や入所者との相互作用において自分が担う側面を理解し，これまでとは違った水準での意識的な気づきが引き起こされるのです。
　セミナー・グループのメンバーは，家族アセスメント・ワーカーとしての私の役割の性質について，一貫して関心を示してくれました。私は，単にアセスメントをするだけなのか，あるいはアセスメントだけではなく，家族を励まし

訳注１）おむつかぶれの治療薬。

たり支えたりする義務もあるのでしょうか？

　前述のオムツ交換のとき，私は実際に励ますでもなく，手伝うでもなく，マーガレットがついにジェームスにオムツを付け終えたときも，その首尾を祝うわけでもなく，押し黙ったままでした。マーガレットのやる気のなさ，あるいはジェームスと戯れながら関わる能力のなさに私は危機感を感じていました。そのため，マーガレットのポジティブな面を評価することも，観察している状況について実況解説することもありませんでした。マーガレットの回避的な性質と，複数のことを同時にこなすことや「全体対象」関係の困難さから，私はアセスメントの側面を強調するばかりになっていたのです。そして，彼女に対する私の姿勢の中には，支援や激励が完全に欠けてしまっていたのです。

　私は，マーガレットの関係性の性質が，生き生きとした情緒的なものというよりも，むしろ機能的なものだということがわかってきました。先ほどのおむつ交換でも，マーガレットはジェームスの世話の一部分に焦点をあてる能力は充分にあります。この世話をし，関係を取る「部分対象」は，彼女自身の養育された体験にそのルーツがあるようです。翻って，こういったまとまりのなさが，積極的に家族支援をするというよりも，むしろ沈黙し，介入しないアセスメント・ワーカーという私の傾向を強めさせていたのかもしれません。今考えると，私自身の部分，つまり原子価 valency（Bion, 1962a）も，安全，あるいは防衛的な距離の維持に影響していたのでしょう。私自身の回避的な側面は，おそらくマーガレットのそうした部分と無意識的に同一化していたのでしょう。同じ観察場面の後半です。

　　マーガレットは，この時点で部屋を出ました。ジェームスは飲み口つきのコップを傍の布団の上に落とし，小さなおもちゃのダルメシアンに手を伸ばして膝の上にのせました。彼はすぐにコップを探し始め，素早く手に取りました。黄色い飲み口を握り，顔まで持っていきます。コップには半分しか入っていなかったので，吸ったり飲んだりしようとしますが，うまくいきません。ジュースが流れてくる角度まで傾けられなかったからです。彼はコップをじっと見て，取っ手を片手に摑んで，何度も何度もジュースを口に入れようとします。時々，コップを落としながらも，飲み口を持って傾けたり，取っ手を持って傾けたり，別の取っ手を握って傾けたりして，いろいろと違うやり方を根気強く試します。マーガレットが部屋に戻るまでのわずかの時間，この魅力的なシーンは続きました。

第8章　入所型アセスメント施設における感情麻痺と無思考　*139*

　彼女が戻ってくると，ジェームスはコップを布団に落として抗議し始めました。そして手に戻して，最後にもう一度挑戦しました。飲み物をうまく飲めないでひどく苦しんでいる彼に気づかず，マーガレットはもう1つのおもちゃのダルメシアンで遊び始めました。ダルメシアンの口にはおしゃぶりがくわえられていて，それを取ると吠えるのでした。

　ここでマーガレットは，ジェームスの欲求を見落として，おもちゃの犬に目を向けています。私は「ジェームスは，何か飲みたいみたいですよ。あなたがいない間にコップのジュースを飲もうとしていました」と助言のようなことを言うよりも，むしろ，彼女の親機能に対する批判的な考えを再び巡らせていました。おそらく私のジェームスに対する過剰な同一化のために，私の共感は，結局のところシングルマザーになってしまったマーガレットよりもジェームスに位置づけられていたのです。あるいは，マーガレットの不在時に，ジェームスがコップを使うのを助けることもできたはずです。それがおそらくはアセスメント・ワーカーとしての自分の役割を損うか，判断を鈍らせることになっても，良い養育者の役割をとることです。家族アセスメントにおいて，家族のだれか一人に過剰な同一化をしてしまうことは，おそらく避けられません。ワーク・ディスカッション・セミナーに参加し続けたおかげで，こういった複雑なプロセスにしっかりと気づき，こうしたレベルの内省が促進されました。
　マーガレットの内界には，他者が彼女に関わるという概念があまり発達していないようでした。このような意味ある繋がりの欠如は，介入の手がかりとなる反応の欠如を引き起こします。そして，人とのかかわりというダンスで，ステップを踏み違え続けることになっていたのでした。こういった要因は，母子の関係性の観察やアセスメントにおける情緒体験にも，マーガレットとジェームスの愛着の性質にも衝撃を与えかねないものでした。
　私の中で，内界や相互の無意識プロセスや，影響を自覚することが増えていきました。観察対象者の情緒的体験と並行して，自分自身の情緒的体験について考えたり，詳細に検討したりする「付加的な次元」によって，アセスメント業務をより発展させるスペースが生まれてきました。行動し，介入し，そして何もしないということもまた介入になるのだということに，ますます気づくようになったのです。

思春期青年のアセスメントにおける役割の明確化と本来の使命 primary task の同定――なぜ情緒が麻痺するのでしょうか？

　5カ月後，スタッフ会議での私の体験について，ワーク・ディスカッション・セミナーで発表しました。そこでは，修復の仕事とは相反するものとしてアセスメントを行っていて感じる痛みとともに，短期アセスメントセンターで仕事をする際の情緒的な課題が立ち現れてきました。

　　　前日の審査会議でのように，私はちょうどセンターに入ってきたばかりの13歳の女児の詳細について話し始めました。彼女は，母親との関係が絶縁状態になった後に，里親宅で一晩過ごしてからセンターにやってきました。昨日の審査会議の主な内容を述べようとしたまさにそのとき，私は1人か2人の人が窓の外をじっと見ていることに気がつきました。初めは彼らが話を聞いていないのだと思っていましたが，すぐに外で何かが起こっていることに気づきました。私が話すのをやめると，彼らのうちの一人が，警察が外で誰かを引っ張っていると言いました。同僚が，警察がまさにその少女を連行するためにやって来たと伝えに来るまで，私たちは議論を続けていたのです！　私はもう1人の副長に，警察署に連行するのに，誰か適当な大人を同行させる必要があると提案しました。なぜなら彼女は，まだ13歳だったのですから。

　ワーク・ディスカッション・セミナーでの吟味を通して，この会議での圧倒されるような絶望感が明らかになりました。この少女を支援しようとするスタッフチームの無力感は耐えがたいもので，同時に，彼女の苦境について話すことはできても，それをどうしてやることもできないという知的な理解が生じました。この子どもや他の多くの若者への援助の仕事は，とても手に負えないものであるように思われました。

　ライス（1963）は，組織が生き残るために成し遂げなければならないことを「本来の使命 primary task」と定義しました。ここから考えると，家族支援センターが成し遂げようとしている本来の使命 primary task は2つあり，それらは家族アセスメントと若者のアセスメントです。対人援助職の間では，この使命を定義することが難しいのは有名です。このアセスメントセンターにおいては，家族と若者一人ひとりの課題の明確化が一貫して求められていました。状況もさることながら，情報交換が乏しかった結果，この少女に対する援助の

課題を明確にすることは，この段階ではとても不可能でした。明確さの欠如は，高水準の不安と希望の欠如の蔓延を生み出します。課題に焦点を当てて考えたり行動したりすることは，この少女の情緒的体験についてじっくりと考えることにスタッフチームの思いや行動を近づけるよりも容易いことでした。

このセンターの使命は，アセスメントをすることであって，治療的な援助をすることではないのです。ミラーとライス（1967）は，オープン・システム理論 open system theory という考えを発展させました。このモデルを用いると，このセンターの仕事は，十代の若者とその家族のアセスメントということです。「いかにして」この課題を実践するのかは，ワーク・ディスカッション・セミナーで繰り返し生じてくるテーマでした。アセスメント機能のための観察や監視と，育児支援や育児訓練とは，どのようなバランスであるべきなのでしょうか？　このバランスは，スタッフのモラルや情緒的な体験にどのような影響を起こし，また起こし得るのでしょうか？　課題解決中心で，危機介入の援助になりがちな地方自治体においては，モラルの低下はよくあることです。仕事の中で起きてくる情緒の中味や無意識的プロセスの影響を組織的に否認したり，無邪気に取り扱ったりすることが，私の職場では広く行き渡ってしまっているようでした。私は自分の体験から次のように感じていました。ワーク・ディスカッションという文脈の中では，一つの言語を学習し話すのですが，実際に仕事をする環境では別の言語を受け入れて話すということです。この体験はおそらく，当時の私個人の発達を反映していたのでしょう。この分裂の体験はさまざまな方法で統合されていったと思われます。ワーク・ディスカッションによって引き起こされたいくつかの新鮮なアイディアや思考を，思慮深く繊細な方法で同僚と共有するべく努めることができたかもしれません。実際に起きていたのは，創造的な思考や議論を生み出し得る希望を抱え，それを表すことができないほどの，あまりに多くの集団的絶望感を引き受けることだったのです。

チームのディスカッションの中では症状や行動が過度に強調されることに，私は常に欲求不満を体験しがちでした。具体的な出来事が繰り返し議論されるばかりで，どうしてこのような行動や出来事が起きるのか，どうしたら何らかの変化を起こせるのかといった問いや検討はなされないのです。強力な組織的防衛が，情緒の麻痺や思考の欠如を引き起こしていたようでした。

たとえば，管理職チームは，「この十代の若者，家族と関わって，どのように感じたか？」という問いを含む，日々の勤務の振り返りのための新しい記録書式を導入しました。導入の過程でコンサルテーションがなかったために，こ

の新しいシステムはチームから無視される結果になりました。しかし，試行期間のあいだ，私は情緒の探索に取り組むことへのスタッフのやる気のなさや抵抗に苛立つあまり，自分の気持ちについて，「問題なし」という言葉で記述したスタッフメンバーに，それは気持ちではなく状態だと辛辣に反応したこともありました。こうした私の反応は，職場での情緒的な体験を打ち明け，真摯に向き合い始めた人々にとって必要な，安全で信頼のある雰囲気を創り出すのに有益ではないことは明白です。

チームミーティングで私は，絶望，怒り，悲嘆から無力感，どうしようもなさ，役立たずといったものにいたるまでの強力な感情を多々感じる傾向にありました。同僚が，若者のニーズや，どうしてそんなふうに行動したり感じたりするのかについてもっと考えられるように，私はしばしば彼らの代弁者としての役割を演じていました。私の体験の特徴は，明らかに無意識の投影や同一化のプロセスを反映するものでしたが，それはこの種の臨床現場に内在する特徴だと言えます。私自身の未解決な情緒的体験の側面が，ここに一役買うこともあったでしょう。

スタッフミーティングは，ある種のコンテインメント機能を備えた汚水浄化タンクになる傾向にありました。私はいつのまにか議論を巻き起こすような問いを投げかけるのと同時に，現実的にはニーズを同定してもすべてを満たすことはできないという理解に行き着くのでした。

　　　前の週に入所してきた13歳の少女の担当ワーカーは，彼女の家庭環境や入所時の様子について，これまでになされてこなかったことに重きを置いてその概略を話し始めました。引き続き，入所以来，少女が夜通し執拗に逃げ出そうとしていること，酩酊状態，そして前夜の不品行等が綿密に議論されました。彼女の味方になって主張する人がいないことに苛立ちを感じながら，昨日起きたことにどう対処するのか，この少女に提供できる支援にはどんなものがあると感じているのか，といったことを私はチームに尋ねました。私は彼女の担当の2人のワーカーが部屋にいることに注目しました……担当ワーカーたちは，ソーシャルワーカーが機能していないと言います。これではまるで，きちんと責任やイニシアティブを取ろうと望むものは誰もいないかのようです。こうした議論に，私は苛立ちを募らせていました。

管理職の責を担う私にとっては，こうしたシナリオはよく目にするものです。古典的な剥奪，つまり「公的保護」下にある反社会的な十代の生活に囲まれている専門家の力動の中へと，私は巻き込まれていたのです。担当ワーカーが投影する，ソーシャルワーカーは機能しておらず信頼できないという非難の力動は，その子どもの原家族における親との関係の特徴を映し出すものかもしれません。子どもが新しい仮住まいや関係性の中で，頑張る責任を果たそうともがいているのと同時に，ネットワークの専門職も，まさにそれぞれが，専門家としての使命や機能する責任を成し遂げようと苦慮しているのです。

　私自身の苛立ちは，この子どもの激情や見当識の無さが一つの源となっていたのかもしれません。これは，子どもを取り巻く境界，あるいは半透過性の細胞膜における幾層ものコンテインメントを通じて漏れてきていたのでしょう。親不在の状況で，スタッフチームの団結した親機能は，そのような細胞膜の最初の層を提供することになります。そして管理職の役割において，私は二次的な半透過性の細胞膜を提供することで，親のコンテインメントという使命を成し遂げていたのです。このタイプの境界の管理については，ミラーとライス（1967）が詳細に記述しています。この種の役割に関する技術と課題は，考える力を維持しようとすることです。このような考えるスペースにおいて，たくさんの複雑な意識的，無意識的プロセスの動きについて深く考え始めることができるようになるのです。本能的な直感や情緒を消化する能力は，一種の診断ツールとしても有用です。これは，洗練されたレベルの自己認識と，穏便で受け入れやすいやり方で複雑な考えを共有する力が求められる難しい仕事です。私の場合，ワーク・ディスカッションに熱心に参加することで，このプロセスが形成され，強化されました。

　こうして，私の苛立ちという感情は，むしろ思考や介入実践のアイディアや可能な解決策のエネルギー源になり，どちらでもよいという態度の「役立たず」のスタッフを標的にした，苛立ちや怒りや辛辣な非難の火種にはならなかったのです。境界線上の位置から考えるスペースを維持できたときには，会議を終えてまた直接若者と接する現場に出ていくスタッフに，きっとなんらかのコンテインメントや励ましを提供できていたと思います。

付加的次元――情緒性を観測する，より大きな能力

　ワーク・ディスカッションで明確になった最も一貫したテーマは，センターでのアセスメント行為の目的とは正確に言うと何なのかという問い，そして現

場で援助に携わる者としての自分が，その使命にいかに貢献できるのかという問いでした。私にとってこのプロセスは魅力的でしたが，痛みを伴うものでもありました。私の役割は実際，あとで法廷に提出する証拠を骨を折って集めながら，若者と家族をただ見張るだけなのでしょうか。それとも，家族支援や親機能を促進するような機能を果たす責任を負うものなのでしょうか？

ワーク・ディスカッション・セミナーで「無意識の作用」について定期的に議論したり分析したりすることで，多くの内省の機会と，精神分析的な視点から相互的で内的な心的プロセスを学ぶ機会を得ました。私自身の介入が無意識のプレッシャーにどれだけ影響を受けているかが，次第にはっきりと分かってきました。その結果，センターのアセスメント業務で生じる，目に見えない歪みに注意を払って考えるという能力が，大きく発達していきました。

自分自身の体験により触れることで，セルフモニタリングや，より正確なアセスメントができるようになっただけではなく，そこに関わる人々の情緒と呼ぶものに敏感に反応して，それを辿ることができるようになりました。観察スキルは，出来事の情報を記憶の中に保ち続け，細部まで十分な注意を払うといったことに役立ちました。また，転移や逆転移感情といった情緒的な体験に対する気づきの発達は，きつくて骨の折れる場面に直面しても，より創造的に考えたり行動したりすることを可能にする力を高めてくれました。

純粋な観察やアセスメントと，家族サポートと励ましとの間にちょうどいいバランスを見つけようと積極的に考えを巡らせることで，時の流れと共に家族アセスメント・ワーカーの役割における私の機能は高まっていきました。個人や家族全体をより心に抱えていられるようになると同時に，深く考えるための疑問や，多様なアイディアが生じてきました。さらに，無意識の影響について考えられるようになり，また同時に，現実的な支援や地に足のついた介入を提供できるようになりました。そして，子どもや家族メンバーの内的世界について深く考え，過去，現在，未来の体験を結び付けることができるようになり始めたのです。

V

社会資源が乏しい環境での実践

第9章
「シボニエは固まって動かないの……」——南アフリカの状況に応用したワーク・ディスカッション・モデル

シーラ・ミラー

「シボニエは固まって動かないの」と，保育園の園長は言います。これは文字通りの意味で，彼はすべての時間を，「ブロックのエリア」でブロックやミニカーを使ってかなり機械的な動き方で遊んでおり，どんな他の活動にも参加するように説得できないのだということです。食事の時間には，がつがつと食べ，決して満腹にならないようだと彼女は言います。ブロックのエリア以外に彼が行きたがるのは，年上の子どものグループの先生の教室でした。その先生は彼を自分の近くに座らせ，他の職員の目から見ると彼のことを「甘やかして」いました。経験豊かで穏やかな人物である園長のタンディは，「行き詰まり」感を伝えてきました。明らかにこの3歳児は，あきらめや絶望感を生み出していました。彼女は心からこの男児のことを気にかけていましたが，お話の輪や他の活動に入らないのを許していることが，他の子どもたちにどんな意味をもたらすのかについても心配しているようでした。その「問題」は保育園の日常にも影響を与え，また園長と，彼を「甘やかしている」職員との緊張状態の原因にもなっていました。職員は皆，ずっと彼に我慢強く接してきていましたが，いまや，最初の1年の終わりも近づいたところで，園長は何かする必要があると感じていました。

この「問題」の背後には，病理ではなく，悲劇がありました。シボニエの両親は，両方ともエイズによって——最初に父親が1年以上前に，そしてその数カ月後に母親が——亡くなっていました。家族は南アフリカに隣接する国に住んでいました。両親が亡くなった後，シボニエと姉はヨハネスブルグに隣接するソウェトという町で，叔父と叔母に里子として養育されていました。その家族は，自分たちが引き受けた大きな責任のみならず，自分たち自身も近親者を亡くしたというストレス下にありました。しかし，この子どもたちの世話をと

てもよくし，かわいがっていました。しかしタンディが言うには，シボニエは家ではこの叔母にべったりで，叔母のことを「お母さん」と呼びたがっていました。そのことは，9歳の姉のボニーをひどく怒らせ，彼女は「お母さんが死んだのが，わからないの？」と絶望的な調子で叫ぶのでした。ボニー自身，叔母のピンディに向かってよく怒ったり敵意を見せたりしており，彼女の担任は，彼女が自分の能力を発揮できていないことを心配していました。

　この話が提示された状況は，私の同僚の臨床心理士レスリー・カプランと，子どもの心理療法士である私が担っていた「ワーク・ディスカッション」グループにおいてでした。グループのメンバーは，ディレクター，シニア・トレーナー，スーパーバイザー，そしてソウェトにある多くの素晴らしい保育園を運営する協会に属する保育園の園長たちでした。この地域の保育園は，イギリスの就学前の保育園に似ています。2歳から6歳の子どもたちを対象に，学校のような構造で，教師と呼ばれる職員たちがいます。この協会は，職員の訓練にかなりの時間や努力，そして財政的なサポートを費やしているため，子どもたちのケアや提供される活動の内容は，かなり高水準のものでした。しかし，彼らのトレーニングは，健康面と教育面での理解に焦点を当てたものであり，情緒面の発達にはほとんど注意をはらっていませんでした。ディレクターやトレーナー，スーパーバイザーも園長や教師たちも，たいそう忙しい毎日を送っており，穏やかに内省したり話し合いをしたりするための時間はほとんどありませんでした。園長は骨の折れる管理業務に加えて，子どもの行動発達や情緒発達のみならず，しばしば親や職員らの個人的な問題にも対応しなくてはならない状況にありました。

　ここで述べる「ワーク・ディスカッション」ミーティングは，試験的プロジェクトの一部でした。外部コンサルタントの援助によって，スーパーバイザーやトレーナーや保育園の職員が，切迫する仕事上の問題を共有する機会を得ることで，何か仕事に役立つものがあるかどうかを探索するものです。そこで，同僚と私はカムデン・ヤング・ファミリー・プロジェクトや，カムデン地区のいくつかの児童養護施設などさまざまな機関の職員に対して1970年代に導入された，タビストックのワーク・ディスカッション・モデルを用いることに決めました。ヤング・ファミリー・センターは，家族背景に問題があり，剥奪やネグレクトを経験している5歳以下の子どもを対象にしていました。そこでのワーク・ディスカッションは，タビストックの子どもの心理療法士によって行われていたのですが，多くの点でこれらのミーティングが観察研究コースの

セミナーとは異なるものであるということを気にとめながら，その方法を応用する必要がありました。グループメンバーは5人以上ですし，参加メンバー全員が同じ現場で雇用されているため，自分の働き方が赤裸々に暴露されることに対してかなり敏感でした。ヤング・ファミリー・センターやさまざまな児童養護施設での私自身の経験から，保育園で働く人からは観察記述が簡単には出てこないのを知っていたので，発表は口頭で行うことに決めました。ワーク・ディスカッションは，たいていはひとりで運営するのですが，今回は私たち2人で進めることにしました。というのも，新しい冒険的な事業を試みるときには，相互支援が必要だと感じたからです。実際，私たちはお互いに補い合うことができました。私たちは，精神分析的なものの見方や子どもの発達についての知識を共有していました。私にはロンドンで，さまざまな設定におけるワーク・ディスカッションを行った経験が豊富にありましたし，同僚は南アフリカの状況を理解していました。彼女はワーク・ディスカッションのモデルを知ってはいましたが，それを行った経験はありませんでした。このことは彼女をより柔軟にしました。また参加する教師たちは，皆，良い観察者だったと思います。彼らの訓練は，簡略化した記述方法がとれることを目指したものでしたので，私たちが詳細な観察をもとに，対話という自由で内省的な方法を求めることに驚きました。教師たちが，子どもやその親について良い記述ができるのは分かっていましたが，彼らは，見たことや聞いたこと，特に自分が感じたことの言外の意味について詳細に話し合うことには慣れていませんでした。またかなり早い段階で，私たちには柔軟性が求められており，この地域の状況やグループのメンバーたちが必要だと感じていることを考慮に入れなければならないことが分かってきました。

シボニエの深刻な状態は，職員が直面する，極端で悲劇的な性質の問題の一例でした。他には，幼児がケアされている現場ならどこにでもある，分離不安や噛みつきのような症状から，虐待あるいは他の原因による早熟な性的行動についての心配まで，さまざまな事例が並べ挙げられました。しかし一番の衝撃は，ソウェト，というよりヨハネスブルグや他の南アフリカの多くの地域で日常的に発生している暴力が，職員や子どもたちに与えているインパクトでした。職員メンバーは保育園での仕事を脅かすトラウマティックな出来事に対処するのと同時に，自分たちの個人的な生活や感情にふれるトラウマのためにストレスを受けているのもまた明らかでした。1回のミーティングで，ある教師の夫が最近殺害されたこと，あるトレーナーが悲惨な状況の中で最近夫を失ったこ

と，また彼女自身も以前に撃たれ傷を負ったことなどが話される一方で，別のトレーナーは，家族思いの常識人であった若い息子が，くだらない道端での喧嘩に巻き込まれて殺されてしまった友達についての悲しみを声にしました。議論がすすむ中で，子どもたちの生活やコミュニティ全体の中で起きている個人的なショックや苦痛を，現実的なレベルと情緒的なレベルで扱うことの複雑さが明らかになっていきました。

話ができるグループにしていくこと

　シボニエの話に戻すと，両親の死，何カ月も病気の母親と共に彼と姉が孤立していたこと，そして母親が亡くなるまで病院に入院していた際，親戚に世話をされながら家に残されていたことを聴いて，グループには重い沈黙が生まれました。誰かが何か言葉を発することができると感じられるまで，長い時間がかかりました（後に振り返ってみれば，これは，累積したトラウマの影響下でシボニエ自身が経験している麻痺状態を反映していたのだと思われます）。私たちは学校や家庭で起こっていることについて，より正確で詳細な情報を集めるために，しばらく時間を費やしました。グループからの提案も求めました。グループのメンバーたちの自信なさげな様子から，私たちは解決策を出さねばならないというプレッシャーを感じていました。彼の生育歴の詳細がグループにもたらす影響について私たちの一人がコメントしたことが，メンバーを発言へと導いたようでした。死だけではなく，この状況には他にもたくさんのストレスがあることを示唆するコメントがなされました。私たちは，この2人の子どもが多様なトラウマを受けてきており，両親の喪失はもとより，母親の長い病状が発達に必要な普通の活動や機会をかなり奪ってきたことを指摘しつつ，それらをまとめあげていきました。さらに，2人はとんでもない混乱にさらされたあげく，新しい家族の中で，そして出身地である田舎とはまるで違う都会の環境に適応しなければならなかったのでした。

　死別の初期の段階では，麻痺や無関心は一般的なものですが，そこに累積したトラウマがある場合には，そうした状態が長引く可能性があるという私たちのコメントは，グループにとって役立つものでした。子どもたちがその経験をどのように理解していたかを考える中で，親に先立たれたことや親の病気について，実際，誰も彼らに話していなかったことも明らかになりました。誰かがきっちりと話すことは役に立つのだろうか，それとも，忘れるほうが2人のためにはよいのだろうかという議論がありました。ここで私は，この子どもたち

にとって，自分の体験と出来事について自分が知っていることや理解していることを話す機会が必要だということを，はっきりと言えると感じました。彼らには，共感だけではなく，情報も必要かもしれません。とはいえ，私はオープンに話をするということが，文化的な伝統と対立することかどうかを尋ねてみることも重要だと感じていました。この家族はそうではありませんでしたが，いくつかの地域では，死については，子どもが寝静まった後に小声で話す事柄のようなのです。しかしよくあることですが，悲惨な状況について子どもにどう話したらよいのかという不安がある一方で，大人たちは現実的な問題に心を奪われていました。これは，HIVエイズが大流行する前で，職員が活かせる情報や訓練がほとんどない頃に行われた仕事です。私たちはエイズについて話し合うことの難しさ，またエイズにまつわる特有の恐怖や性的な含みが，子どもに話をすることをより一層難しくしているのではないかとコメントしました。誰かの問いから，検査がすでに行われており，子どもたちはHIV陰性だったと知らされて，私たちは皆大きな安堵感を味わいました。私たちは，大人にとって，子どもと痛みを伴う話題を話し合うことが，どんなに難しいことか，そしてこれが自分自身の苦しい体験とどう関連づけられているのかについて触れていきました。また，自分自身にも数人の子どもがいる，この里親家族を巻き込む重圧についても話をしました。話し合いは続き，雰囲気は曇ったままでした。しかしこの雰囲気は，同僚がコメントし，これまで話し合ってきた素材と結びつけてくれたことで少し和らぎました。

　園長は，自分や職員も援助が必要だが，里親へのフィードバックも望んでいると話しました。里母のことを聞けばきくほど，彼女と夫は子どもに話をすることはできるだろうが，その務めを果たす準備のために，何度かの話し合いが必要かもしれないということが明確になったようでした。私の同僚が，里母のストレスや子どもへの対処の仕方に焦点をあてた回数限定のセッションを提供すると申し出ました。この幼い少年は意識的には自身の状態を理解しておらず，なぜ自分がこんなに困っているのかについて，はっきりと言葉で説明するのは明らかに難しいようです。そこで，学校でこの子どものことをよく知っている誰かが一緒に時間を過ごして，自由にお絵描きをさせてみることを提案しました。その絵やその絵にまつわるお話から，この子どもの心の状態を知る手がかりが得られるかもしれないと考えたからです。「甘やかしている」先生に彼がしがみつく問題は，死別を体験した子どもによくある退行という見方から議論しました。また，母親の死後，今，世話をしてくれている大人もいなくなるか

もしれないという不安から，そばを離れるのを恐れているのかもしれないという可能性についても話し合いました。クラスの中で彼が混乱を引き起こしているのかどうかについて探索しましたが，彼はただ静かに座っているだけのようでした。「がつがつした」食べ方については，グループのあるメンバーが，母親の病気の時に飢餓があった可能性について話しました。ただ子どもたちが保育園に初めて来た時には，十分な栄養を与えられてこなかった様子ではありませんでした。それは空っぽの心的空間を詰め込む具象的な方法かもしれませんし，早期の良い授乳体験の思い出にしがみつこうとしている可能性でもありました。こうした意見は推論ですが，この少年の内的状態に関する仮説を立てる試みの中でできてきたものです。私たちはここで，経験や行動が，内的に相互に関係するという着想を促進させたいとも思っていました。時とともに，無意識的ファンタジーについて話すことも可能になっていくかもしれません。

　グループのメンバーは儀式の重要性にも触れて，間近に迫ったクリスマス休暇には子どもたちは故郷に連れていってもらえるのか，そのとき両親のお墓参りをすることが大切なことなのかどうかについても思いを巡らせました。このことは死別についての更なる話し合いへとつながり，一般に喪の過程はどの程度かかるものなのか，こうした急性反応としては１年は長いのではないかといった意味合いの疑問が出ました。私たちは悲嘆のプロセスは長引くかもしれないことを強調しつつも，もしこの状態に何の変化もなく，さらに６カ月ほどが経過したとしたら，クリニックへの紹介も検討しなくてはならないだろうと答えました。私たちはここで起きている膨大な問題に直面して，自分たちの提案がむしろただのとっかかり程度のようにしか感じられないままに，この日のミーティングを終えました。

　次のミーティングで，園長のタンディは，自分の目の前でシボニエが描いた絵を私たちに見せてくれました。一見したところ，意味のない殴り書きでしたが，彼女は真ん中のあいまいに描かれた円が椅子で，シボニエがそれを指さしながら，「ママ」について何か言ったのだと話しました。その横の殴り書きは，彼の姉で，その周辺にあるのは何台かの車でした。

　彼は何かを描くようにと言われたわけではありませんでしたので，これは，彼の思考の中の母親の中心性をドラマティックに描き出したものだと思われます。彼にそれが生物学的な母親なのか，それとも里母を意味しているのかをタンディは尋ねるのを躊躇いましたが，その絵は，今でも母親の喪失が彼の心を奪っているのだということを納得させてくれるものでした。グループのメンバーは，

初めはこうした議論が的を射たものなのかどうか懐疑的なようでしたが，それでも確かに興味を抱き始めました．あるメンバーは，車の意味について，母親を見つけるという希望から，故郷に戻りたいという彼の願望を意味するのかもしれない，あるいは，車でソウェトにやってきたときの記憶に関係しているのかもしれないと考えました．タンディの話では，里母は子どもたちに生みの親についての話をすることになっていましたが，それは予想したほど難しくはないと感じられているとのことでした．

　家族はクリスマス休暇を子どもたちの故国で過ごすつもりでしたが，子どもたちがその経験にどう反応するのだろうかと思いをめぐらせていました．里母へのカウンセリングはまだ行われていませんでしたが，彼女がまだとても緊張状態にあると聞かされたために，予約を調整しました．私たちはそのセッションの残りをより形式的な方法で，子どもにとっての死別の段階についての知識をまとめることに費やしました．

　クリスマス休暇の4週間後に行われた次のミーティングでは，タンディは里母がふたりの子どもに大きな改善をみとめていると言いました．ボニーはいまでは里母に敵意を向けることがとても少なくなり，シボニエが叔母のことを「ママ」と呼ぶことにも抵抗がなくなってきていました．ピンディは子どもたちの母親が身につけていたスカーフを持っていましたが，ボニーは今では叔母にそれを身につけてほしがっていました．ボニーの担任教師は，ボニーの学業面での進歩について報告しました．前学期の終わりまでに，シボニエはブロックのエリアから思い切って出始め，その進歩は新学期にも維持されていました．家族はクリスマス期間を子どもの故郷の近くで過ごしました．休暇はすばらしいものでしたが，両親が驚いたことに，2人の子どもはソウェトの家に戻ったことを喜んだのでした．シボニエの例の教師との関係については，甘やかしではなく，喪の過程の一部として見ることが役立ったと，タンディは言いました．

　私たちは皆，大きな変化が起きたことを認識していました．しかし，喪の過程は限定的なものではなく，同じ症状の反復や，あるいは他の反応が起きるかもしれないということについて指摘しておくことも重要でした．それゆえ，記念日やトラウマティックな記憶を再喚起するかもしれない他の引き金の重要性に言及しつつ，こうした可能性についてタンディに警告しておく時間をとりました．

　ここでこの問題に取り組んだ私たちの方法について，その道筋を述べていきましょう．まず，生育歴について聞かされる前に，シボニエの行動の様子を聞

第9章 「シボニエは固まって動かないの……」 153

いた時，分離不安，抑うつ，トラウマ，あるいは虐待など多くの可能性が心に浮かびました。タンディの話しぶりや，症状の経過の長さから，何か深刻な欠陥があることが強く示唆され，このケースは，アセスメントのためにどこかに紹介する必要があると考えている自分に気づきました。両親の喪失とその他の多くのトラウマティックな要素が明らかになっても，私のこの考えは頑なに続いていました。しかし私は，どこかよそにこの問題を送ることによって不安に対処することの危険性も静かに思い起こしていました。話し合いが続けられ，グループのメンバーが問題の核心をつかんできたのが分かってくると，私も同僚も子どもに馴染みのある環境の中でなされうることがたくさんあると感じられるようになりました。

　この家族が利用できるようなセラピーが提供できない中では，家族や保育園の資源を使って，この問題に取り組むのが現実的なようでした。多くの理由から，このことはただの便利な方法というわけではなく，現実的な選択肢でした。死についてのニュースを知らせたり，状況についての情報を与える役割は，常に，子どものことをよく知っていて，彼らに対して思いやりのある関係をもった大人がとるのが最善です。これは，子どもたちが悲惨な出来事について，家族の中で自由に話す空間を保証するという利点にもなります。しかし，里親がこうした責務を全うできるかどうかという疑問を心に留めつつ，彼らに情報を渡す仲介をせねばならないタンディが，うまくやれるという確かな自信を感じられるかどうかという判断を下すことが重要でした。さらに，対策をたてる上では，グループ全体を巻き込み，彼らが持ちうるあらゆる不安や知的な疑問に取りくむ試みも必要でした。（ピンディをよく知る）グループメンバーから発せられ，タンディが確認したコメントからは，ストレスはあるが彼女はかなり強い人物だという印象でした。ピンディに数回のカウンセリング・セッションを提供するという決定は，話を聴く中で得た私の同僚の印象に基づいたものでした。おそらく短期間の介入で十分であり，今回の私たちの仕事の範囲内で行えるものだと考えられました。専門的な家族支援が利用できるところでは，ワーク・ディスカッション・グループのファシリテーターは，個人的な介入は提供しません。しかし，ここでは他の援助を受けることが非現実的であったため，これも仕方がないと考えました。これは正しい判断ではありましたが，コンサルテーション／ワーク・ディスカッションが臨床的なサービスとなるのは，役に立ちませんし，また望ましくもないでしょう。けれどもおそらく，グループ外で個々の問題に対処するという柔軟性は常に必要でしょう（Irvine, 1959）。

このことは，より遠隔地域においても専門的サービスが提供できるようになるまで続くことです。可能な解決方法は，ワーク・ディスカッションと並行して，大人と子どもの紹介を受け入れ，援助できる治療的サービスを組織化していくことだろうと思います。

　保育園でシボニエに非指示的な描画をさせるという提案は，彼を甘やかすようにケアする教師との間で作り出した，親密ではありますが退行した関係や，ブロックエリアに「固まった」ときに彼が固持する切り離された状態よりも，より直接的な接触ができる可能性があるという希望に基づいたものでした。彼がこころを最も奪われることに取り組むスピードは驚くべきものでした。彼に向かって話された言葉はほとんどありませんでしたが，彼のコミュニケーションをまさに受け取ろうとする大人の側の細心の注意が，彼に自分は理解されていると感じさせ，耐えられない感情がコンテインされている（Bion, 1962a）と感じさせたのでしょう。コンテインされた治療的空間でのそれと同じように，学校現場でのお絵描きを吟味することがふさわしいかどうかという疑問が起こってきます。このグループに対しては解釈技法について教えるのではなく，内的過程の気づきを促進することを目指していました。そのため，どのコメントも思索過程であることに力点を置き，決定的な結論はこうした証拠に基づくべきではないということを強調することが重要でした。

　ここで採用した方法によって，基本的な治療的変化がもたらされたとは考えていません。グループの中で定式化され，家族や保育園の職員が実行した考えが，一般的な喪の過程を促進する条件を整えました。子どもの長期の発達について楽観は許しませんが，この介入が子どもの成長をモニターする重要性を家族に気づかせることになることは確信しています。

ワーク・ディスカッション・グループ

　毎回のミーティングで時間を割いたシボニエとその家族の事例は，このようなグループにおいて可能な機能を説明するだけではなく，こうした方法の専門性や倫理的な問題を検討する焦点にもなることから，こうして長めの引用をしました。この記録自体は正確なものですが，試験プロジェクトの4回のグループミーティングでのより豊かでより複雑な，そして時には難しい体験が単純化されすぎてしまいました。アフリカの家族の中で，子どもと話ができる性的な事柄の範囲についても話し合いましたし，お墓で行う儀式にともなう慣習の変化についてもさりげなく触れましたが，これらのテーマはいずれも，限られた

時間内では十分に展開できませんでした。こうした課題は，どの伝統的な信念や風習は保持されるべきかをめぐる重要な問題について，そして正当化されるべき進化や現代的生活への適応とは何なのか，また何が文化的遺産を否定することなのかといった葛藤について暗示するものでした。もちろんこれは，南アフリカの生活に限ったことではありませんが，今回，私たちが援助を行った地域の日常生活に影響する独特の要素について，じっくりと時間をかけて明らかにする場を持ちたいと思っています。白人の心理士や心理療法士として，人種や文化の問題が，仕事の経過に影響せざるをえないことは意識していました。この施設では，黒人と白人の職員が良い仕事関係を維持してきた長い歴史があります。とはいえ，こうしたグループとコンサルタントとの関係に，人種やパーソナリティの影響が複雑に結びつくことは避けられないにちがいありません。このグループとの関わりの中で，より重要だったことは，問題へのアプローチの仕方が職員と私たちとでは異なるということのようでした。

　3度目のミーティングで特に厄介な問題が提起されたとき，自分たちが持ち込んだ問題への私たちの取り組み方に失望したことを幸いにも公言できた人たちがいました。こうした発言をすることは容易なことではありませんでしたが，参加者たちは，子どもたちの困難さをいかに扱えばよいのかについて，もっと直接的なアドバイスを期待していること，しかしより喫緊の課題として，親や唯一の資源である保育園の職員たちの個人的な問題に対処する援助を必要としていることを訴えました。この時点で，シボニエとの関係でいくらか素晴らしい仕事ができたことや，最初の2回のミーティングがポジティブな経験だったことは明らかでしたが，必要とされていることを提供できているかどうかについては，やや弱気にならざるをえませんでした。

契約の再検討

　振り返って考えてみると，私たちのもともとの計画はグループに受け入れられてはいましたが，彼らのミーティングへの期待と私たちの想定との間に食い違いが――コンサルテーションでは珍しくはないのですが――ありました。理性のレベルでは――そしてもっともなことに――困難さへの対処法に関する専門的なアドバイスと同じくらい，彼らは講義のような「考えの供給input」を期待していましたし，自分自身の経験を利用することを期待されているとは，予想だにしていませんでした。より理性的ではないレベルでは，おそらく，これは私たち皆によくある希望ですが，誰かが即座にやすやすと問題を解決して

くれることを期待しており，それが起こらないと，あとに続くのは失望や幻滅なのです。また，グループがそうした高い期待を抱いていると，いわゆる「専門家」が出し惜しみをしているのではないかという気持ちと，それと並行して，自分の経験や知恵を過小評価するようなことが起こるのもまたよくある事実です。おそらく，これまで自分の能力を超えた解決方法を誰かが与えてくれるのを期待する経験を繰り返してきたことについて伝える必要もあったでしょう。

　次のミーティングは試験期間の最終回であったため，総意によって，挙げられた不満に取り組む時間を含めた振り返りを最初に行いました。また，施設がこのセミナーの継続を望んでいるのかどうかを知る必要もありました。専門誌の事例研究を読んだり，典型的な講義を聴いたりするといった，より有益と思われるいくつかの提案がなされ，大人への援助の緊急性が再び強調されました。保育園の職員のメンバーは皆，しばしば親の苦悩に対処せねばなりませんでしたし，子どもの行動や他の養育上の問題について，アドバイスを求められることも少なくありませんでした。彼らはまた，不適切なケアをする親や養育者にしばしば腹を立てており，批判的であるよりも，状況を理解しようとする観点を聞くことに興味を持っていました。園長は，保育園の職員の苦痛──しばしば非常に激しいもの──に対処しなければなりませんでした。親や同僚への対応の大変さを取り上げることには何の異論もありませんが，そうした課題を私たちがどう見るのかをうまく説明することのほうがもっと大切なのだと述べました。先述の通り，私たちは内的世界について仮定し，コンテインメントと内省の重要性を強調したモデルを実際に導入しようとしてきました。私たちは，こうした概念が子どもにも大人にも適用できると示唆していたのですが，後から考えると，乳児／子どもと大人の世界の間の重なりを十分に強調していなかったように思います。

　私たちは共に考え，心的資源を蓄えることで，問題に対処する方法を発展させられるという意見についてかなり長く話し合いました。私たちは自分たちの訓練や経験に価値を見出していますが，グループのメンバーがそれぞれ自分の経験や能力を過小評価する傾向があるという見解も私たちは示しました。すでに述べたように，このミーティングの中で，タンディがシボニエの家族についてのフィードバックを行い，この事例では，こうした問題への取り組みが確かに功を奏したという意見も述べました。

　犯罪的暴力事件で，最近，子どもと自分の目の前で夫を殺された職員のヴィッキーの件が持ち上がった時，職員への援助についてその不安や切迫感が語ら

第9章 「シボニエは固まって動かないの……」　157

れました。ディレクターから，深い悲しみの状態にあるヴィッキーに，どの程度のことを期待できるのだろうかという質問が出ました。もし彼女が自分の務めを果たせないのなら，人員配置に深刻な影響がおよびます。ディレクター自身が，親しいヴィッキーの個人的な悲劇に衝撃を受けていたことは明らかでした。彼女は，現実的な事柄をアレンジし，トラウマのディブリーフィングについて調べ，先立たれた家族が巻き込まれる法的なゴタゴタについて，憤懣たる様子でまざまざと述べました。話しているうちに突然，彼女はこの「慌ただしさ」のすべてが，必要不可欠のことではありますが，同時にその出来事自体の恐怖やコミュニティに蔓延する暴力に対処する方法でもあることに気づいたようでした。さらに尋ねていくと，他のメンバーの発言から，保育園の園長がヴィッキーとかなり良い個人的関係にあるために，現在のところ，彼女はなんとか仕事をこなしていることが明らかになりました。

　ショックへの反応や喪失への反応には，一人ひとり違いもありますが，一般的な特徴をも示すものだということを話し合いました。そのため，引きこもることが必要な人もいるかもしれませんし，一方で，仕事――特に子どもに対応する仕事――を治療的に感じる人もいるかもしれないと，私の同僚が指摘しました。グループはこのことを取り上げ，ヴィッキーの職務を軽減する必要があるのかどうかを検討しつつ，話し合いを続けました。全体としては，経過観察は必要ですが，彼女はなんとかやっていけるだろうということになりました。私は，シボニエと同じようにヴィッキーにも，時間経過の中で反応に変化が起こりえると話しました。また，このことが考慮されないと，一見したところ無関係なささいな出来事がトラウマの記憶を誘発し，誤解を招くような反応を引き起こすかもしれないということについて，さらに詳しく述べました。私は，職場の同僚がこのことを理解していないと，トラウマや死別の遷延反応が，大人にとっては職場での状況を難しくする原因となることの具体的な事例を含めて話しました。

　この時点で，トレーナーの一人のシンディが，事実その通りで，こころを揺さぶられたと言いながら，突然，泣き出しました。彼女は悲しすぎて，部屋にいられなくなりました。誰かが彼女を慰めに行き，私たちは皆，しばらく黙って座っていました。そしてその後，彼女の家族には過去にも現在にも，悲惨な出来事があるのだと参加者がそれぞれに静かに説明し始めました。彼女が戻ってくると，グループのメンバーは彼女をサポーティブに迎え入れました。しかし私は，自分の説明があまりに激しい表現だったのだろうか，私たちはミーテ

ィングを適切にコンテインしていなかったのではないだろうかと不安な気持ちになっていました。ミーティングの後，私は，援助を受けるために誰かセラピストを紹介してほしいかどうかを尋ね，彼女はそうしたいと申し出ました。

　こうしたグループを継続すべきかどうかについての議論が再開され，強固に支持する意見がありました。つまり，先に失望したと言っていた参加メンバーも，いまや私たちが成し遂げようとしていることを良く理解していると述べたのです。私たちも今では，何が助けになりうるかという明確な考えを持っていました。子どもの発達に関する問題が，取り組むべき一番重要な領域だということは分かりましたが，少なくとも次の一連のミーティングでは，大人の抱える困難について考える必要がありました。

作業グループと治療グループとの境界

　数日後，シンディに予診にちょうど良い空きが見つかったと電話で伝えたところ，彼女はその面接を受けると言いました。そして，自ら嘘偽りのない様子で，あのミーティングの後，ずっと気分が良くなって，自分の苦しみを他者と分かち合えたことがとても助けになったのだと言いました。今回は良い結果になりましたが，作業グループと治療グループとの間の境界が問題となるのはこうした場合です。職場で設定される同僚からなるグループは，治療グループとしては適切ではないことは明確です。しかし，私たちは，そこで個人が挙げる問題が治療的な設定でも起こり，扱われるものに似ているということもわかっています。詳細な情報を引き出し，注意深い観察を促す方法は，抽象化や分類化を使っていると直面しないようなクライエントの痛みや攻撃に参加メンバーを触れさせることになり，そこで普段使われている防衛メカニズムに揺らぎが起こります。そのため，解釈を用いることができないならば，他のコンテイン手段を用いる必要がでてくるでしょう。あらかじめ問題を詳しく提示することを求める構造化されたアプローチは，そうしたコンテインメントを提供する一つの方法です。もうひとつの安全策は，講義形式と呼ばれるものと弁証法的で内省的な様式との間を柔軟に動くことです。優先されるべきは訓練であり，グループのメンバーは，患者やクライエントではなく，十分に信頼できる大人の専門家としてそこにいるのだということに，常に留意しておくべきなのです。

　この試験プロジェクトによる数回にわたる保育園の職員をメンバーとしたワーク・ディスカッションのミーティングは，有効なものだったと結論づけられます。非公式の評価では，話し合いは支持的であるだけではなく，結果的に態

度も変化したという感想がありました。あるメンバーは，今は子どもたちはただ行儀が悪いのではなく，意味を持って行動しているのだということを理解していると言いました。残念ながら，組織の財政的問題で，この仕事は継続できませんでした。しかし，特別な条件に合わせて応用するワーク・ディスカッション・モデルは，たくさんの他のコミュニティのプロジェクトや機関に導入されるようになりました。

　これは，ヨハネスブルグやケープタウンにおけるタビストック・モデルの観察研究コースの進展に支えられ，推進されています。

結　論

　このモデルを導入することには，財政的支援を獲得する問題に加えて，多くの難題がありました。南アフリカの家族構造は，何十年ものあいだ，出稼ぎ労働制度を推進してきた法律や慣習だけでなく，アパルトヘイトというもう一つの残酷な強制によっても，激しく破壊されてきました。現在の暴力のレベルは日常生活を侵害するほどで，ある意味で，子どもが安全だと感じられるための援助をかなり難しくさせています。加えて，文化，言語，子育て，慣習が多様であることは，豊かさでもある一方で，新しい健康な世代を育てていくなかで，親や専門家が，最も役立つ見込みのあることが何なのかという理解を構築するために，こうした多くの伝統を考慮しなければならないことをも意味します。ここまで見てきたグループのディスカッションから，アフリカ中心とヨーロッパ中心の視点の違いが単純なものではないということは明らかです。それぞれの世代で家族の習慣の何を残し，何を変えるのかを決める通常の難しさがあるため，問題は複雑です。あるグループの職員は，喪の儀式に関連した自分の困惑を次のように話しました。祖母が祖父の墓にたくさんのビールをそなえていたことは，自分には馴染みがないことでしたが，かと言って花を供えるのは「白人」の習慣のようです。そのため，自分の立ち位置が分からなくなったのだということです。自由社会のコミュニティの生活に合うように基準を進化させるのに時間がかかるのは当然でしょう。しかし，将来の世代には，教育とケアが重要だという合意はあります。海外からの貢献と同時に，地域のモデルを作り出すように進めなくてはなりません。そしてそこでの評価を受け入れつつ，経験から学ぶことを続けるのです。

謝　辞

　事例の使用を許可していただき，学ばせていただいた**アフリカの自立** Africa Self-help に感謝します。また，わが同僚たち，レスリー・カプラン，ローレン・ガワー，そしてリリアン・トンビ・シンゴにも感謝の意を表したいと思います。

第10章
新しい施設を育てる

シモネッタ・M・G・アダモ，セレネラ・アダモ・セルピエリ，
パオラ・ジウスティ，リタ・タマージョ・コンタリーニ

チャンス・プロジェクト

　チャンス・プロジェクトの主な目的は，教育的，社会的にドロップアウトしてしまった，14歳から16歳の社会復帰 social re-integration を主導することです。こうした思春期青年が，読み書きの能力を身につけることに重点を置いた学問と同時に，社会の仕組みと現実的問題に対処できる力を備えた教育修了資格を得られるようにすることを目指しているのです。活動の範囲は，教育課程で学ぶという基本的な動機を再度もたらすことができるように計画されており，幅広く，また個人的にも有意義なものとし，かつ，協調性を養う機会を提供します。

　チャンスは，ナポリ市内にある貧民地区の学校に3つの施設を設置しています。1つは歴史地区に，2つは郊外に設置されています。それぞれの施設にコーディネーターと2人の校長が配属されています。校長の1人は，法的および運営上の責任を担い，もう1人の校長が，教育活動のコーディネートをしています。毎年，80名から90名の子どもたちが通っており，この9年あまりの期間で700名を超す子どもがこのプロジェクトにやってきたことになります。

　子どもたちは，社会福祉局からプロジェクトへの参加を勧められます。彼らの人生は，死別や見捨てられ，大切な関係性の崩壊などに彩られています。大半の子どもたちは，極めて限られた言語能力しか持ち合わせていません。彼らには衝動的行動を示す傾向があり，考える力はほとんどありません。彼らのアイデンティティは，自分の家族と密接に結びついており，家族の体験と問題に彼らの人生も飲み込まれています。家族は多くの苦難に苛まれています。失業，貧困，心身の病。さらに親の多くは，違法な活動に手を染めているか，犯罪組

織「カモッラ」の構成員です。ほとんどが父親のいない1人親家庭で，父親は服役中であるか，敵対するギャングとの抗争で殺されています。友達関係は，事実上皆無であり，多くは大人としての義務と責任を負わされています。通常の思春期青年とは桁違いに，乳児的な恐怖感とニーズに，大人びた特徴が組み合わさった様態を呈し，それはありえないほどのものです。

プロジェクトは望ましい比率で，生徒と教師を配置しています。18人の教師に，青少年指導員とその他の専門家です。「ソーシャル・マザーズ social mothers」もまた，中心的役割を担っています。「ソーシャル・マザーズ」という名称は，新しく，また珍しい専門的役割です。これらの女性はすべて，自分にも子どもがいます。当初はボランティアとしてプロジェクトに加わっていたのですが，今やチームのすべての領域で活躍しており，実施されるすべての訓練機会にも参加しています。彼女たちの役割（Adamo Serpieri & Giusti, 2007）は，主に若者たちを朝，迎え入れ，学校で朝食と昼食の準備をし，そして教室にいることが難しくなった子どもがいると，彼らのことを校内で抱えておくことです。ソーシャル・マザーズは，現実的にも象徴的にも，いわゆる中間領域 intermediate space を隈なく取り仕切っているといえるでしょう。こうして彼女たちは，学校という物理的構造物，および子どもたちの経験の中に，衝動性と行動の間の「緩衝材 buffer」，あるいは「思索の場 room for thought」（Bradley, 1991）を作り上げる援助をしているのです。青少年指導員の役割もまた，歳月を経て発展してきたものです。青少年指導員は，生徒の社会活動を企画します。たとえば，見学，小旅行，夏期のキャンプなどですが，もちろん，日々の学校での日課をこなすことにもかかわっています。

しかし，ここで中核を担っているのは，教師です。ナポリの学校教員の中から採用されるのですが，それまでのキャリア，およびやる気 motivation の度合いに応じて個別に選ばれます。彼らはいろいろな教育階層の出身者です——初等教育，中等教育，そして高校教育レベル。この特別な人員構成は，子どもたちに欠けている基礎学習のスキルを補うように企画されたものですが，心理的にも大切であることがわかっています。

このプロジェクトには，かなりの規模の心理士のチームも含まれ，教員や支援に携わる他の専門職が，このような難しい子どもたちと接する中で生じる不安をコンテインするために必要な対人関係スキルを習得するためのサポートを行っています。理論的な枠組みを与え，関与する多くの機関と専門職のネットワークをつなぐことが，心理士らの中心的な役割です。

生徒たちに必要なのは「成熟を促す環境 maturational environment」であり，個別の治療ではないと私たちは考えています。というのも，この子どもたちは，自分の感情を認識し言葉にする能力が限られているため，カウンセリングや心理療法から受けられる利益はないと思われるからです。さらに，彼らの母親は高い確率でメンタルヘルスの問題を抱えており，薬物療法を受けています。そこで，治療の勧めは，生徒からすれば自分は学校教育から落ちこぼれたばかりか，心も病んでいる烙印だと受け取られるかもしれないと考えたのです。そこで私たちは，若者たちが自分の感情を言葉にしたり，振り返ったりすることを支援するために，特別にそれに専念できる時間を作り出すことで，教師が治療的な機能を広げるのを援助しようとしました。それが「サークル・タイム」や「スペシャル・タイム」というものです。

教育的関係におけるコンテインメントの概念

　シャーリー・ホクスターの論文「靴に住んでいるおばあさん［訳注：マザー・グースの歌］」（1981）は，剥奪を受けた若者のニーズや精神状態が教師や学校組織に与えうる破滅的影響について探求しています。彼女は，子守歌から借りてきた靴のイメージを，つながりと構造が不適切で，修復不能な崩壊したコンテナーに例えています。教師と生徒——おばあさんとその子どもたち——は，コンテインされることも癒されることもない，相互に迫害するこころの痛みの中に住み，互いに傷つけ合い，苦痛が増幅されていくのです。

　ホクスターは，ビオンのコンテインメント（1962a）の概念を学校と生徒の関係の分析に応用しています。特に，ビオンの述べる容器とその内容（1970）の間の3種類のつながりに，焦点を当てています。「共生的 symbiotic」といわれるつながりでは，互いの優越した部分に合わせるために，容器と内容が相互に反応し合い，互いに調整しあいます。「片利共生的 commensal」つながりでは，容器と内容が共生はしますが，互いに大きな影響を与えることはありません。「寄生的 parasitic」つながりでは，容器と内容の関係は，双方を破壊するものです。

　　生身の子どもとその気持ち，ニーズ，そして成長しようと自らを駆り立てる純粋な力がコンテインされるためには，学校や他の機関といった形の強制力のある枠組みが，教育・社会システムにおいて圧倒的な力として提供されなければなりません。一見したところ落ち着いた学校もありますが，私はそ

れをここで普通の学校と呼びます。そうした学校では，子どもたちの爆発的な情緒の制御はなされているかもしれませんが，それはビオンの言葉を引用するならば，「言いたいことを何も表現できないような退屈な表現形式を使用することによって」獲得されたものです。にもかかわらず，こうした学校に適応できない子どもは，その存在を挑戦者の象徴としかみなされません。また，すぐに対応すべき身体的および精神的なニーズや問題や特徴をもつ子どもにとっては，内部に意味を見出すことのないこうした学校ではほとんど居場所がなくなってしまうのです。結果的に，そうした子どもたちは，この普通の学校の場から，支援の場へと追放されてしまうのです。[Hoxter, 1981] 訳注1)

　ホクスターの分析は，子ども独自の特性にかかわらず「ほど良い」母親の存在以上に「ほど良い」学校などないことを示しています。母性的な能力に限界があっても，落ち着いて元気な子どもとの関係では実を結ぶでしょうが，問題を抱えていたり，欲求不満耐性が低い子どもとの関係では，「平均的 average」母親の力はいとも容易く萎えてしまいます。また逆もしかりで，衰弱した母性的能力が，「平均的な average」子どもとの関係作りを失敗させることもあれば，並はずれた包容力のある母親が，極めて難しい子どもに効果的に対応ができ，その子どもがもつ最大限の成長の可能性を支えることもありえるのです。

　コンテインメントの概念とその含意はまさに，私たちのアプローチの基礎を築くものを表しています。すなわち，コンテイナーと，その内容物である個々人と組織の関係性の質に注意を払いつつ，コンテインメントの構造をマクロのレベルからもミクロのレベルからも，強化，あるいは，駄目にすることもできる要素に注意を払うことです。

心理療法チームの結成

　私たちは教師たちのトレーニングと，間もなく「人的資源と専門的資源のメンテナンス」と名づけられたこのプロジェクトに参加するように要請を受けました。職務の性質上，チームには，経験の幅だけではなく根本的な一貫性が求められていると明言されていました。このことが正しいという確信は，初期のミーティングの時間に強力なイメージとして心の中に浮かんできて強化されま

訳注 1）原書では出典が「Bion, 1970, p. 5」とされているが，文脈からみて前出の Hoxter の文献からの引用であることが明らかなため，修正した。

した。それは「特攻大作戦」という映画のイメージで，ならず者の一団が極めて危険な任務に従軍するという内容です。部隊の訓練は自動的に任務を遂行できるように，厳密に明確化された課題を習得することが強迫的に繰り返されます。任務の遂行をもって物語は終わりを迎えますが，部隊のほとんどが戦死という高価な代償が支払われることになるのです！　映画の中では，思考や個人の創造性が生まれる余地が無い形で訓練が行われ，個々人は凝集性の高いユニットとして活動しなければならないことを学びます。この方法は，時間という観点からは効率的ですが，戦場では多くの死体が転がることになります。グループの結成に並はずれた努力を費やしたことに敬意を表すると共に，ここでの異なる比喩を，ピーター・ブルックの自叙伝の中に見ることができます。この場合，グリム童話のひとつに原点があります。

> 若きヒーローは，王女様を救わねばなりませんでしたが，彼の力は十分なものではなく，自分にはない特殊な力を必要としていました。そこで彼は，部隊を作ることにしました。仲間の一人は，信じ難いほど遠くから一匹のアリを見ることができ，またある者ははるか彼方から聞こえてくる針が落ちる音を聞き取ることができるのです。さらに三人目は，湖の中味をすっかり飲み干せ，別の者は凍える時に温かさを感じ取り，暑さの中で涼しさを感じとることができるのです。彼らは誰も一人きりでは達成できなかった難問を，結局，7人の部隊を組んで立ち向かうことで成し遂げたのでした。[Brook, 1998, p.157]

　この比喩は，グループにおいても個々人においても求められる，大切な事柄を私たちに伝えてくれます。過酷な剥奪を経験した子どもたちのケアについて，ウィニコット（1984）は，心理士が「生き残る survive」ことの重要性を強調しています。「あなたたちの仕事は生き残ることです。この設定の中で『生き残る』という言葉の意味するところは，その期間を通して生き続け，痛手を負わないようにするだけではなく，復讐心に燃え上がらないようにすることなのです」。このように，生き残ることとは，自分自身の心的構造とコンテインする能力を守り，また困難な状況においてさえも思考し，助け手になれる必要があることを指します。「凍える時に温かさを感じ取ることができ，暑さの中でも涼しさを感じる」力は，適切な「情緒の温度 emotional temperature」を維持する必要性をまざまざと思い起こさせます。それは死んだような倦怠感のある関係性にあたたかい息吹を吹き込むこと，また血が上った頭を冷ますことで

す。これは剥奪を経験した子どもにしばしば起こる，突然で予期しない気分変動への対処を意味します。

　同じように，「湖の中味をすっかり飲み干す」力は，一般の人々の対処能力を超えた経験や苦難に対して，スペースを提供することの必要性を示唆するものです。グリム童話は，私たちが感覚的には即座に気づくことのできない「真実」を，見たり聞いたりする能力を増強させる，研ぎ澄まされた観察能力について物語っています。精神分析的立場からの観察は，実際，「観察された事実を意味のある思考へと」変容し，そこに「意味の成長を生み出すことを可能にする」のです（Oliva, 1987）。

同心円状のコンテイナー・モデル

　私たちのモデルは，多様な個人，グループ，関係機関の間の関係をコンテインするようにデザインされた，一連の同心円状設定によって代表されるものです。これは後述するワーク・ディスカッション・セミナーとは別に，下記の内容を含むものです。

a．各専門職間と機関相互の調整グループが，隔週で各回2時間召集されます。その主たる目的は，プロジェクトを分裂させ断片化させる，内的・外的な圧力について認識することで，このプロジェクトの結束を維持していくことです。たとえ葛藤のど真ん中にあっても，それをオープンに認識し，扱うことを通じて，内省的な視点を維持しようとする試みは，通常は単に行動化されるか，さもなければ官僚機構化する組織と組織，専門家と専門家の関係性を取り扱う際には，新しく斬新な方法です。
b．理論に関するセミナーが年に4回開催されます。これは，体験を共有し，概念化する機会であり，学際的な理論について聞く機会でもあります。こうしたセミナーは，教育担当スタッフに，自分が日常の仕事の中で直面している課題を振り返ることのできる大きなコミュニティの一員であることを感じ取ってもらうのに役立ち，彼らの理解を豊かにし，強化することにも役立ちます。これは，教師のアイデンティティを強化するには決定的なものです。なぜなら，彼らのアイデンティティは，生徒たちの嘲りや否定的な態度と，より伝統的な専門的手法や評価基準の喪失の両方に揺さぶられる可能性があるからです。
c．すべてのスタッフに開放されるディスカッション・グループが，理論セミ

ナーの終わりに開催されます。その目的は，社会からドロップアウトした十代の子どもたちとの仕事が引き金となった集団現象を浮き彫りにすることです。これは，このプロジェクトにかかわるグループに引き起こされた集団力動の「今，ここでの」経験を体感する機会を提供するのです。
d．心理士チームへのスーパービジョン・グループについては，そもそもの計画の中では想定されていませんでした。しかし，心理療法士はすぐにその必要性を感じたために，そうしたスペースを設けました。チャンス・プロジェクトは，さまざまな形で新しい経験を象徴するものです。私たちは，危機的状況にある施設にコンサルテーションを提供しているのではなく，教育的側面と治療的側面を併せもつ，非定型的な組織の発展に貢献するのです。

ワーク・ディスカッション・セミナーの位置づけ

スイスの教育学者ミレイユ・シファリは，その著書「精神分析的逆光：教育的なつながり Le lien éducatif: contre-jour psychanalytique」の中で次のように記しています。

> （教育）機関が日常業務に関する困惑の問題を取り扱うほど，不安は増加し，無力感が根を張ります。しかし，考えることや象徴化，昇華のスペースを設けることから生まれる利点は，より大きなものです。困難や不安を代謝させる「場所」を見出すことが可能でなければ，困難や不安は個人の経験の中での内容や熟考に形を変える機会を失ったままになります（p.152）。この「葛藤を調停」し「言葉を循環させる場所」はまた，「一般的な概念や既製の意味，一見魅力的な決まり文句を解体し，常套手段を超えたところから独創的な発想を探す」ことを可能にする場所にもなるのです。[Cifali, 1994, p.100]

日々の仕事に従事するスタッフ全員が，どうすれば定期的に会合できるかを考えることへと最初に駆り立てたニーズを説明するのに，これ以上相応しい適切な言葉は見つかりません。シファリの観察のように，教師は若者の行動について，正しい反応に関する示唆を導き出すような「説明」を求める傾向があります。説明を理解することに置き換えるのは，自らを主観の領野に据えることを意味します。

理解するという行為は，思考を間主観性の次元に引き込みます。（必要なのは）自分を状況から引き離し，それを記述し，何が起こったのかについて語ること……そして臆することなく経験を分かち合うことです。万能感を放棄し，理想的だと思われている状況の偽装を取り除き，そして観察し，記述し，外側に留まることを避け，理解できるわずかなものをつかみ，理解できないままに残されたものを受け止める（必要があります）。臨床的アプローチは，ある特定の状況から始めて，実践が理論化の可能性を見つけるようなスペースの輪郭を規定するものなのです。[Cifali, 1994, p.286]

任務と向き合う

　私たちは3つの学校でワーク・ディスカッション・セミナーを組織し，それぞれのセミナーでは子どもの心理療法士がリーダーとなりました。セミナーは基本的に隔週の水曜日に，それぞれの学校で同時間帯に行いました。そうすることで，セミナーが無い水曜日には，参加者が活動経験について共有できるようにしました。セミナーは，参加者が順番に，特に教師-思春期青年の関係に焦点を当てて述べる状況について，話し合えるようにすることを意図していました。観察が強調される中で，こうした若者たちが必要としているのは，公平かつ客観的な専門家の視点よりも，愛情のこもった安定した大人の眼差し，すなわち虚しさやあるいは自暴自棄から起こる暴力と直面してもたじろがない大人の眼差し，そして理解する過程でダメな奴だというシグナルを送り返してこない大人の眼差しであるということがはっきりと分かってきました。そうした情け深い眼差しは，命のきらめきや隠れている可能性，また人生の困難に直面した時にそれに対応できる術をも育むものかもしれません。人生における困難は，オープンに語られることもあれば，沈黙することで隠されてしまうこともあるものですが（Adamo et al., 2005）。

　観察の実施は徐々に広めることができましたが，容易ではありませんでした。セミナー・リーダーは長らくの間，観察の欠如に直面し，複雑に巻き起こっている力動の理解を試みる必要性に直面しました。この点については，コミュニケーションに象徴的次元を利用できない，重篤な障害を抱える子どもとの心理療法を思い起こしてみると良いかもしれません。そうした子どもたちには，遊ぶことができ，あるいは神経症的な制止を示している子どもに用いるのとは異なる技法を必要とします。ワーク・ディスカッション・セミナーを行うにあたって，リーダーは自分の仕事について観察したり，他者と議論したりすること

で喚起される不安に対応する備えをしていなければなりません。しかし、ここで課せられた任務がかくも激しい不安を引き起こすために、甚大な攻撃や放棄にさらされるものだと分かった時には、混乱を引き起こしました。これは教師と若者の間の「戦場」で起こったことを鏡像として映し出していたのです。

教師は、構造化された教科学習法が生徒から拒絶される状況に対処する方法を学ばなければなりません。そこで何が起こっているのかを理解することで、セミナー・リーダーは、この不毛な任務の防御の陰に身を隠すのを放棄することが重要なのだと分かってきました。チャンス・プロジェクトの教師たちは、無力感、不適切さ、怒り、恐れ、落胆、不確かさの感覚に直面していたのです。教師たちが感じているものは、のるか反るかの感覚で、個人として、あるいは専門家としてのアイデンティティが攻撃にさらされていたのでした。これは、深く原始的な不安をも呼び起こします。セミナーの初期には、この点について語ると抗議の嵐が巻き起こりました。不安の否認は、教師の間に広く行き渡った傾向でした。不安は「無力さを露わにしてしまう弱さの象徴としてみなされていました」(Cifali, 1994, p.94)。しかし「その専門性が人を不安にさらすのです」。チャンス・プロジェクトが象徴する挑戦という感覚、教師らは経験や技能に基づいて選出されているという事実、失敗することへの恐怖、万能的な期待感、そして迫害的罪悪感が生み出す膨大な仕事量が不安をより高めていました。

困難さのさらなる源泉は、観察という方法論が、伝統的な学校教育での実践や文化とはほど遠いものであることとも関係していました。教室の閉ざされた空間で仕事をする習慣と、教師の役割である評価をするという側面のため、他者から自分たちが見られるということは、侵入的で審判を下されることとして恐れを抱かせ、彼らを特に敏感にさせていたのです。

初期の段階では、教師らはしばしば、生徒たちがいかに自らの写真作品を引き裂いたり、クシャクシャに破ったりするのかについて語りました。他者からの注視は、批判的で台無しにされるような眼差しの恐怖を引き起こします。そして、自分が失敗したことを伝えてくるような選択的な眼差しのみを取り入れるのです。チャンス・プロジェクトについての「闘魚 Pesci combattenti」と題されたドキュメンタリー・フィルムのワンシーンが、この状況をよく描いています。撮影しているビデオカメラに向かって十代の少年が、「くそったれ、ビデオカメラをどけろ。あんたは、ただ、僕のことを完全な大マヌケに見せようとしてるんだろう」と文句を言っています。こうした予測は、以前の学校生

活での否定的で，けなされた体験と結びついてることは確かです。また，誰かのことを見るという行為そのものが，およそ自尊心を傷つけるものであり，攻撃的な言葉や身体的な反応を引き起こすような暴力の形態をとるという文化的背景によって強化されているのです。

　このように，他者の視線を屈辱的だと感じる十代の少年について語ることで，教師らもまた，自らの傷つきやすさについて思い起こしました。生徒と教師の間に蔓延する感情の類似性が，コンティンメントを妨げていました。なぜなら，迫害不安が変形されずにそのまま残るか，あるいは日々のやりとりの中で増長されていたからです。一度，この教師たちにもできるかもしれないような，よくある典型的な観察の一例として，あるクラスの観察について提示した時のことです。彼らの中には，それを自分たちの仕事を利用して調査・研究をしようとする大学の意図だと感じ，猛烈な憤りを表現する人たちがいたのです。

　内省する力の切り離しと，投影がもたらす結末の可能性のもうひとつは，「専門家 expert」とのまやかしの同一化と，自分の体験を他人の言葉や専門用語で語る傾向です。教師の体験の最も痛ましく心かき乱される側面が，このグループの中で再現される傾向にありましたが，これはセミナー・リーダーとの関係性のなかで，探索されうるものでした。自信なき沈黙や限定的で形式的なやり取りは，最小限の学びへの好奇心や関心さえも欠如しているような生徒と向き合うときの教師たちのジレンマや無力さの感覚を伝えるものです。生徒の日常的な攻撃，軽蔑，挑発，混乱，興奮の背後にある力動が，セミナーの中で再現されました。騒音と混乱，汚い言葉，卑猥なジョークは，乱暴で混沌とした雰囲気を生み出しました。この状況では，受容性ともの想いを基礎とする内的均衡を保つのは極めて困難で，その代わりに反応へと駆り立てられてしまいます。なぜなら，状況が言語で表現されるのではなく，行動で再現されるからです。こうした状況を記述するために，フロイト（1915a）は，ある演劇の隠喩を用いています。そこでは，ステージ上の火災の場面を見る代わりに，自分が劇場の中で現実に燃え上がる炎に包まれていることに気づくのです。セミナーでは，教師たちは生徒との体験を持ち込み，役立たずで無能な姿，虐待する／されている姿といった，生徒からの転移を再演していたのです。

　時には，通りを見晴らす窓が開け放たれているだけで，ある種の感覚的砲撃にやられることがあります。

　　　　水曜日の午後，ワーク・ディスカッション・セミナーでのこと。無秩序で

耳をつんざくような騒音が部屋の中に侵入し，あらゆるコミュニケーションの可能性を脅かしていました。ナポリ地区の流行歌や露天商や母親の掛け声，ミート・ソースや洗ったばかりのシーツの臭い，そうしたものが溶け合っていました。部屋の中のあらゆる物が融合して混乱し，この無秩序な騒音から自分を守ることは不可能であり，今，このグループの中で何が起こっているのかを整理することもまた不可能でした。これは明らかに朝のチャンスの教室で起こったことを反映していました。[Adamo Serpieri, Giusti, Portanova, & Tamajo, 2003, p.67]

感覚への砲撃，境界の欠如，そして手のつけられないほどの混乱が，セミナーのスペースやリーダーの心に強烈に押し入ってきます。自分の苦労を共有してほしいという教師の要望は，時々かなり意識的に「あなたも時にはここへ来て，理解しようとしてみて……あなたも私たちと共に苦労すべきです」といった言葉で提示されました。この仕事の性質を考えると，ここで必要とされるコンテイナーの資質が，多岐に渡ることが明らかです。継続性，回復力，暴力や口汚い言葉や乱暴な行動を受け止め対処する能力，人に無力さや無能さを感じさせるのが狙いの暴力に対処する能力，性的興奮，挑発，侵入，境界破り，極端な情緒の興奮や突然の変動への対処能力，柔軟性，耐性，創造性，そして希望に満ちた状態であることなどが，その一部として挙げられます。

いくつかの声で紡がれた物語

この仕事の初期の段階では，セミナー・リーダーのもの想いは，創造的思考の小さな兆しを摑まえることが主な目的でした。これは言語発達が始まる様子——母親が乳児の前言語 pre-speech に意味を授けることで，話し言葉が使えるようになっていく——と類似しています。ビオンの言葉で言えば，このグループの中でよく起こっていたことは「音の落書き doodles in sound」（Bion, 1963, p.52）だといえます。ディスカッションでは，参加者の凝集性が高まることで，少しずつ報告が充実した，豊かなものになっていきました。セミナー・リーダーという具象的な存在により，かき乱されるような情緒について考えることができるようになっていったようです。これは，早期の子ども時代に，かき乱されるような情緒的体験を排泄する代わりに，それについて考えることができるようになるためには，母親の物理的存在が必要なのと同じです。物語が共有されることで，セミナーが気づきの能力のゆりかごとして機能し，少し

ずつ出来事のつながりが再構築されるようになり，情緒が表現され，思慮深く考えられるようになっていきました。こうして，感情のほとばしりと，魔術的で即座の解決を探し求める行為から，共に考える方向へと向かうことができるようになっていったのです。

　私たちはたいてい，目下の緊急事態への対処についての切迫した議論から始めていましたが，次第に，よりゆとりのあるスペースがもてるようになり，教師たちの反応を導くことのできる理解のかけらを集められるようになりました。スタッフは経験を蓄え，仕事を共有するやり方を発達させ始めました。これは，素晴らしい実践のしっかりとした基礎になりました。こうしたことが起こり，また明確化できたときには，明らかに安堵の感覚がありました。実例として，次の状況を提示します。これは参加者が口頭で描写したものです。

　　ミーティングでは，特に大変だった最近の出来事が話し合われていました。その2日前，3人の少年と2人の少女が，職員室を占拠しました。それは「女性の日」としてスタッフに花束が贈られる式典の後だったのですが，その時は後に何が起こることになるのかについてなど，何の手掛かりもありませんでした。スタッフは幾度か生徒たちをなだめようと説得を試みましたが，彼らは事態に反してますます耳を貸さなくなり，激しく抵抗しました。子どもたちを迎えにくるために，親を招集することが決定されました。これを知った彼らは占拠していた部屋から出てきて，教師の裏切りを責め立て，さらに破壊的になり，とてもコンテインできない状態になりました。机や戸棚は引っくり返され，口汚い言葉がスタッフに向けられました。しばらくして，最悪の事態は過ぎ去ったかのように見えました。しかしこれは，幻だと分かりました。なぜなら，チャンス・プロジェクトのために場所を提供してくれている――この事件の目撃者である――学校スタッフの強烈な視線が，生徒にとっては侵入的で挑発的なものだと見なされたからです。雰囲気は一層コンテインできないものとなり，生徒たちは，こうした部外者に侮辱の言葉を浴びせかけ，物理的に衝突しようとしました。きわめて難しくはありましたが，チャンス・プロジェクトのスタッフは，事態を悪化させないように，生徒たちに戻って昼食を取るように説得しました。その日は，さらなる事件もなく終わりました。

　　ディスカッション・セミナーでは，最初は，規則を再確立する方法についての白熱した討論から離れられませんでした。セミナー・リーダーは，

スタッフの気持ちについて尋ねました。一人の教師は，自分たちが協力した努力の賜物をまさに初めて得た時に生徒が取った行動に，痛みを感じたと表現しました。もう一人は，親を介入させて衝突を激化する原因となったことに，罪悪感と失望を覚えたと発言しました。スタッフは2つの立場の間を揺れ動いているように見えました——膨大なエネルギーを費やした挙句，子どもが自分たちの望むものではないという認識によって期待が砕け散ってしまった親の立場と，自分たちを過大評価し，同時に直面する事態を過小評価したことについて，スタッフ自身とその役割を価値下げしようとする強い傾向です。失敗，疲労，動機の喪失感を表明し，さらなる援助を求める人もいました。このことから，セミナー・リーダーは，次の2つの視点について描写しました。彼らの苦痛が，事件を理解し検証したいという思いを導きだす一方で，他方では断絶が起こり，対処することや持続していくエネルギーがもはやなくなったという感覚が蔓延していたのでした。リーダーは，こうした出来事を思春期青年のこころを捉えている事柄，すなわちリビドーと攻撃性の両方に結びつけることの重要性を強調しました。チャンス・プロジェクトに参加するような生徒たちは，常に制限を求めているのと同時に，それを尊重する準備ができていないので，これが特に難しいのだとわかってきました。このような状況下に身を置いていることは，極めて難しい試練であり，疲弊する経験です。

転換点を見極めつつ，スタッフのきわめて多様な感情や立場の違いを認識し，事件を時系列的に再構成する最初の試みがここにあります。しかし，いまだに明らかではないのが，いかにして親しみ——教師たちに花束を手渡すこと——が，反感へと変貌したのかということです。しかし，これは剥奪児との仕事では繰り返し起こる側面です（Boston & Szur, 1969）。拒絶と軽蔑に彩られた防衛の鎧のへこみと，依存関係における脆弱さを露呈することで，さらなる失望とそれに連なるあらゆるリスクにともなう恐怖が表現されるのです。

記録すること

参加者たちは過剰な恐れを感じずに，自分の気持ちをセミナーに持ち込むことが可能だと自覚するようになっていきました。また，自分たちが巻き込まれた問題や，小さな一連のエピソードを再構成し，観察記録を作り上げるようになっていきました。

下記に事例を提示しましょう。ある宗教的集団に所属する青少年指導員のルカが巻き込まれたエピソードです。

> ルカは，チーロが暴言を吐いたことから始まった様子を記述しています。チーロは，普段は穏やかに振舞う子どもでした。そのすぐ後ろでネロが，ルカを身体的に攻撃し，ズボンを引きずり降ろそうとしていました。3日間の停学を課せられたのは，自分が彼らのことを告発したためだと彼らが考えないために，ルカは起こったことについて話し合おうとしました。いろいろな意見を聞いた後で，セミナー・リーダーは，こうしたエピソードが起こったのは，初めてではないことに気づきました。そこで，ルカが生徒の感情や不安を引きだす磁石の役割をしていないかどうか尋ねました。ズボンをずり降ろす行為は，ある種の冗談としてなされたことですが，生徒たちはおそらく，ルカが（男性として）この仕事を選んだことが理解できず，ルカを性にまつわる不安のはけ口としたのかもしれません。ある教師の観察は，ルカが生徒の行動面を強調し過ぎているというものでした。もう一人の教師は，青少年指導員が，教師と生徒の接点，つまり中立の立場で行動していることに光を当てます。セミナー・リーダーは，このミーティングには優しさと実直さの雰囲気が行き渡っており，それがルカの困難さを理解し，規則として制限するに留まらず，出来事には意味があるという可能性をじっくりと考えられるようにしていると，コメントしました。

このような観察は，個人にもグループにも成長の感覚を与えました。観察は，個人のグループに対する責任と信頼の行為を表象しており，一人ひとりが自分の貢献として観察を持ち寄ることができるという感覚がありました。

やがて，観察を書きとめた記録が持ち寄られるようになっていきました。たとえば次の事例は，教師の陥りやすい誤りを露わにするような，理科の授業の一場面です。

> エンゾーは，火山に魅せられて，火山岩に触れていました。私は彼にどれがどんな火山岩かわかるかと尋ねました。彼はひとつを手に取って，「普通の石です」と言いました。私はそれは軽石だと教えて，とても軽いので分かるよねと言いました。私は化石と比べて重さが違うことを指摘して，時には軽石が海に浮いているのが見られると言いました。エンゾーは，それを信じ

ようとしませんでした。そこで本当に浮くかどうか実験してみることにしました。私たちはガラスの水槽を水で一杯にして、エンゾーに石を水の中に入れるように言いました。すると、石は水槽の底へ沈みました。エンゾーは私を見て満足そうな表情をしています。私は唖然としました。この石の以前の持ち主であった私の祖母が、40年前にこの石は軽石なんだと言っていたからです。けれども、私はこれまで、それが本当かどうか確かめたことは一度もなかったのです！　私はエンゾーの直感を誉めて、私の仮説を確かめ、結論を導き出させてくれたことに感謝しました。[Maguliuo, 2003, p.124]

自己観察

　乳児観察は，観察者の存在が，母親の子どもに対する観察能力を伸ばすのに役立つことを明らかにしています。私たちの経験では，これと似たプロセスが教師一人ひとりだけではなく，施設そのものにまで拡張され，その文化の一部を形成し，教育実践にまで及びます。この共有された文化という構造体は，私たちの方法論のいくつかの側面を生かします。たとえば，隔週で行われる教育会議では，一貫した設定を維持することに明確な関心が向けられるようになり，教師たちの報告にゆるやかな取り入れ過程の兆候である，メタ観察 meta-observations として定義できるような要素が現れ始めました。たとえば，青少年指導員は，次のような考察を添えて自分の観察について紹介しました。

　　「頭の中で，とてもたくさんの考えが絡み合っています。そして，いまだに混乱し，失望し，この出来事に腹を立てています。ここでそのことについてお話しするだけで目的は達せられるのですが，ただ前もって事実を記述しておくことで，気分が幾分ましになったことに気づきました」。

　考え，記述する行為は，ここで重要な意味を果たしています。「絡み合った考え」と冒頭に定義されているものが，混乱，失望，怒りと命名され，弁別された情緒へと変形されているからです。この過程による有益な効果を，青少年指導員自身が体感し，認識していたのでした。
　セミナーで他のスタッフと考えを共有する重要性は，次の「ソーシャル・マザー」の言葉が示唆しています。

　　「チャンス・プロジェクトでの心理のミーティングに初めて参加した時に

は，私はその目的を本当には認識していませんでした。チャンス・プロジェクトの最初の期間，自分には対処できない凄まじい数の緊張場面や，生徒からの攻撃によって，随分たくさんの疑惑や不安や恐怖が積み重なっていました。心理士とのミーティングで，教師と他のスタッフのメンバーたちが出来事を再構成する中で自分たちの感情を表現していることに，私は皆が同じ問題を共有しているのだと勇気づけられました。」

次の2人の美術教師の対話の引用は，さらに洗練された考え方をはっきりと示しています。

> この子どもたちは，美についてのステレオタイプな考え方をしています。彼らの目をカメラのレンズになぞらえるならば，焦点が特定のイメージの上にしっかりと固定されたまま残っているのです。ですから他のイメージが与えられても，このイメージが現れてしまうのです——それがこのイメージです。子どもたちが紙に描くのは，これのみなのです。
>
> カメラを持って屋外に出かけ，手をつなぎ，観察するものを指し示し，共に語り合うことで，固定されたレンズに一滴の潤滑油が挿され，突然，生き生きとしたイメージが集まりだすのです。
>
> この時点でシャガール，ピカソ，ミロの作品を見せると，子どもたちは偉大な芸術家についての予備知識がなくても，彼らが「へんてこな」色とバランスが崩れたイメージを使い，敢えて夢を表現しようとしていることを知ります。すると，たくさんの夢を持ってはいても表現できない彼ら（子どもたち）が，自信を持って，自分に満足している人間の明るい眼差しとほほ笑みをもって自分の作品を見るようになるのです。あなたにも輝く瞳が見えるでしょう……［Adamo, Iannazzone, Melazzini, & Peyron, 2005, pp.97-98］

「固定」は，他者や自分自身の，そして世界の見方を平面化し，限定する防衛機制の意で用いられます。しかし，慎重でありながらも継続的に新しい情緒経験が供給されることでもたらされる「潤滑 lubrication」が，認知と情緒の地平を広げます。

また，観察の方法論は，生徒の選抜にも重要な役割を与えました。プロジェクトは，学校から排除された子どもたちを受け入れるために計画されていましたが，選抜することには特有の難しさがつきものです。というのも，ここで選

抜することが，さらなる排除を行うことのように感じられるからでした。選抜は罪悪感をかきたてます。なぜなら，多くの場合，チャンス・プロジェクトは，最終的に少年たちが児童自立支援施設に入る一歩手前の最後の希望だからです。年月を重ねた経験の蓄積から，スタッフは子どもの選抜の困難さの背景には，たびたび万能感が潜んでいる危険性に気づくようになりました。最終的に導入された卓越した対策は，教師と青少年指導員のペアで実施する子どもの入学審査面接に，第三のスタッフを含めるというものでした。その人物は，関与しない観察者として機能するのです。この第三のスタッフの報告は，意思決定のプロセスに重要な貢献をします。たとえば，一見すると生意気で攻撃的に思える十代の若者の震える手は，その子どもの恐怖や脆さを際立たせるものであり，話題に躊躇や変化があるということは，さらに調査する価値のある葛藤領域を示唆しているものかもしれないといったことです（Adamo & Aiello, 2006）。

浮き沈み

　私たちは，チャンス・プロジェクトが，情緒と葛藤をワーク・スルーするための安定した方法を確立した理想的文脈であるといった誤った印象を与えかねない危険性があることを自覚しています。これはまるで見当違いです。最近起こった危機は，初期に起きた「暴動とバリケード騒ぎ」に匹敵するものでしょう。

　ルイージという名の少年は，クリスマス休暇の後，登校できていませんでした。翌日，彼の父親の訃報が届いたのですが，その死はカモッラの処刑団の手によるものでした。

　以下の話は，教師の観察から取り出したものです。

　　校内はほとんど空っぽで，一日に7～8人以下の生徒しか登校してこない状態がおよそ1週間続いていました。水曜日の全校集会で，私たちの一人がこの事件についてコメントしようと，時には無実の人々が殺されることもあると話しました。生徒たちの反応は強烈でした。「もし，殺されたんなら，そいつは何かヤバいことをやらかしたんだ」，「カモッラはいつも，もう一度チャンスをくれる」とジュゼッペは言いました。生徒たちは，ルイージは絶対に学校に戻ってこないと確信していると言います。クラスメートとして友情の証を示すために，葬儀に行きたいと頼みに来る者もいました。私たちは，これは悲劇的で困難な事態であり……葬儀は警察に警

備されることになっていると言うのがやっとでした。長い沈黙が続きました。ローザの目は怒りに燃え上がり、ルイージーに手紙を書くことを提案しました。

　ルイージーと最も仲の良かったクラスメートは、この集会に参加しませんでした。その後も、この件で担当教員と話をするために教室に入ることを拒み、室外に残りました。生徒の一人は、まるで新聞でも読むかのように、いくらか無関心な様子で何が起こったのかを話しています。別の生徒は、「行われるべくして起こった」見せしめについていくつかのエピソードを物語ります。なぜなら、「人はいつも過ち（カモッラの掟に背いたことを意味する）を繰り返すんだ」。しかし、その後すぐに彼はつけ足します。「もし、連中が俺のオヤジにそんなことしたら、俺はカラシニコフを持って飛び出すよ」。

　これは事件後のセミナーからの引用です。スタッフの見解の主流は、この少年が二度と学校に戻ってこないだろうという痛みに満ちた確信であり、それは失敗と破局の感情を象徴する体験でした。多くの生徒の親族が、被害者と死刑執行人のいずれかの立場でカモッラと関わり合いがあるという事実を直視すると、「この時点までは安全な避難場所の象徴であったチャンス・プロジェクトが、戦場になるかもしれ」ず、そしてこれが学校放棄を伝染病のように引き起こすかもしれないという恐怖が表明されました。しかし、スタッフは起こったことをワーク・スルーさせようと生徒たちを励ましました。スタッフは生徒たちの反応について、カモッラとの同一化を宣言するような最も懸念されることですら、語り合おうと試みました。

　セミナーでは、最もコンテインしがたい生徒、カルミンの死にたいという願望について話し始めました。

　　ドラゴンの絵を描き写しながら、巨大な炎の舌が口から突き出ているところを付け加えつつ、彼の言葉はため息に包まれてこぼれ出てきました。彼は家には帰りたくないので、公園で野宿すると付け加えます。レロは、夏の間、夜はそこで寝ていたと語ります。マリアは公園からは共同墓地が見えると言います。レロはテーブルの上に横たわり、死体のポーズをします。

第10章　新しい施設を育てる　179

　ルイージはついに学校に戻ってきました。最初は他の生徒たちから大いなる不安をもって迎え入れられ，彼はまるでほとんど危険な感染症の罹患者のようでした。

　彼の復帰後の全校集会には，不穏な空気があふれていました。ひとりの少女が外に走り出て，担当教員に会いたいと言います。少女は担当教員に自分の父親についての不安を語ります。「お父さんが出所してきたら，同じように殺されてしまうのではないかと心配なの。連中は，お父さんを待っているの」。何人かの生徒が集会から脱走して，メイン・ホールで裏切り者の処刑を再演していた様子を2人のソーシャル・マザーが詳細に話します。「3人の男の子が2つのイスに一列に並んで座っています。彼らは麻薬を吸う振りをして，それから『バイク』を走らせます。彼らの表現とボディー・ランゲージは，声でエンジンの爆音を表現しながら凄まじい速さでバイクを走らせるといった，冷酷な暴力に満ちていました。彼らは，4人目の男の子が演じていた標的にたどり着きます。彼を裏切り者と呼び，軸の突き出たドアの取っ手を拳銃のように正面に構えると，『この，クソッタレ，お前は裏切りやがった。だから死ぬんだ』と叫び，彼を『撃ち』ました」。

　この時から何カ月もの間，このテーマが繰り返し戻ってきたことから，私たちは，死別のトラウマのワーク・スルーを思い起こしました。教師らは，個別指導のグループのように親密な事柄を穏やかに話しあっているときに，生徒たちは，赤ん坊の弟の死，母親の中絶，幼年期の病気での痛かった手術の体験などを思い出すのだと報告しました。
　より一般的な疑問に焦点を当てた数回のミーティングの後，パトリシアが「取っ手とピン」と題した観察を読みあげます。

　これは生徒の新しい「ゲーム」のことで，ドアの取っ手をねじり取り，ピストルとして使うものです。観察は，生徒一人ひとりが取っ手をどう捉えているかについて，極めて生き生きとした描写を含んでいます。話し合っていると，ある教師は，生徒はまだルイージの父親の死を再演しているのではないかと言います。しかし，別の教師は，このゲームは趣味がいいとは言えないけれど，チャンス・プロジェクトがコンテインし，持ち堪

えることができるからこそ，生徒たちはそういうものをこうして持ち込めるのではないかと思うと言いました。

　話し合うなかで，生徒たちがドアの取っ手に関心を持ち始めたのは，何カ月も前にさかのぼることがわかってきました。彼らは自分が中に閉じこもったり，誰かを閉じ込めたり，締め出すのに，長い間取っ手を使っていたのですが，それを私物化したり，秘匿する傾向もあったのです。これは学校の中では他のもの，特にケーキとスナック菓子においても起こっていました。ものが隠されることは，たいていそれらが消える前兆でもあります。

　このように「ゲーム」は，権力の問題と関連するようです。誰がいつドアの開閉を決めるのか，良い食べ物がどれだけあるのか——テーマはチャンス・プロジェクトの毎日の生活を表しています。ルイージの父親の死から，ゲームがますます暴力的になってきたことは今や明白でした。

　ソーシャル・マザーは，この時期について，生徒たちが「Ferro」（字義的には「鉄」という意味ですが，カモッラの隠語ではピストルを表わす言葉として使われています）と呼ぶ取っ手狩りは，権力闘争，つまりカモッラのボスの座をめぐる争いの様相を表していると報告しています。他にも，いかに暴力的なエピソードが増えているか，また，どれだけ混沌が頻繁に支配しているかといったコメントもありました。話し合いを通して明らかになってきたのは，このことがスタッフを脅えさせ，圧倒し，苛立たせているために，取っ手のゲームがすでに現実の破壊的ギャング行為の次元を呈しているということに気づくのを難しくしているということでした（Williams, 1990）。ギャングはその時，恵まれているが卑劣でもあり，それゆえ，貪欲さ，怒り，そして攻撃の必要性をあおるチャンス・プロジェクトの規則に反抗していたのです。

　この記述は，グループでの数回のミーティングに基づいたものです。現実の家族関係に対して，また生徒たちのカモッラのシステムと論理への穏やかではない内的な同一化に対して「目をつぶる」(Steiner, 1982) ような行為を回避するスタッフの力を明らかにするものだと確信しています。にもかかわらず，スタッフの「生き残る」能力——すなわち，退避せず情緒を保つ能力——が，生徒たちが悲しみの気持ちにふれ，それを表現するのを可能にしていたのです。観察は，仲間集団の力動における一連の出来事の影響を理解できるよう

にし，このゲームの象徴的な枠組みが，もうすぐやってくる長期の夏期休暇についての不安のインパクトの下でいかに劣化しているかを見通せるようにもしたのです。

結　論

　グループ調整のミーティングで，あるスタッフのメンバーがしばらく前に起こった出来事について述べました。チャンス・プロジェクトが，ヨーロッパ評議会から怠学との戦いに取り組むプロジェクトの中でベスト6の一つとして選出されたのです。最終の調査報告の発表（Hardiman & Lapeyre, 2004; Lapeyre, 2004）がストラスブールで行われることになり，教師や生徒の代表団が参加者として招かれました。チャンス・プロジェクトの生徒たちにとっては，飛行機で旅をするのは初めてのことで，興奮と不安に包まれていました。教師たちはそれぞれの生徒と隣り合うように座りました。飛行機に乗っている間，生徒の一人は機窓から見える空の景色に夢中になってじっと見入っていました。そして，驚いた様子で教師の方を振り返り，晴れていない時に今のように場所を変えて高いところへ行くと，雲が眼下に横たわり太陽が再び輝き始めるなんてこれまで想像したこともなかったと語りました。教師はこの少年の言葉に胸を打たれ，私たちも皆，感動しました。この言葉は，私たちの仕事の本質を表しているように思えました。すなわち，生徒たちの暮らしに光を投げかけ，彼らの地平を広げ，別の可能性を持った展望を垣間見させ，人生に不気味に迫る暗黒から彼らを遠ざけ，安定した環境と大人から気にかけてもらう経験を提供するのです。たとえ彼らの人生がこれからも暗闇に包まれるものであったとしても，こうした経験は彼らの心の中に留まるでしょう。この少年の言葉は，言葉と情緒の関係，大人と子どもの関係，そして生徒とプロジェクトとの関係が，お互いを豊かにしたことの証です。これがコンテインメントという象徴的な関係性なのです。

　私たちの仕事の意味は，次のように要約できるでしょう。すなわち，極めて早期の段階で傷を負う体験をした若者を受け入れる実験的な学校，その中にいる生徒とすべてのスタッフに自分自身や他者との真の出会いを提供する学校の創設です。それは言葉と沈黙がコミュニケーションの真の形となる場所であり，そこでは，他者や自己，そして自分自身の歴史とそれを取り巻く現実に存在する暗闇と光を受け止めることが可能なのです。

付　記

　何年ものあいだ，この仕事に共に携わり，私たちの思考を豊かなものにしてくれた同僚たちに感謝の意を表したいと思います。1998～2005年まで心理プロジェクトの共同計画者であり，共同責任者であったパオロ・ヴアレリオ教授。ディスカッション・グループのリーダーであり，心理士チームのスーパーバイザーであるグエルフォ・マルガリータ教授。そして，ワーク・ディスカッション・セミナーのリーダーであったフラビア・ポルタノヴア博士。

　この困難で刺激的な体験を共有したチャンス・プロジェクトの教師，教育者，その他の専門職の皆さんにも心からの感謝を捧げます。

第11章
児童養護施設の職員とのワーク・ディスカッション・セミナー(メキシコ,プエブラのストリート・チルドレン)

ジアンナ・ウィリアムズ

　この章では，カーサ・フコニ［訳注：子どもとともにある家］というメキシコのストリート・チルドレンのための児童養護施設でのワーク・ディスカッションの活用について述べます。私は，過去8年にわたって定期的にその施設を訪問し，接触を続けてきました。
　フコニは，"junto con los ninos"［子どもとともに］を意味し，ストリート・チルドレンを「救い出し retrieving」，カーサ・フコニに連れてくることに情熱を傾ける NGO で——通常の児童養護施設とは異なり——長期間にわたって子どもを保護しています。カーサ・フコニが独特なのは，ストリート・チルドレンの情緒的な生活に関心が払われているという点であり，これは，ラテンアメリカでストリート・チルドレンの福祉に取り組んでいる数多くの機関でもあまり例のないことです。1999年以来，私は6回にわたり，各回平均10日間，カーサ・フコニのあるプエブロを訪問してきました。このグループへの援助は，私がプエブロにいる時に始まりました——訪問の合間には，電子メールを使っての「遠隔教育 distance teaching」を続けました。「遠隔教育」の実施には，子どもの心理療法の同僚が2人加わってくれました。定期的にスタッフ・ミーティングを開き，電子メールで意見を交わしています。
　ここでは，この仕事のある特定の側面に焦点を当てることにします。それは，職員 educators や教師や寮父母——実際には子どもの養育と教育に関わるすべての人々，そして外部機関，および可能な場合には子どもの実の親との接触を保っている人々と話すことです。私たちは毎日，2人の子どもについて検討しました。1人について午前中3時間半，もう1人については午後に3時間半です。部屋に集まり，問題となっている子どものことを良く知っている皆が参加して話し合います（カーサ・フコニにいるのは全員が7〜18歳の24人の男児で

あるため，以下，「彼」と表記します）。

　1999年に，私は，一人ひとりの子どもと過ごす「特別な時間 Special Times」という考え方を初めて導入しました。これは，毎週，同じ場所で同じ時間に45分間，特定の子どもと会うことを基本としています。それぞれの子どもが「特別な時間 Special Time」の箱を持ち，その中にはお絵描きの道具などが入っています。子どもがセッションのなかで書いたり，描いたりするものは何でも，その「特別な時間」の箱に保管されます。

　この「特別な時間」についてのワーク・ディスカッション・セミナーの経験は，1975年にタビストックの，現在では精神分析的観察研究コースとなっている講座で，初めてワーク・ディスカッション・セミナーを行った文脈とはかなり異なるものです。

　フコニ・ハウスでの特別な時間では，利用できる資源を活かすための工夫が必要でした。こうした資源には限界があり，それゆえに時間数も限られており，現在では1年が標準的な期間となっています。特別な時間に関わる職員は，子どもたちの日々のケアには直接関与していない人の方が良いということが分かってきました。職員は子どもの話に耳を傾け，目いっぱいの注意を向けることが求められており，セッションのための話題を準備したり，質問ぜめにしたりせずに，その子どもがセッションの中にもちこむものをただ見るのです。ずっと黙ったままで，心を通わせるのが難しく，私がかなり以前に書いた「二重の剝奪 doubly deprived」の状態にあるような子どももいます（Henry, 1974）。また，こうした援助の手によく反応を示す子どももいます。このような（良い反応を示す）子どもたちは，それまでの生育歴がどんなに悲惨なものであろうと，人生のスタート時にはいくらか幸福な時期を過ごしたのかもしれないという仮説をたてることができます。子どもたちのほとんどはインディオです。インディオの母親は子どもを背負って運ぶのですが，そうすることでボディンコンタクトだけではなく，振りむいて子どもの顔を見てアイコンタクトもできるのです。これから述べるペドロは，人生のスタートをこのように良い形で始めた子どもの一人だったといえるでしょう。

　2006年12月に最後にプエブラへ行ったときに，当時11歳のペドロについて話し合いました。私が訪れた時には，ペドロはカーサ・フコニですでに1年を過ごしていました。ペドロは父親から身体的な虐待を受けており，両親ともに確実にアルコール依存症であることが分かっていました。ペドロは4人同胞の第三子で，子どもたち全員がひどいネグレクトの状態にありました。カーサ・フ

コニに入ることに彼が同意する前に、ペドロがどのくらいの期間を路上で生活していたのかはわかりません（職員がストリート・チルドレンと信頼関係を築くまで、数カ月かかります。子どもたちは、路上では臓器密売など多くの危険があることを知っています）。ペドロは確かに学校に行った経験があり、読み書きができました。両親とは連絡がとれましたが、ペドロが家に戻れる可能性はほとんどありませんでした。

ペドロは、心を通わせられない子どもではありませんでした。真摯な態度で「特別な時間」の誘いに応じ、自分の担当者に自分自身のことについて多くを語りました。以下は「特別な時間」のセッションの中で、ペドロが口述した物語です。この話は彼の内的世界、そしておそらくこの子どもの生育史についても多くを示唆していました。この物語は少しずつ進展していきましたが、最初は優しさに触れるという恐れに対して、かなり防衛的なものでした。

初期の物語の一つから、引用したいと思います。主人公はシルベスターと呼ばれていました。

> ペドロはシルベスターについて話します。「シルベスターは、ハグが好きじゃないんだ。シルベスターは、きっとハグされるのが怖いんだよ。誰かが抱きしめようとすると、逃げるんだよ。逃げると、とっても疲れて、とっても喉が渇くんだよ」。

物語のこの時点では、シルベスターは疲れて喉が渇くと弱くなるということです。私たちは、彼が「アブエリタ」（小さなおばあちゃん）と呼ばれる場所に駆け込むのを見ます。これは、ペドロが、この児童養護施設、そしてそこで働くすべての人に付けている名前です。興味深いのは、「アブエリタ」が集合体を指す名称であり、単に寮母のビビアナのみを指すわけではないことです。

シルベスターは抱きしめられたくない子どもで、関係が親密になりすぎるのを恐れています。喉が渇き、渇きをいやす必要があり、だから少し弱気になっている時にだけ、彼は人格をもたない対象の「アブエリタ」と関わりをもつことができるのです。

ペドロは、施設の子どものつらい状況をきちんと職員に伝えることができました。もう一度、彼の物語から引用します。

> 「あの子たちには、お母さんがいなくて、小さなおばあちゃんがいるだ

けなんだ。誰かが怪我をすると、小さなおばあちゃんに治してもらうんだ。この施設にいる子はみんな、とても傷ついていて、たくさんめんどうをみてもらう必要があるんだよ」。

私たちは、おそらく寮母のビビアナと何らかの関係がある「アブエリタ」に近づいてきています。しかし「特別な時間」の担当で感受性のとても豊かな女性のサンドラ・コルテスは、ペドロの防衛に配慮し、たとえ寮母との関連性がとても明白になったときにでも、直接に寮母と結びつけることはしませんでした。ペドロはストリート・チルドレンだった時、おそらくギャングの力動に巻き込まれていたのでしょう。ギャングは、メンバーの誰であれ、気弱になったり、ケアの必要性があることを認めません。

ストリートにいるギャングのメンバーは、ペドロが寮母と親しくなっているのを見たら、彼のことを笑うでしょう。

物語のこの時点で、内的なギャングを象徴していると思われるギャングが、ペドロに仲間に戻るように求めます。ペドロはギャングと一緒に世界の頂点にある場所——"arriba del mundo"——に向かいます。ペドロはこの時点ではマービンと呼ばれていますが、物語の主人公であり、時々、彼の「友人たち（ギャングの仲間）」を訪ねます。というのも「**あいつらは、彼と同じストリート・チルドレンだから**」とペドロは言います。しかしペドロが、もはや現実にはストリート・チルドレンではないのは周知のことです。その物語から引用しましょう。

> 「マービンは、世界のてっぺんに登るのが好きなんだ。だって、世界のてっぺんには、マービンとそっくりな友達がいるからね。でもマービンは、アブエリタと一緒に暮らしていて、友達のところへはちょっと**立ち寄る**だけなんだ。マービンは、あいつらと暮らしたくなかった。あそこがあまり好きじゃなかったからね。あそこはひどく寒いんだ。何しろ世界のてっぺんにある場所というのはとっても寒いのさ。マービンの友達は宇宙船（ギャングの隠れ家？）を持っていたから、そこで暮らせたんだよ」。

重要なことは、ペドロがギャングの隠れ家に引き込まれるのをアブエリタが心配していることです（とても多くの子どもたちが、ストリートに戻りたいという誘惑を感じています）。そして職員がこの危険に気づいていることがとて

第 11 章　児童養護施設の職員とのワーク・ディスカッション・セミナー　*187*

も重要なのです。

　　「時々，アブエリタはマービンがそこにずっといるかもしれないと思って，他の子どもたちに『マービンはどこかしら？』って聞くんだ。マービンは，アブエリタのところに戻って，アブエリタに『帰ったよ』って言うんだ。マービンは，ずっとそこにはいないからね。マービンはいつもアブエリタのところに帰ってくるんだ」。

　こうして，世界のてっぺんにいる時でも，ペドロがアブエリタのことを考えていることが分かります。

　　「マービンは，ビューンって飛んで，世界のてっぺんに着くんだ。マービンは星の高さまで行って，星をひとつ取ってくるんだ。アブエリタにこの星をあげるつもりなんだ。だってアブエリタは，星が好きだから。アブエリタはその星を見て，マービンに『ありがとう』って言った。それからマービンは遊びに出かけたのさ」。

　再びペドロは，自分には家族があるのだと感じています。
　物語のこの部分は，ペドロのアブエリタとの関係（おそらく，赤ん坊の頃の経験でもあるのでしょう）を物語っており，こうした関係性は，乳児と母親の間の「美的相互性（Meltzer, 1988）」の経験を呼び起こします。「美的相互性」の状態では，乳児が母親の目を星のようだと感じるのも当然でしょう。
　今やアブエリタは，危険なほど寮母と同等の存在に近づいています。たとえばアブエリタはボール遊びをしたり，月曜日に子どもたちに課題を割り当てたりします——すなわち，誰の目から見ても明らかに寮母のあらゆる側面を持つ人物として表現されています。それでも彼女はアブエリタと呼ばれていなければなりません。
　この施設は，ギャングの隠れ家とは全く違います。物語のなかで，子どもたちがギャングではなく，痛みに満ちた感情が共有されうるグループのメンバーだと（Williams, 1997）感じていることをはっきりと示す描写があります。

　　「良い友達ってのは，かくれんぼしたり，サッカーしたりして遊ぶんだ。それから自分が感じていることを喋るのさ。みんな助け合って，お互いに

声をかけ合うんだ。『調子はどう？　手を貸そうか？』みんな，家族のこと話したり，お母さんが自分のところに来てくれないっていうような悲しいことも話すんだよ。みんな悲しいんだ。だから友達と話すのさ。友達はこう言ってくれるんだ。『遊びにいこうぜ。家族はそのうち会いに来てくれるよ』」。

　物語の中で主人公は，2週間も家族に会っていませんでした。この頃，ペドロは何カ月も家族に会っていなかったのです。
　頭がたくさんの心配事を引き起こすので自分の頭をなくしてしまいたいと願う小動物の話を聞けば，私たちにはペドロの防衛が戻ってくるのが分かります。母親が来てくれないと口にするときに感じるようなつらさを，どういう時に，なぜ感じるのか？――それを考えるのを止めたいと願う気持ちが，ペドロの中にあるのでしょうか？　自分の頭をなくしてしまいたいという願いは，つながることへの攻撃を示唆しています。しかしペドロは，「つながることへの攻撃」（Bion, 1967）に，身を委ねているわけではありません。彼は，激しい痛みに満ちた感情から，時折，自分自身を守ろうとしているだけなのです。彼は自分の紡ぐ物語の象徴機能によって，濾過された自分の感情に向き合うこともあるのです。
　施設での子どもグループの明るい描写が，ペドロの気持ちの全体像を物語っているわけではありません。現実の話としては，彼はひとりっ子になりたいのです。他者と共有することで，たくさんの難しい感情が呼び覚まされます。ある物語のなかで，コヨーテはひとりっ子です。コヨーテは市場へアブエリタを探しに出かけますが，見つけることができません。彼は家に戻り，路上で，自分で作った紙のボートで一人遊びを始めます。6時に雨が降り始めると，彼は家の中に入ります。アブエリタが戻ってくると，彼女と話し始めます。コヨーテがどこかへ行ってしまわずに家の近くで遊んでいたことを，アブエリタはとても喜びました。彼女はコヨーテのことをちゃんと見つけることができたのですから。コヨーテが，料理の時にはいつも手伝ってくれるなど，お手伝いをよくしてくれる子どもであることも彼女は嬉しく思っています。

「彼は，マッシュルームスープやグリーンチリ入りソーセージやフライドポテトが作れるんだよ。アブエリタは，彼が自慢なんだ。だって，彼は遊ぶけど勉強もするからね。算数が得意なんだ。彼はアブエリタに手を貸

第11章 児童養護施設の職員とのワーク・ディスカッション・セミナー

して，洗い物のお手伝いをするんだ。それに，彼女が頼むことは，何でもするんだ。コヨーテはアブエリタといるととっても幸せなんだ。彼は彼女との暮らしが大好きだし，アブエリタのことがとっても好きなんだ。だって，彼が料理のお手伝いをすると，彼女はプレゼントをくれるんだよ。おもちゃやお菓子や……」

　このひとりっ子という素朴なイメージは，アブエリタにとってとても特別な存在になるというペドロのファンタジーを露わにしています。また別の物語では，主人公が大人になったらやりたいことを話しています。

「自分の靴とソックスを買うんだ。それから車も買っちゃうんだ。車があれば，アブエリタを乗せて，ドライブに出かけられるんだよ」。

　これはロマンティックな形で母親像を保ちつづけようとする，かなりはっきりとしたエディプス的空想です。
　嫉妬は，このエディプス的空想の中には見られませんが，施設には強い嫉妬の対象となる大切な大人であるジョージという男性がいます。ペドロの心の中では，このジョージは寮母のビビアナとカップルになっています。
　他の子どもたちの激しい嫉妬の感情も，ペドロは経験しています。アブエリタはあらゆる面で非常に豊かだと見なされていて，ペドロはそのすべてを自分だけのものにしておきたいのです。

「月曜の朝，凍えるほど寒かった。タズは，とってもたくさん果物を食べていたんだ。それは，子どもたちみんなで夕食に食べることになっていたのに。タズは冷蔵庫から盗んだんだ。アブエリタが果物のことを訊くと，タズは，僕のお腹のなかにあるよって答えたんd。するとアブエリタは，自分の果物の木から，もっと果物をもいだんだ。するとタズは，もっと果物を食べた……でもアブエリタは，全然，怒らないんだよ。だって果物がなくなれば，アブエリタは木からまた採ってこられるんだから」。

　ここには豊かさの実感があります。アブエリタはとてもたくさんの果樹を持っているので，お腹がペコペコのタズに食べ物をやれますし，施設の他の子どもたちの分も十分に残っています。タズは，ここでまたしても，ひとりっ子と

して登場しています。興味深いことにこの物語のなかでは，雨が降っている時（悲しいとき／泣いているとき？）の寒さの感覚と，ひどい飢えの感覚との間のつながりを見ることができます。寒さの感覚についての言及は，世界のてっぺんにある「ギャングのアジト」というとても寒い場所を連想させます。アブエリタと一緒にいると，彼は寒さを感じないのです。ペドロが心の中の寒さを凌ぐ方法の一つは，ひたすら食べることなのです。アブエリタは暖かさだけではなく，尽きることのない滋養の源も与えてくれるのです。物語に登場するたくさんの木の豊かさの感覚は，他の子どもの嫉妬心に対する良い防衛となっています。全員に行き渡るほどたくさんあれば，嫉妬心や，独占欲を感じる必要はないのです。悲しいことに，これは施設での生活の実情ではありません。

　ペドロは，現実との接触をもう少しだけもてることもあります。嫉妬は，他の子どもたちへの残忍な感情を引き起こす可能性があります。このことが，「ヒラメくん El pez Flounder」［平目と呼ばれる魚］というタイトルの物語の中で，驚くべき形で象徴的に描かれます。この物語から引用する前に，カーサ・フコニと「特別な時間」がもたらすコンテインメントによって，このような非常にトラウマティックな体験をした子どもが，象徴的な表現の形を取れるようになるということを銘記しておきたいと思います。それにより，互いに暴力的になる危険性が低くなるのです。

　ヒラメの物語の中で，ペドロは，散歩に行かされてかなり疲れているらしい面白い魚について話します。

　　「ヒラメは，とっても疲れるから，歩くのがいやなんだよ」

ヒラメは，どちらかというと汚い水たまりに住んでいたのですが，そこが気に入っていました。その後に，大きな水槽に居場所をもらえました。でもこの水槽の問題点は，他にもたくさんの魚がいることでした。

　　「ヒラメは，怯えたんだよ……彼は怖くなって隅っこに行って，食べるのをやめてしまった。以前の住みかに戻って，あの水たまりの汚い水を飲んで，怖さを追い払おうとしたんだ。ヒラメには夢があるんだよ。いつか大きな魚になって，小さい魚を全部食べちゃおうってね。アブエリタと一緒に暮らして，料理を手伝うつもりなんだ」。

第11章 児童養護施設の職員とのワーク・ディスカッション・セミナー

この物語には，ドラマティックな終止符が打たれます。時間が飛びます。ヒラメは，いまや大きな魚になっています。

> 「彼は，小さな魚をぜーんぶ，ガブガブ食って，アブエリタと一緒に旅立つんだ。そう，最後には，魚は一匹も残っていないのさ。彼がみんな，やっつけたんだ」。

ファンタジーのなかではありますが，ペドロはライバルを絶滅させるという，最も暴力的な感情とファンタジーの表出を認めています。彼の**万能的な破壊性**に干渉する親はいませんし，罪の意識も後悔も体験されていません。

ペドロの物語は，続きます。そして次第に，彼の万能感に変化がみえ始めます。私たちは初期の頃の物語で，彼がある惑星まで飛んでいってストリートの仲間に会う，という話を聞きました。

その時点で，ペドロは飛ぶことについて話しており，自分の万能的な能力を本当に確信しているようでした。ペドロは惑星へ飛び，アブエリタに持って帰る星へも飛んでいき，施設に舞い戻ってきます。しかし後の物語では，自分には翼がないことを認識しています。

> 「ピオリン［主人公］がチョウチョを好きなのは，飛べるからなんだ。それで……ピオリンはチョウチョみたいになりたいんだ。飛びたくてたまらない，でも彼には羽がないから飛べないんだよ」。

この物語のなかの万能感の衰退は，傷つけたことと修復したい願望とに関する不安——その不安をメラニー・クラインは**抑うつ的**と表現しています（Klein, 1935）——に触れる感情を伴っています。ピオリンは，実父母を訪ねることができないので，イライラしています。彼は，アブエリタの家の壁に歯磨き粉を塗りたくっています。

> 「アブエリタは料理をしていて，何が起きているのか全く気づかなかった。ある時点で，ピオリンは壁に塗りたくるのを止めるとすぐに，塗りつけたものを自分で全部きれいにしだしたんだ。アブエリタは彼のことを叱らなかった。だって彼女は彼のしたことを知らなかったからね」。

この文脈における最後の物語はとりわけ意味深長なもので，保護的な親対象の見守りの目の重要性を伝えています。ペドロが危険な状態になりうることを，アブエリタは十分に気づいていなければなりません。昔の友人たち，かつてストリートにいた時の危ない仲間の誘惑に抗うほどには，彼は強くないかもしれません。彼には，自分の内的世界の破壊的なギャングの側面とつながる可能性がありました。彼が「友達に会いに行くかもしれない。でも必ずアブエリタのところに戻って来るよ」と言ったとしても，それでは十分だとは言えません。彼は，自分が救い出してもらえることを知っている必要があります。なぜなら彼の中のギャングはそうそう容易には消え去ってくれないからです。このことは明らかに，ペドロの中で何か破壊的なもの——歯磨き粉を塗りつける以上に破壊的なもの——が安全できれいな水槽や施設，そして親像であるアブエリタに勝ってしまう危険性を示すものです。

　「ある日，ピオリンはアブエリタを探していた。公園で知らない大人の男の人に出くわしたんで，木の後ろに隠れていたんだ。その男はピオリンを誘拐した。男が彼を連れ去ろうとしていると，アブエリタがピオリンが誘拐されるのを見つけて，彼を守るために突進したんだ。ピオリンが連れ去られないように。でも奴らはアブエリタも誘拐して，『でっかい奴』が住んでいるとても大きな家に連れて行って，2人をそこに置き去りにしたんだ。ピオリンはこれからどうなるのか分からず，怖くて仕方がなかった。泣きたかったし，助かるなんて思えなかったんだ。するとその『でっかい奴』が，お前を食い尽くしてやると言ったんだ。
　ピオリンは，自分はなんなら友達になるし，食べないでほしいと言ったんだ。でもその時アブエリタが自分の手で『でっかい奴』を殴って，それでアブエリタとピオリンは逃げて，施設の仲間のところへ戻ったんだ。2人が施設に着くと，特別のミーティングを開いてこの出来事を話して，みんなに自分たちが大丈夫だということを知らせたんだ」。

ここでは，ピオリンが他の子どもたちに出来事の詳細を語ったため，物語の全容が繰り返されます。この物語を聞いた後，年少の子どもたちは，もし自分の身に何か起きたらどうしたらいいのと尋ねました。

　「アブエリタは，公園には遊びに行かずに，施設の庭でだけ遊ぶように

って，みんなに言ったんだよ。」

　ペドロは，この物語が重要であると分かっていたに違いありません。というのは，彼が物語の内容を繰り返したのは，この時だけだったからです。彼が木の後ろで出会った大人は，実際にストリートで子どもを誘ってくるギャングのメンバーと何らかのつながりがあるかもしれません。

　私がミーティングの中で論じた力動は，子どもの生活の外的な側面にのみ関係しているわけではありません。誘拐犯が象徴しているのは，ストリートでの生活やシンナー吸引や麻薬取引，時には売春の世界へと戻ることに引きつけられる子ども自身のパーソナリティの側面を表していると言えます。外的にであれ内的にであれ，ギャングがパーソナリティの一部を良い対象から誘拐し，誘惑するとき，「よどみ」——水たまり——はとても魅惑的なものになりうるのです。多くの精神分析家（Joseph, 1982; Meltzer, 1979; Rosenfeld, 1971; Steiner, 1982）が言ってきたように，そこから逃れることは容易ではありません。

　良い対象，両親，つまり物語の中のアブエリタは，誘拐された子どもを取り戻そうするかもしれません。しかしギャングはもっと大きな力を行使してくるかもしれず，時には良い対象が圧倒されるように見えることもあるでしょう。ペドロの物語では，アブエリタは屈服したように見え，ペドロ自身も一味のリーダーである「でっかい奴」，ゴッドファーザーと結びつこうとしています。食われるよりは，友達になる方が良いのです。ペドロの内的世界で，良い対象，安全な施設，そしてアブエリタが表象するすべてが，ギャングよりも強いようであることは，希望の源です。アブエリタは自分の手だけで，ゴッドファーザーの頭に強烈な一撃をお見舞いして切り抜けています。

　ペドロは，危険が木の後ろに今も潜んでいることを知っています。この恐ろしい物語は，何度も繰り返し語られる必要があります。ペドロがその物語を語る時，あたかもその恐怖が今もまだ彼の心の中にあるようです。なぜなら彼は，子どもたちは施設を決して出ずに，施設の庭でだけ遊ぶべきだと言って，物語を終えているからです。

考　察

　ワーク・ディスカッション・セミナーを実施する際には，私は自分が多くの精神分析的着想を用い，また精神分析的な枠組みを参考にしていることを常に

意識しています。素材を検討する際のアプローチは，観察可能なものを見つめ，専門用語を使わずに，共有できる理論を基に仮説を構築することを基本にしています。

　私がペドロの素材を理解する際に役立った，主な理論をいくつか示しましょう。依存への恐れという中核的なテーマから始めようと思います。このことは私が述べた最初の物語のなかに非常にはっきりと見てとれますが，彼は軟弱になりすぎないように，抱っこが好きな子どもにはならないようにしようと努めています。この硬さは，私が「ギャングの力動」(Williams, 1997) として述べたことの一部だと言えるでしょう。多くのこうした子どもたちの人生においては，ギャングとの関わりは路上生活での実体験だったかもしれません。しかし私は，内的なギャングの存在についても述べてきました。これは，1971年にローゼンフェルドによって構成された概念です。この概念の重要な展開は，メルツァー (1979) やジョセフ (1982)，シュタイナー (1982) の論文に認められます。ギャングとは，自己の傷つきやすい部分を保護する自己愛的な構造です。パーソナリティの破壊的な部分の集合体であり，痛みがなく，親対象への欲求や依存の感覚もないことを約束して，自己の傷つきやすい部分と同盟を築こうと誘惑します。内的なギャングは，外的な親とは違って，常に存在し常に利用できるので，そこには喪失の感情は存在しません。ペドロの物語の冒頭で，彼がとても寒い所にいる友達のところに自分から進んで出向くのを見ると，ギャングの支配力がいかに強いかが分かります。しかし，彼がアブエリタと一緒にいることを望むと言った後，ギャングは戻って来ます。そして，威嚇的でとても強そうに見えるギャング組織と，ペドロの良い対象を象徴するアブエリタとの間に，真の格闘があることが分かります。そこでは，あたかもギャングのほうが強いように見えます。これはローゼンフェルドが述べる，ギャングのプロパガンダ「われわれが最強だ，われらと共に来い」の一側面にあてはまるでしょう。ペドロが最終的には，自分のパーソナリティの破壊的な部分（ギャング）よりも，良い対象をより強いものだとみなしていることは，とても重要です。彼は，「ほら，君はまだ危ないんだよ。よく注意して，安全な場所にいるようにするんだ」と言うことで，自分自身の傷つきやすい部分を施設の子どもたちに向けかえています。彼はこれを自分自身に向かって言っているのです。彼は，路上生活に戻ること，そしてギャングとの**内的同盟**へと戻ることへの誘惑がどれくらい強いものかを知っているのです。

　これは，この子どもが体験した「特別な時間」の限られた期間における，印

象的な進展のように見えるかもしれません。しかし，これは直線的なものではなく，不安定なものです。彼は頼ることをしたがらず，なぐさめとなりうる良い対象を押しのけますが（ハグを拒む），その後そうした保護なしでは，自分がとても寒くなることを彼は悟ります。この「寒さを感じる」というテーマは，世界のてっぺんにあるギャングの居場所に存在しています。そしてペドロは，寒さを感じると，果物を食べまくります。彼の貪欲さは孤独感と関係しているのです。このことは今でもまだ，良い対象との堅固な関係ができておらず，空っぽの内的スペースを豊富な食物で満たそうとすることと結びついているのかもしれません。このテーマについては，『大量に受け容れること（大量の受容）The Generosity of Acceptance』（Williams, Williams, Desmarais, Ravenscroft, 2004）の中の摂食障害についての章で探索しています。実際のところ，食べ物に限らず，ペドロにはかなりの貪欲さがあります。彼は，対象を独占し，ひとりっ子になり，アブエリタのお気に入りになりたいのです。彼は，自分の貪欲さが豊かさの感覚というファンタジーを害するかもしれないとの恐怖から，自分自身を守ろうとします。害を及ぼすことへの恐怖は，彼が歯磨き粉を壁に塗りたくってから，急いでそのダメージを治そうとする時に垣間見られるのみです。これはクラインが，「抑うつポジション」（Klein, 1935）について初めてふれた際に記述した，抑うつ不安に関連するものです。抑うつ不安はまた，親が会いに来てくれなくて悲しがっている子どもたちの物語の中にも存在しています。ギャングではないグループの中にいると，子どもたちは喪失の感情に直面できます。事実，このことはグループの力動とギャングの力動との間の重要な違いのひとつなのです（Williams, 1997）。ギャングは傷つきやすい部分が依存的にならないように保護しますが，グループは不在の親について考えることができ，そのためのコンテイナーを提供できるのです。このコンテイナーは，ギャングのように依存からの解放を保証するものではありませんが，こころの痛みに耐えることを可能にし，破壊性への嗜癖に対する抵抗力を高めます。お魚のヒラメくんの物語のように，なんら罪の意識もなく他の魚すべてをガツガツ食べるといったペドロの暴力的な側面が一貫して強固になるとすれば，そこには彼の心的ダメージ（傷つき）が存在するということです。しかしペドロはそうした頑強になってしまった子どもではなく，自分の殺人的な感情をメタファーに変換することができるのです。

　私は，「二重の剥奪 Doubly Deprived」という論文で，時に剥奪された子どもが作り上げる防衛の危険性について述べました（Henry, 1974）。これは，防

衛を築き，援助を受け入れたり自分を助けてくれたりする者の手に依存することを極めて難しくする内的同盟を作りあげることで，結果的に「二重の剥奪」を生じる子どものことを意味します。ペドロが，防衛として万能感を用いて頑強になる場面がありますが，アブエリタに星を持ってきてあげたいという望みは，そうした子どもの心の状態からは程遠いものです。ペドロは，贈り物として星を受け取るにふさわしい，本当に大切な対象との関係を経験した――またはおそらく取り戻した――ようです。ここでは，どんな子どもも世界で最も大切な人として，自分の母親を経験しているというメルツァーの仮説（Meltzer, 1988）が役立ちます。ペドロには人生早期に，たとえ一時的にではあっても，このような審美的経験があったのだろうと想像できます。なぜなら，差し出された援助にこれほどよく反応する子どもは，早期に良い経験を味わっている可能性があるからです。彼は，頼ることのできるコンテインメントがほとんどない時には，万能的なファンタジーに戻ります。実際，良い対象に抱えられていると感じられない子どもにとって，万能的なファンタジーは必要な安全装置なのでしょう。こうした苦況については，ジョアン・シミントンがかなり鮮明に述べています（1985）。

　ペドロの数々の物語の中での転回点は，自分には万能的な力はなく，飛ぶことができないと悟るときです。メキシコのワーク・ディスカッション・グループで，ペドロの万能感の減退について論じ，それを，ペドロもアブエリタも誘拐された物語の破壊的側面と良い対象との意味ある闘争に関連づけたことを私は覚えています。この物語の核心は，傷つきやすい部分が誘拐犯と結びつかないという点です。アブエリタがゴッドファーザーの頭を殴り，ギャングのアジトから彼を連れ出すことができたことで，良い対象の方が強いことが分かると，彼は確かに安堵し，他の傷つきやすい子どもたちを，そして自分自身の傷つきやすい部分を救おうとするようになります。彼がこの物語を2回繰り返して話したことは，本当に重要です。なぜなら，ローゼンフェルド，シュタイナー，ジョセフ，そしてメルツァーを読んだことがないのに，ペドロはギャングが簡単には諦めないことを知っているのですから！

文　献

Abrahamsen, G. (1993). The necessary interaction. In: L. Gomnaes & E. Osborne (Eds.), *Making Links: How Children Learn*. Oslo, Norway: Yrkeslitteratur.

Adamo, A., & Rustin, M. (Eds.). (2001). Young child observation. *International Journal of Infant Observation, 4* (2, Special Issue).

Adamo, S. M. G., Adamo Serpieri, S., Giusti, P., Tamajo Contarini, R., & Valerio, P. (2005). The Chance Project: Complex intervention with adolescent school drop-outs in Naples. *Psychodynamic Practice, 11*(3): 239-254.

Adamo, S. M. G., & Aiello, A. (2006). Desperately trying to get through: Establishing contact in work with adolescent drop-outs. *International Journal on School Disaffection,* 4(1): 27-38.

Adamo, S. M. G., Iannazzone, R., Melazzini, C, & Peyron, C. (2005). On not being able to learn: An experimental project for adolescent drop-outs. *Ricerche di Psicologia, 28*(1): 85-110.

Adamo Serpieri, S., & Giusti, P. (2007). Education on the road: Working with adolescent drop-outs in an experimental project. *International Journal on School Disaffection, 5*(1): 11-15.

Adamo Serpieri, S., Giusti, P., Portanova, F., & Tamajo, R. (2003). La bottega del mercoledì. Il lavoro psicologico in moduli territoriali. In: S. M. G. Adamo & P. Valerio (Eds.), *Il contributo psicoanalitico ad una scuola per adolescenti drop-out*. Rome: Grafica Editore Romana.

Ali, E., & Jones, C. (2000). *Report for Camden LEA on the underachievement of Somali pupils*. London: Institute of Education, London University.

Alvarez, A. (1992). *Live Company: Psychoanalytic Psychotherapy with Autistic, Borderline, Deprived and Abused Children*. London: Routledge.

Balint, M. (1957). *The Doctor, His Patient and the Illness*. London: Pitman Medical.

Bennathan, M., & Boxall, M. (1996). *Effective Intervention in Primary Schools: Nurture Groups*. London: David Fulton.

Bernstein, B. (1975). *Class, Codes and Control, Vol. 3: Towards a Theory of Educational Transmissions*. London: Routledge & Kegan Paul.

Bhui, K., Mohamud, S., Warta, N., Stansfeld, S. A., Thornicroft, G., Curtis, S., & McCrone, P. (2006). Mental disorders among Somali refugees: Developing culturally appropriate measures and assessing socio-cultural risk factors. *Social Psychiatry and Psychiatric Epidemiology, 41*: 5.

Bick, E. (1968). The experience of skin in early object relations. *British Journal of Psycho-Analysis, 49*, 484-486. Reprinted in: M. Harris Williams (Ed.), *Collected Papers of Martha Harris and Esther Bick*. Strath Tay: Clunie Press, 1989. Also reprinted in: A.

Briggs (Ed.), *Surviving Space: Papers on Infant Observation* (pp. 55-59). Tavistock Clinic Series. London: Karnac, 2002.

Bion, W. R. (1959). Attacks on linking. *International Journal of Psycho-Analysis, 40*: 308-15. Reprinted in: W. R. Bion, *Second Thoughts*. London: Heinemann, 1967; reprinted London: Karnac, 1993. 中川慎一郎訳（2007）連結することへの攻撃．再考：精神病の精神分析理論（松木邦裕監訳）．金剛出版．

Bion, W. R. (1961). *Experiences in Groups and Other Papers*. London: Routledge.

Bion, W. R. (1962a). *Learning from Experience*. London: Heinemann; reprinted London: Karnac, 1984. 福本修訳（1999）経験から学ぶこと．精神分析の方法Ⅰ──セヴン・サーヴァンツ．法政大学出版局．

Bion, W. R. (1962b). A theory of thinking. *International Journal of Psycho-Analysis, 43*: 306-310. 中川慎一郎訳（2007）考えることに関する理論．再考：精神病の精神分析理論（松木邦裕監訳）．金剛出版．

Bion, W. R. (1963). *Elements of Psychoanalysis*. London: Heinemann. 福本修訳（1999）精神分析の要素．精神分析の方法Ⅰ──セヴン・サーヴァンツ．法政大学出版局．

Bion, W. R. (1965). *Transformations*. London: Karnac, 1984. 福本修・平井正三訳（2002）変形．精神分析の方法Ⅱ──セヴン・サーヴァンツ．法政大学出版局．

Bion, W. R. (1967a). Attacks on linking. In: *Second Thoughts*. London: Heinemann; reprinted London: Karnac. 中川慎一郎訳（2007）連結することへの攻撃．再考：精神病の精神分析理論（松木邦裕監訳）．金剛出版．

Bion, W. R. (1967b). *Second Thoughts*. London: Heinemann; reprinted London: Karnac. 松木邦裕監訳（2007）再考：精神病の精神分析理論．金剛出版．

Bion, W. R. (1970). *Attention and Interpretation*. London: Tavistock. 福本修・平井正三訳（2002）注意と解釈．精神分析の方法Ⅱ──セヴン・サーヴァンツ．法政大学出版局．

Bion, W. R. (1997). *Taming Wild Thoughts*. London: Karnac.

Blythman, M., & MacLeod, D. (1989). *Classroom Observation from Inside. Spotlights, 16*. Scottish Council for Research in Education. Available at scre. ac.uk/pdf/spotlight/spotlight16.pdf

Boston, M. (1983). Technical problems in therapy. In: M. Boston & R. Szur (Eds.), *Psychotherapy with Severely Deprived Children*. London: Routledge.

Boston, M., & Szur, R. (1969). *Psychotherapy with Severely Deprived Children*. London: Routledge & Kegan Paul.

Bourne, S. (1981). *Under the Doctor: Studies in the Psychological Problems of Physiotherapists, Patients and Doctors*. Amersham: Avebury.

Bowlby, J. (1969). *Attachment and Loss, Vol. I*. London: Hogarth Press. 黒田実郎・大羽蓁・岡田洋子・黒田聖一訳（1991）愛着行動（改訂新版）．母子関係の理論Ⅰ．岩崎学術出版社．

Bowlby, J. (1973). *Attachment and Loss, Vol. II*. London: Hogarth Press. 黒田実郎・岡田洋子・吉田恒子訳（1991）分離不安〔改訂新版〕．母子関係の理論Ⅱ．岩崎学術出版社．

Bowlby, J. (1979). On knowing what you are not supposed to know and feeling what you are not supposed to feel. In: *A Secure Base: Clinical Applications of Attachment Theory.* London: Routledge, 1997.

Bowlby, J. (1980). *Attachment and Loss, Vol. III.* London: Hogarth Press. 黒田実郎・吉田恒子・横浜恵三子訳（1991）対象喪失〔新装版〕．母子関係の理論Ⅱ．岩崎学術出版社．

Bradley, J. (1991). Finding room for thought: A struggle against mindless conflict. In: S. M. G. Adamo & G. Polacco Williams (Eds.), *Working with Disruptive Adolescents.* Naples: Monografie dell'Istituto Italiano degli Studi Filosofici, 11.

Bradley, J. (1997). How the Patient Informs the Process of Supervision: The Patient as Catalyst. In: G. Shipton (Ed.), *Supervision of Psychotherapy and Counselling.* Milton Keynes: Open University Press.

Briggs, A. (Ed.) (2002). *Surviving Space.* Tavistock Clinic Series. London: Karnac.

Briggs, S., & Canham, H. (1999). Editorial. *International Journal of Infant Observation, 2*(2). [Special Edition on Observation and Social Work.]

Brook, P. (1998). *Threads of time: A Memoir.* London: Methuen Drama.

Bruner, J. S., Jolly, A., & Sylva, K. (Eds.) (1976). *Play: Its Role in Development and Evolution.* Harmondsworth: Penguin.

Canham, H. (1999). The development of time and space in fostered and adopted children. *Psychoanalytic Inquiry, 19*(2): 160-171.

Canham, H. (2002). Group and gang states of mind. *Journal of Child Psychotherapy, 28*(2): 113-127.

Cifali, M. (1994). *Le lien éducatif. Contre-jour psychanalytique.* Paris: Presses Universitaires de France.

Clarke, J., Gewirtz, S., & McLaughlin, E. (Eds.) (2000). *New Managerialism, New Welfare?* London: Sage.

Claxton, G. (2003). *Creativity: A Guide for the Advanced Learner (and Teacher).* Bristol: University of Bristol, Graduate School of Education.

Coleridge, S. T. (1817). *Biographia Literaria.* Available at www.gutenberg.org /etext/6081.

Copley, B. (1993). *The World of Adolescence: Literature, Society and Psychoanalytic Psychotherapy.* London: Free Association Books.

Copley, B., & Forryan, B. (1997). *Therapeutic Work with Children and Young People.* London: Cassell; London: Redwood Books.

Davenhill, R., Balfour, A., & Rustin, M. (2007). Psychoanalytic observation and old age. In: R. Davenhill (Ed.), *Looking into Later Life.* Tavistock Clinic Series. London: Karnac.

DfES/DoH (November 2006). *Report on the Implementation of Standard 9 of the National Service Framework for Children, Young People and Maternity Services. Annex: Models of Good Practice.* London: Department for Education and Skills/Department of Health.

Dollery, J. (2002). Secondary Skin and Culture: Reflections on Some Aspects of Teaching Traveller Children. In: A. Briggs (Ed.), *Surviving Space.* Tavistock Clinic Series. London: Karnac.

Douglas, M. (1970) *Natural Symbols: Explorations in Cosmology.* London: Cresset Press.

Egeland, B., & Susman-Stillman, A. (1996). Dissociation as a mediator of child abuse across generations. *Child Abuse and Neglect, 20*: 1123-1132.

Fox, M. (1995). Working to support refugees in schools. In: J. Trowell & M. Bower (Eds.), *The Emotional Needs of Young Children and Their Families*. London: Routledge.

Freud, S. (1895d). Studies on Hysteria. In: *Standard Edition, 2*. 芝伸太郎訳（2008）ヒステリー研究．フロイト全集2．岩波書店．

Freud, S. (1915a). Observations on transference love. In: *Standard Edition, 22*. London: Hogarth Press. 藤山直樹監訳（2014）転移性恋愛についての観察．フロイト技法論集．岩崎学術出版社．

Freud, S. (1917e [1915]). Mourning and melancholia. In: *Standard Edition, 14*. London: Hogarth Press. 伊藤正博訳（2010）喪とメランコリー．フロイト全集14．岩波書店．

Friedman, L. (1982). "The Interplay of Evocation." Paper presented at the Postgraduate Centre for Mental Health, New York.

Furman, E. (1984). Helping children cope with dying. *Journal of Psychotherapy, 10*.

Galison, P., & Stump, D. J. (Eds.) (1996). *The Disunity of Science*. Stanford, CA: Stanford University Press.

Glaser, B. G. (1992). *Basics of Grounded Theory Analysis: Emergence vs Forcing*. Mill Valley, CA: Sociology Press.

Glaser, B. G., & Strauss, A. L. (1967). *The Discovery of Grounded Theory: Strategies for Qualitative Research*. Chicago: Aldine.

Guerin, B., Guerin, P. B., Diiriye, R. O., & Yates, S. (2004). Somali conceptions and expectations concerning mental health: Some guidelines for mental health professionals. *New Zealand Journal of Psychology, 33*(2, July).

Hammersley, M. (Ed.) (1993). *Controversies in Classroom Research*. Milton Keynes: Open University Press.

Hardiman, P. S., & Lapeyre, F. (2004). *Youth and Exclusion in Disadvantaged Urban Areas: Policy Approaches in Six European Cities. Trends in Social Cohesion 9*. Strasbourg: Council of Europe Publishing.

Harré, R. (1993). *Social Being* (2nd edition). London: Blackwell.

Harris, M. (1987). Bion's conception of a psycho-analytical attitude. In: M. Harris Williams (Ed.), *Collected Papers of Martha Harris and Esther Bick*. London: Karnac.

Hartland-Rowe, L. (2005). Teaching and observing in work discussion. In: *International Journal of Infant Observation, 8*(1).

Henry, G. (1974). Doubly deprived. *Journal of Child Psychotherapy, 3*(4): 29-43. Reprinted in: G. Williams, *Internal Landscapes and Foreign Bodies*. London: Duckworth, 1997.

Hinshelwood, R. D. (1998). *A Dictionary of Kleinian Thought*. London: Free Association Books.

Hinshelwood, R. D. (2002). Applying the observational method: Observing organisations. In: A. Briggs (Ed.), *Surviving Space: Papers on Infant Observation* (pp. 157-171). Tavistock Clinic Series. London: Karnac.

Hinshelwood, R. D., & Skogstad, W. (Eds.) (2000). *Observing Organisations: Anxiety, Defence and Culture in Health Care.* London: Routledge.

Hinshelwood, R. D., & Skogstad, W. (2002). Irradiated by distress: Observing psychic pain in health-care organisations. *Psychoanalytic Psychotherapy, 16*(2): 110-124.

Hopkins, J. (1986). Solving the mystery of monsters: Steps towards the recovery from trauma. *Journal of Child Psychotherapy, 12*(1): 61-72.

Hopkins, J. (1990). The observed infant of attachment theory. In: *British Journal of Psychotherapy, 6*: 460-471.

Hoxter, S. (1981). La vecchia donna che viveva in una scarpa [The old woman who lived in a shoe]. In: S. M. G. Adamo (Ed.), *Il Progetto Chance. Seminari psicologici.* Rome: Grafica Editrice Romana.

Huffington, C, & Armstrong, D. (Eds.) (2004). *Working Beneath the Surface: The Emotional Life of Contemporary Organisations.* London: Karnac.

Hughes, J. M. (2004). *From Obstacle to Ally: The Making of Psychoanalytic Practice.* Hove: Brunner-Routledge.

Irvine, E. (1959). The use of small group discussions in the teaching of human relations and mental health. *British Journal of Psychiatric Social Work, 5*.

Jackson, E. (2002). Mental health in schools: What about the staff? *Journal of Child Psychotherapy, 28*(2): 129-146.

Jackson, E. (2005). Developing observation skills in school settings: The importance and impact of "work discussion groups" for staff. *International Journal of Infant Observation, 8*(1): 5-17.

Jackson, E. (2008). The development of work discussion groups in educational settings. *Journal of Child Psychotherapy, 34*(1): 62-82.

Johnston, D. (1992). *Children of Offenders.* Pasadena, CA: Pacific Oaks Centre for Children of Incarcerated Parents.

Joseph, B. (1982). Addiction to near death. *International Journal of Psycho-Analysis, 63*: 449-456.

Judd, D. (1995). *Give Sorrow Words: Working with a Dying Child.* London: Whurr.

Kahin, M. H. (1998) Somali children: The need to work in partnership with parents and community. *Multicultural Teaching, 17.*

Klein, M. (1923). The role of school in the libidinal development of the child. In: *Love, Guilt and Reparation and Other Works 1921-1945* (pp. 59-76). London: Hogarth Press, 1975; London: Vintage, 1998. 村山正治訳（1983）子どものリビドー発達における学校の役割．メラニー・クライン著作集1．誠信書房．

Klein, M. (1927). Criminal tendencies in normal children. In: *Love, Guilt and Reparation and Other Works 1921-1945* (pp. 170-185). London: Hogarth Press, 1975; London: Vintage, 1998. 野島一彦訳（1983）正常な子どもにおける犯罪傾向．メラニー・クライン著作集1．誠信書房．

Klein, M. (1928). Early stages of the Oedipus Conflict. In: *Love, Guilt and Reparation and Other Works 1921-1945* (pp. 186-198). London: Hogarth Press, 1975; London: Vintage,

1998.　柴山謙二訳（1983）エディプス葛藤の早期段階．メラニークライン著作集1．誠信書房．

Klein, M. (1930). The importance of symbol formation in the development of the ego. In: *Love, Guilt and Reparation and Other Works 1921-1945* (pp. 219-232). London: Hogarth Press, 1975; London: Vintage, 1998.　村田豊久・藤岡宏訳（1983）自我の発達における象徴形成の重要性．メラニー・クライン著作集1．誠信書房．

Klein, M. (1931). A contribution of the theory of intellectual development. In: *Love, Guilt and Reparation and Other Works 1921-1945* (pp. 236-248). London: Hogarth Press, 1975; London: Vintage, 1998.　坂口信貴訳（1983）知性の制止についての理論的寄与．メラニー・クライン著作集1．誠信書房．

Klein, M. (1935). A contribution to the psychogenesis of manic-depressive states. In: *Love, Guilt and Reparation and Other Works 1921-1945* (pp. 262-289). London: Hogarth Press, 1975; London: Vintage, 1998.　安岡誉訳（1983）躁うつ状態の心因論に関する寄与．メラニー・クライン著作集3．誠信書房．

Klein, M. (1937). Love, guilt and reparation. In: *Love, Guilt and Reparation and Other Works 1921-1945* (pp. 306-343). London: Hogarth Press, 1975; London: Vintage, 1998.　奥村幸夫訳（1983）愛，罪そして償い．メラニー・クライン著作集3．誠信書房．

Klein, M. (1940). Mourning and its relation to manic-depressive states. In: *Love, Guilt and Reparation and Other Works 1921-1945* (pp. 344-369). London: Hogarth Press 1975; London: Vintage, 1998.　森山研介訳（1983）喪とその躁うつ状態との関係．メラニー・クライン著作集3．誠信書房．

Klein, M. (1946). Notes on some schizoid mechanisms. In: *Envy and Gratitude and Other Works 1946-1963* (pp. 1-24). London: Hogarth Press 1975; London: Vintage, 1997.　狩野力八郎・渡辺明子・相田信男訳（1985）分裂的機制についての覚書．メラニー・クライン著作集4．誠信書房．

Klein, M. (1959). Our adult world and its roots in infancy. In: *Envy and Gratitude and Other Works 1946-1963* (pp. 247-263). London: Hogarth Press, 1975; London: Vintage, 1997.

Klein, M. (1961). *Narrative of a Child Analysis*. London: Vintage, 1998.　山上千鶴子訳（1987, 1988）児童分析の記録Ⅰ，Ⅱ．メラニー・クライン著作集6，7．誠信書房．

Klein, M. (1975). *Envy and Gratitude and Other Works 1946-1963*. London: Hogarth Press.　松本善男訳（1975）羨望と感謝．みすず書房；（1996）メラニー・クライン著作集5．誠信書房．

Kuhn, T. S. (1962). *The Structure of Scientific Revolutions*. Chicago: Chicago University Press.

Kuhn, T. S. (2000). *The Road Since Structure: Philosophical Essays 1970-1990, with an Autobiographical Interview*, ed. J. Conant & J. Haugeland. Chicago: Chicago University Press.

Landy, R. (1993). *Person and Performance*. London: Jessica Kingsley.

Lanyado, M. (1985). Surviving trauma: Dilemmas in the psychotherapy of traumatised children. *British Journal of Psychotherapy*, 2(1): 50-62.

Lanyado, M. (2001). Daring to try again: The hope and pain of forming new attachments. *Therapeutic Communities, 22*(1): 5-18.

Lapeyre, R (2004). Case study of the Quartieri Spagnoli (Spanish quarter) of Naples, Italy: Analyses and recommendations based on the experience of the Chance Project. In: P. S. Hardiman & F. Lapeyre, *Youth and Exclusion in Disadvantaged Urban Areas: Policy Approaches in Six European Cities. Trends in Social Cohesion.* Strasbourg: Council of Europe Publishing.

Latour, B. (1987). *Science in Action: How to Follow Scientists and Engineers through Society.* Milton Keynes: Open University Press.

Layard, R. (2005). *Happiness: Lessons from a New Science.* London: Allen Lane/Penguin.

Lopez-Corvo, R. E. (2003). *The Dictionary of the Work of W. R Bion.* London: Karnac.

Lyons-Ruth, K., & Block, D. (1996). The disturbed caregiving system: Relations among childhood trauma, maternal caregiving, and infant affect and attachment. *Infant Mental Health Journal, 17*: 257-275.

Magliulo, M. F. (2003). Vermi solitari, pulci, vulcani e "pietre pomici". Una lezione di scienze a chance [Solitary worms, fleas, volcanoes, and "pumice stones". A science lesson at chance]. In: S. M. G. Adamo & P. Valerio (Eds.), *Il contributo psicoanalitico ad una scuola per adolescenti drop-out.* Rome: Grafica Editrice Romana.

Main, M., & Goldwyn, R. (1984). Predicting rejection of her infant from mother's representation of her own experience: Implications for the abused-abusing generational cycle. *Child Abuse and Neglect, 8*: 203-217.

Meltzer, D. (1979). *Sexual States of Mind.* Strath Tay: Clunie Press.

Meltzer, D. (1988). *The Apprehension of Beauty.* Strath Tay: Clunie Press.

Meltzer, D., & Harris, M. (1986). Family patterns and cultural educability. In: D. Meltzer (Ed), *Studies in Extended Metapsychology.* Strath Tay: Clunie Press.

Menzies, I. (1959). The functioning of social systems as a defence against anxiety. In: I. Menzies Lyth, *Containing Anxiety in Institutions, Selected Papers, Vol. 1.* London: Free Associations Books, 1988.

Menzies Lyth, I. (1985). The development of the self in children in institutions. In: J. Trowell & M. Bower (Eds.), *The Emotional Needs of Young Children and Their Families: Using Psychoanalytic Ideas in the Community.* London: Routledge.

Menzies Lyth, I. (1988). *Containing Anxiety in Institutions: Selected Essays, Vols. 1 & 2.* London: Free Association Books.

Menzies Lyth, I. (1997). *Containing Anxiety in Institutions: Selected Essays: Vol. 1.* London: Free Associations Books.

Miller, R, & Rice, A. K. (1967). *Systems of Organisation: The Control of Task and Sentient Boundaries.* London: Tavistock Publications.

Miller, L., Rustin, M., Rustin, M., & Shuttleworth, J. (Eds.) (1989). *Closely Observed Infants.* London: Duckworth.

Money-Kyrle, R. (1956). Normal counter-transference and some of its deviations. In: D. Meltzer (Ed.), *The Collected Papers of Roger Money-Kyrle.* Strath Tay: Clunie Press,

1978.

Money-Kyrle, R. (1977). Success and failure in mental maturations. D. Meltzer (Ed.), *The Collected Papers of Roger Money-Kyrle* (pp. 397-432). Strath Tay: Clunie Press, 1978.

Negri, R. (1994). *The Newborn in the Intensive Care Unit.* London: Karnac.

Obholzer, A., & Roberts, V. Z. (Eds.) (1994). *The Unconscious at Work.* London: Routledge.

Oliva, S. (1987). Note sull'osservazione psicoanalitica secondo W. Bion. In: C. Neri, A. Correale, & P. Fadda (Eds.), *Letture bioniane.* Rome: Borla.

O'Shaughnessy, E. (1964). The absent object. *Journal of Child Psychotherapy,* 1(2): 34-43.

Power, M. (1994). *The Audit Explosion.* London: Demos.

Reid, S. (Ed.). (1997). *Developments in Infant Observation.* London: Routledge.

Rice, A. K. (1963). *The Enterprise and Its Environment.* London: Tavistock.

Robertson, J. (1958). *Young Children in Hospital.* London: Tavistock.

Rosenfeld, H. (1971). A clinical approach to the psychoanalytical theory of the life and death instincts: An investigation into the aggressive aspects of narcissism. *International Journal of Psychoanalysis,* 52: 169-178.

Rudner, R. (1966). *Philosophy of Social Science.* Englewood Cliffs, NJ: Prentice-Hall.

Rustin, M. E. (1989). Foreword. In: L. Miller, M. E. Rustin, M. J. Rustin, & J. Shuttleworth, *Closely Observed Infants.* London: Duckworth.

Rustin, M. E. (1991). The strengths of a practitioner's workshop as a new model in clinical research, In: S. Miller & R. Szur (Eds.), *Extending Horizons.* London: Karnac.

Rustin, M. J. (2002). Give me a consulting room: The generation of psychoanalytical knowledge. In: *Reason and Unreason.* London: Continuum.

Rustin, M. J. (2003). Learning about emotions: The Tavistock approach. *European Journal of Psychotherapy, Counselling and Health,* 6(3), 187-208.

Rustin, M. J. (2004). Rethinking audit and inspection. *Soundings,* 26 (Spring): 86-107.

Rustin, M. J. (2006). Infant observation research: What have we learned so far? *Infant Observation,* 9(1): 35-52.

Rustin, M. J. (2007). How do psychoanalysts know what they know? In: L. Braddock & M. Lacewing (Eds.), *The Academic Face of Psychoanalysis.* London: Routledge.

Rustin, M. J. (2008). What do child psychotherapists know? In: N. Midgley, J. Anderson, T. Nesic-Vuckovic, & C. Urwin (Eds.), *Child Psychotherapy and Research: New Approaches, Emerging Findings.* London: Routledge.

Salavou, V., Jackson, E., & Oddy, P. (2002). *Brent Secondary Schools Needs Assessment Project.* London: Brent Centre for Young People.

Salmon, G. (1993). The link between the end and the beginning in education therapy. In: L. Gomnaes & E. Osborne (Eds.), *Making Links: How Children Learn.* Oslo: Yrkeslitteratur.

Salzberger-Wittenberg, I., Henry, G., & Osborne, E. (1983). *The Emotional Experience of Learning and Teaching.* London: Routledge & Kegan Paul. 平井正三・鈴木誠・鵜飼奈津子監訳（2008）学校現場に生かす精神分析——学ぶことと教えることの情緒的体験. 岩崎学術出版社.

Salzberger-Wittenberg, I, Williams G., & Osborne, E. (1983). *The Emotional Aspects of Learning and Teaching*. London: Routledge; reprinted London: Karnac, 1999.

Segal, H. (1964). *Introduction to the Work of Melanie Klein*. New York: Basic Books. 岩崎徹也訳（1977）メラニー・クライン入門．岩崎学術出版社．

Sennett, R. (2000). *The Corrosion of Character: The Personal Consequences of Work in the New Capitalism*. New York: W. W. Norton.

Sennett, R. (2006). *The Culture of the New Capitalism*. New Haven, CT: Yale University Press.

Shweder, R. A., & Bourne, E. J. (1984). Does the concept of the person vary cross-culturally? In: R. A. Shweder & R. A. Levine (Eds.), *Culture Theory: Essay on Mind, Self and Emotion*. Cambridge: Cambridge University Press.

Sinason, V. (1992). *Mental Handicap and the Human Condition: New Approaches from the Tavistock*. London: Free Association Books.

Smith, P. (1992). *The Emotional Labour of Nursing*. Basingstoke: Macmillan.

Speck, P. (1999). Working with dying people: On being good enough. In: A. Obholzer & V. Zagier Roberts (Eds.), *The Unconscious at Work: Individual and Organisational Stress in the Human Service*. London: Routledge.

Spence, D. P. (1983). *Narrative Truth and Historical Truth: Meaning and Interpretation in Psychoanalysis*. New York: W. W. Norton.

Spence, D. P. (1994). The special nature of clinical facts. *International Journal of Psycho-analysis, 75*(5/6): 915-927.

Steinbeck, J. E. (1937). *Of Mice and Men*. London: Penguin. 大門一男訳（1987）二十日鼠と人間．新潮社．

Steiner, J. (1982). Perverse relationships between parts of the self: A clinical illustration. *International Journal of Psychoanalysis, 63*: 241-251.

Stern, D. N. (1985a). *The Interpersonal World of the Infant*. New York: Basic Books. 小此木啓吾・丸田俊彦訳（1989, 1991）乳児の対人世界（理論編，臨床編）．岩崎学術出版社．

Stern, D. N. (1985b). The sense of an emergent self. In: *The Interpersonal World of the Infant* (pp. 37-68). London: Karnac.

Stokes, J. (1994). The unconscious at work in groups and teams. In: A. Obholzer & V. Zagier Roberts (Eds.), *The Unconscious at Work: Individual and Organisational Stress in the Human Service*. London: Routledge.

Strathern, M. (Ed.) (2000). *Audit Cultures: Anthropological Studies in Accounting, Ethics and the Academy*. London: Routledge.

Summerfield, D. (2000). Childhood, war, refugeedom and "trauma": Three core questions for mental health professionals. *Transcultural Psychiatry, 37*: 3.

Symington, J. (1985). The survival function of primitive omnipotence. *International Journal of Psycho-Analysis, 66*: 481-486.

TES (2002). *Times Educational Supplement*, 1 March, pp. 12-14.

Toulmin, S. (1972). *Human Understanding, Vol. 1: General Introduction and Part 1*. Princ-

eton, NJ: Princeton University Press.
Travers, M. (2007). *The New Bureaucracy: Quality Assurance and Its Critics*. Bristol: Policy Press.
Waddell, M. (1998a). *Inside Lives: Psychoanalysis and the Growth of the Personality*. Tavistock Clinic Series. London: Karnac.
Waddell, M. (1998b). The scapegoat. In: R. Anderson & A. Dartington (Eds.), *Facing It Out: Clinical Perspectives on Adolescent Disturbance*. London: Duckworth.
Waddell, M. (2002). *Inside Lives: Psychoanalysis and the Growth of the Personality*. London: Karnac.
Warman, A., & Jackson, E. (2007). Recruiting and retaining children and families' social workers: The potential of work discussion groups. *Journal of Social Work Practice*, 22(1): 35-48.
Wells, G. (2000). Dialogic inquiry in education: Building on Vygotsky's legacy. In: C. D. Lee & P. Smagorinsky (Eds.), *Vygotskian Perspectives on Literacy Research* (pp. 51-85). New York: Cambridge University Press.
Whittaker, S., Hardy, G., Lewis, K., & Buchan, L. (2005). An exploration of psychological well-being with young Somali refugee and asylum-seeker women. *Clinical Child Psychology and Psychiatry*, 10: 2.
Williams, G. (1981). Psychic pain and psychic damage. In: S. Box, B. Copley, J. Magagna, & E. Moustaki (Eds.), *Psychotherapy with Families: An Analytic Approach* (pp. 93-104). London: Routledge & Kegan Paul.
Williams, G. (1997). On gang dynamics. In: *Internal Landscapes and Foreign Bodies: Eating Disorders and Other Pathologies*. London: Duckworth.
Williams, G., Williams, P., Desmarais, J., & Ravenscroft, K. (Eds.) (2004). *The Generosity of Acceptance, Vols. 1 & 2*. London: Karnac.
Winnicott, D. W. (1965). *The Maturational Processes and the Facilitating Environment*. London: Hogarth Press. 牛島定信訳（1977）情緒発達の精神分析理論．岩崎学術出版社．
Winnicott, D. W. (1971). *Playing and Reality*. London & New York: Routledge/Tavistock. 橋本雅雄訳（1979）遊ぶことと現実．岩崎学術出版社．
Winnicott, D. W. (1975). The antisocial tendency. In: *Through Paediatrics to Psychoanalysis*. London: Hogarth Press.
Winnicott, D. W. (1984). *Deprivation and Delinquency*. London, Tavistock. 西村良二監訳（2005）愛情剥奪と非行．岩崎学術出版社
Youell, B. (2006). *The Learning Relationship*. Tavistock Clinic Series. London: Karnac. 平井正三監訳（2009）学校現場に生かす精神分析〔実践編〕──学ぶことの関係性．岩崎学術出版社．

あとがき

鵜飼 奈津子

　鈴木誠先生が主催されている研究会で本書の翻訳を進めておられ，私にも監訳作業に加わってほしいとお話があったのは，2012年の晩秋のことだったと記憶しています。その当時，私はまだ本書を読んだことがなかったのですが，ちょうどその翌春からタビストック・クリニックを再訪することが決まっており，私自身も10数年前に体験した「ワーク・ディスカッション」という響きがとても懐かしく，その場ですぐにお引き受けしたことを覚えています。

　ワーク・ディスカッションという言葉は，日本ではまだまだ耳慣れない響きを持つものだと思われます。そのイギリスでの発展の歴史や現状，理論的背景については，鈴木先生が「序章」で詳しく述べられていますのでここではあえて繰り返しませんが，私はワーク・ディスカッションとは，一言でいえば「心理療法の事例ではない素材のグループ・スーパービジョン」と表現できるものではないかと思っています。つまり，本書のタイトルがまさに示しているように，ある一定の枠組みの中でいわゆる心理療法を提供することができない現場において，いかに心理療法あるいは精神分析理論の知見を生かした取り組みを行うことができるのかを考える場であり，試みです。

　現在の日本で仕事をする臨床心理士は，本書に描かれている事例がそうであるように，医療，福祉，教育，司法といった幅広い領域で活躍しており，それぞれに求められる専門性や技術は，心理療法に限られたものではないでしょう。むしろ，心理療法を提供することがなかなか困難な職場で仕事をしている臨床心理士も多いのではないかと推察します。また，本書に描かれている事例は，いうまでもなく日本の国の外でのものですが，読者はむしろ，これらがどこか遠いよその国での出来事というよりは，身近に自分の職場で起こっていることのように感じながら読み進められるのではないかと想像します。と言いますのも，私自身が本書の監訳作業を進める中で，ここに描かれているさまざまな職種の人たちの中に起こる思いや心の動き，そしてその変化が，まさに私自身の経験と重なるような思いでいっぱいになったからです。時には，あまりにもパワフルな素材に圧倒されるような心持ちになり，何度も作業の手を止めてしばしもの思いにふけったりしたことを，本書の監訳作業を一通り終えた今でも鮮明に覚えています。こうした私の体験は，まさに「謝辞」

で編者らが述べているように,「本書の価値は,ここで語られた経験にこそ」あり,「本書の起源であり,**ここに本書がある意味** raison d'etre は,人間の複雑さに」あることが,編者らが望んだとおり「まっとうに描かれている」からこそでしょう。

　ここで編者の一人であり,『日本語版への序文』の執筆を快く引き受けて下さったマーガレット・ラスティンについて触れておきたいと思います。マーガレット・ラスティンは,現在はタビストック・クリニックを定年退官していますが,今もなお,スタッフとして後進の指導にあたっている子どもの心理療法士です。以前は,長年にわたり,子どもの心理療法士の訓練プログラムに携わる中心的な存在として,またクリニックの子どもの心理療法士の長としてその存在感は私たち訓練生にとっても圧倒的なものがありました。常に温かいまなざしで全体を見つめ,訓練生一人ひとりのことを心にとどめ,気にかけてくれていました。私が,臨床訓練を受けていた頃のことです。彼女は,忙しい日常の仕事の合間に,疲れた様子をいっさい見せることなく,訓練を受ける中で生じてきた私のつまづきに耳を傾けてくれました。的確な助言をあたえくれ,また素早く現実的な事柄にも対処してくれたことを今でも感謝の気持ちと共に思い出します。それはまさに,どのような時にでも,全体の状況を見ながら個々のニーズに真摯に向き合い,現実的にどのような対応が求められているのかを見極めた,本書のさまざまな章で取り上げられている「コンテイナー」としての役割を見事に果たしておられた姿ではなかったかと,今あらためて考えています。

　今回,本書の日本での翻訳・出版のための相談にのっていただいた際には,紙数の都合から日本語版では原書版のすべての章を含めることができないことについて理解し,その調整にも一役買っていただきました。また,快く「日本語版への序文」を書いていただきましたが,ここには彼女自身のワーク・ディスカッションにおける個人的な体験がつづられています。むろん,日本語版を読んでいただくことはできませんが,本書の日本での出版を心待ちにしてくれているお一人です。

　最後になりましたが,本書の監訳作業にお誘いいただきました鈴木誠先生と研究会の皆様に深謝いたします。本書との出会いは,私にとりましても非常に刺激的で,これから日々の仕事をしていく上での力をいただけたように思っています。また,本書をこうして世に送り出すことができますのは,岩崎学術出版社の長谷川純さんのご尽力と編集過程での細やかな多くのご示唆のおかげです。ここにあらためて感謝の意を表したいと思います。

2015年　春

索引

あ行

アイコンタクト　74
愛着　26, 29
　──の対象　4
アウトリーチ・ワーカー　102, 103
新しい役割の確立　40
厚皮　95
アブラハムセン Abrahamsen, G.　56
アルコール濫用　134
怒り　43, 109, 169
「生き残る」能力　180
生きることへの信頼　78
移行期　30
意地悪　32
「忙しすぎる」状態　72
一回だけ one-off　20
移民の第一世代　vi
ウィニコット Winnicott, D. W.　165
裏切り　28
エゲランド Egeland, B.　135
オーショネシー O'Shaughnessy, E.　50, 53
オープン・システム理論 open system theory　141
オズボーン Osborne, E.　55
恐れ　169
落ち着いていられない子ども　v
音の落書き doodles in sound　171
脅え　103
親機能　139

か行

回避　135
解離　135
　──プロセス　135
カウンセリング　163
限られた資源　116
学際的な理論　166
隠された生命力　74

学者　xxi
学習
　──スキル　27
　──到達度　40
　──を障害するもの　48
学習支援アシスタント learning support assistants（LSAs）　16, 26
学習メンター　40
　──機能マップ　42
過酷な体験　103
家族アセスメント　131, 132, 134, 137, 139, 140, 144
家族支援センター　131
家族崩壊　132, 134
課題集団 work group　12
学校　15, 16, 20, 23, 40
　──組織　47, 163
　──の境界線　46
　──放棄　178
葛藤の調停　167
カップル・ファミリー　10
家庭内暴力　4
家庭訪問　103, 108
カナム Canham, H.　12, 34
蚊帳の外　107
考えること　55, 167
　──の理論　57
考える力　161
感覚への砲撃　171
関係性の崩壊　161
観察　84, 91, 168
　──記録　84, 91, 96, 173
　──者　65, 148
　──による研究　100
　──能力　166
　──のスキル　99
　関与しながらの──　9
　メタ── meta-observations　175
感情麻痺　131

管理職の不安　25
官僚機構化　166
緩和ケア　2, 79
奇怪な対象　134, 136
期間　17
危機　131
　　――介入　141
　　――状態にある学校　25
　　――の衝撃　133
記述　168
寄生的 parasitic　163
気づきの能力のゆりかご　171
基底的想定　12, 25, 36
危篤状態　69
機能不全の家族ユニット　135
希望　75
　　――と生を維持すること　76
　　――の欠如　141
虐待　4, 5, 104, 170
　　――の世代間伝達　135
　　――パターン　135
逆転移　11, 26, 87, 144
ギャング　33, 162, 180
　　――の力動　186, 194
　　内的な――　194
休暇　50
教育委員会　113
教育心理士　113
境界（自他の）　93
　　――の欠如　171
共感　xviii
教師　162
　　――・思春期青年間の関係　168
　　――たちのジレンマ　170
　　――と生徒の関係性　15, 26
　　――と生徒の接点　174
　　――のアイデンティティ　166
　　――の狼狽　31
凝視　74
共生的 symbiotic　163
強烈な憎悪　135
強烈な敵意　135
極度の不安　32
拒絶　173

緊急事態への対処　172
勤務時間　81
口汚い言葉　172
苦痛で満たされていくような感覚　71
屈辱　103
クライン Klein, M.　11, 50, 73, 122, 129, 133, 137, 191, 195
クラス集団　23
クラス全体　33
クリスマス休暇　26, 29, 151, 152, 177
グループ　23
　　――・スーパービジョン　xviii, 5, 10, 13
　　――・プロセス　40
　　――全体　34
　　――の大きさ　20
　　――の雰囲気　36
経験から学ぶ　3, 11, 13, 54, 159
警察　140, 177
継続的な能力開発プログラム　3
軽蔑　170, 173
外科医　79
外科病棟　68
ケンカ　35
権限
　　――使用　37
　　――の委任　37
言語療法士　115
原子価 valency　138
権力闘争　180
好奇心の欠如　110
攻撃　170
　　――的な言葉　170
校長　xxi, 17
公的保護下　132
行動 acting out of inside　8
高度治療室（HDU）　68
興奮　134, 170, 181
ゴールドウィン Goldwyn, R.　135
誤解　107
「心に留めている」人　52
個人セッション　48
孤独　103
言葉の遅れ　110
言葉を循環させる場所　167

子どもの激情　143
コプレイ Copley, B.　57, 58, 100
個別支援　54
孤立感　31
コンサルテーション　141
コンテイナー　xix, 54, 124, 195
　　——機能　11
　　——／コンテインド　xix, 10, 55
　　——／コンテインドの相互作用　57
　　修復不能な崩壊した——　163
　　同心円状の——・モデル　166
コンテインメント　50, 55, 87, 98, 100, 123, 124, 125, 128, 131, 154, 156, 158, 172, 181, 190, 196
　　——機能　64, 142
　　——の概念　xvii, 55
　　非——の型　58
混沌　170
混乱　170

さ行

罪悪感　27, 177
再演　vi, 35, 170, 179
作業グループ　158
サスマン・スティールマン Susman-Stillman, A.　135
作家　xxi
里親適性度 fosterability　132
ザルツバーガー・ウィッテンバーグ Salzberger-Wittenberg, I.　55, 63
サルモン Salmon, G.　65
参加資格　19
死刑執行人　178
思考
　　——の欠如　141
　　——の発達　53
自己観察　175
思索の場 room for thought　162
自殺　4
思春期　vii, 30
　　——青年　132, 161
　　反抗的な——　33
自助グループ　8
施設にかかり得る重圧　116

失業　161
失望　28, 106
児童・思春期精神科医　xvi
児童自立支援施設　177
児童保護　105
児童養護施設　2, 4, 13, 147, 148, 183, 185
「死にゆく」子ども　76
　　——への援助　75
シファリ Cifali, M.　167
自分の業務　136
自閉症スペクトラム　111
死別　149, 161
シミントン Symington, J.　196
社会的スキル　27
社会的防衛機制　73, 120
社会福祉課　35, 104
社会復帰　161
ジャッド Judd, D.　98
ジャーナリスト　xxi
宗教的集団　174
終結　63
集団
　　——現象　167
　　——心性　12
　　——心理療法　21
　　——生活体験の研究　5
　　——的防衛　120
　　——の凝集性　12
　　——プロセス　5
　　——力動　167
重篤な障害を抱える子ども　168
シュタイナー Steiner, J.　194, 196
授乳　76
守秘義務　21
昇華　167
衝撃的な体験　102
象徴化　167
情緒的なやりとり　76
情緒の温度 emotional temperature　165
衝動的行動　161
小児科医　105
小児集中治療室　72
職員室の占拠　172
ジョセフ Joseph, B.　194, 196

思慮深く考えるスペース　*133*
事例
　アイビー　*86, 92*
　アレク　*57*
　アレックス　*88, 90*
　エマ　*32*
　エンゾー　*174*
　カーラ　*132*
　カーロ　*69*
　サラ　*32*
　ジェームス　*134*
　シボニエ　*146*
　チーロ　*174*
　チャーリー　*30*
　トニー　*26*
　ナタリア　*132*
　パトリシア　*179*
　ファイサル　*107*
　ペドロ　*184*
　マーガレット　*134*
　マーク　*125*
　マーティン　*43*
　メイラ　*104*
　ルイージー　*177*
　ルカ　*174*
　レイラ　*60*
事例提供者　*22*
人格障害　*132, 134*
「シングル」マザー　*102*
神経学的な問題　*74*
審査会議　*140*
侵襲的な処置　*74*
新生児　*68*
人生の喪失　*108*
身体的虐待　*135*
身体的損傷　*105*
人的資源と専門的資源のメンテナンス
　　164
侵入の恐怖感　*77*
審美的経験　*196*
心不全　*77*
信頼のある雰囲気　*142*
心理士　*162*
　――が「生き残る survive」こと　*165*

心理療法　*48, 163*
心理療法士　*168*
　子どもの――　*147*
スーパービジョン　*vii*
　――・グループ　*167*
優れた実践モデル　*4, 37*
スコグスタッド Skogstad, W.　*97*
ストレス・マネジメント　*11, 13*
スペック Speck, P.　*120*
スミス Smith, P.　*95, 134*
脆弱さ　*68*
成熟を促す環境 maturational environment
　　163
青少年指導員　*162*
精神疾患　*102*
「精神分析的逆光：教育的なつながり」
　　167
精神分析の本質　*14*
性的虐待　*132*
性的興奮　*171*
生と死　*72*
生徒の成績　*38*
生の徴候　*68*
責任への怖れ　*71*
設定　*8, 17, 57*
　非構造的な――　*48*
絶望　*43, 46, 78, 109, 140*
セミナー・リーダー　*9, 21*
　――の主要な機能　*11*
　――への同一化　*10*
戦場　*169, 178*
全体対象　*138*
先天性異常　*69*
選抜　*176*
羨望　*64*
葬儀　*72, 177*
双極性障害　*132*
相互作用の能力　*77*
喪失感　*69, 79, 102, 103*
創造的な思考　*141*
躁的な防衛　*72, 130*
ソーシャル・マザーズ social mothers
　　162
ソーシャルワーカー　*2, 43, 105, 132*

組織
　——コンサルテーション　5
　——心性　7
　——的防衛　72, 96, 141

た行

退院　80
対人関係スキル　162
タイミング　17
代理受傷　4
高い不安状態　133
たじろがない大人の眼差し　168
タビストック
　——のワーク・ディスカッション・モデル　147
　——・モデルの観察研究コース　159
短期アセスメントセンター　140
断片化　135, 166
知的障害　45, 134
知的理解　140
チャンス・プロジェクト　161, 169
中間領域 intermediate space　162
中絶　179
超過勤務　81
長期休暇　51
挑発　170
　——的な生徒　38
治療
　——関係　57, 64
　——グループ　158
　——的機能　64
　——メカニズム　11
沈黙　103
疲れ果てている　108
つながる make links　43
　——ことへの攻撃　188
強い感情　45
停学　174
敵意　33
転移　11, 26, 87, 144, 170
　——プロセス　8, 9, 13
問い詰めたいという欲求　115
同一化
　親との——　vi

　過剰な——　139
投影　56, 122, 131
　——の失敗　136
投影同一化　xix, 59
　——を拒絶する対象　136
「闘魚 Pesci combattenti」　169
統合教育　16
洞察への切望　122
特別措置　25
特別の扱い　49
閉じこもり　74, 82
突然の喪失　xv
トラウマ　3, 74, 103, 179
　——体験　23
　——の被爆　10
　——反応　102
トラウマティック・ストレス　3
ドロップアウト
　教育的——　161
　社会的——　161

な行

ナース・ステーション　72
内在化　64, 133
内省　148, 156
仲間集団の力動　180
仲間外れ　34
ナポリ市　161
難民　102
　——教育コーディネーター　105
　——コミュニティ　102
逃げ腰　73
二重の剥奪　184, 195, 196
乳児　10
　——的な恐怖感　162
　——の前言語 pre-speech　171
乳児観察　65, 175
　——セミナー　5, 6
認識愛本能　122
ネグリ Negri, R.　80
ネグレクト　135, 136, 147, 184

は行

破壊的なインパクト　9

計り知れない悲しみ　70
破局不安　75
迫害不安　33, 62, 129, 170
育みグループ nurture group　41
　――理論 nurture group theory　41
剥奪　4, 134, 137, 166
　――児　173
　古典的な――　143
恥　103
場所　18
破綻　49
発育遅滞　74
八方塞がり　113
場面緘黙　vi
パラレル・プロセス　35
ハリス Harris, M.　v, xvi, 6, 10
バリント・グループ　5
バリント Balint, M.　xv, 4, 5
ハルトン Halton, W.　12
犯罪組織「カモッラ」　161, 177
ハンディキャップ　107
半透過性の細胞膜　143
ビオン Bion, W.R.D.　xv, xvii, xix, xx, 10～12, 47, 50, 55, 57, 58, 123, 133, 135, 163, 164, 171
被害者　178
非行　15
ピストル　179
「陽だまりグループ」　41, 44
ビック Bick, E.　xvi, 5, 51, 58, 75, 93
美的相互性　187
皮膚　84, 93, 98
　セカンド・スキン　51
　早期対象関係での――の経験　75
疲弊　173
秘密保持　105
ヒンシェルウッド Hinshelwood, R. D.　47, 97
貧民地区　161
ファーマン Furman, E.　75
不安　33, 68, 132, 181
　――の回避　72
　――の投影　70
ファンタジー　21, 151, 189, 191, 195, 196

フィードバック　22, 37, 150, 156
フォリヤン Forryan, B.　57, 58, 100
付加的次元　131, 143
復讐心　165
不在の対象　50
不信感　73
不確かさの感覚　169
不確かな将来という痛み　70
部分対象　138
ブルック Brook, P.　165
プレイ・スペシャリスト　94, 99, 118
　病院――　68
プレイルーム　68
　――の設定　118
フロイト Freud, S.　xv, 60, 133, 170
プロセス　17
ブロック Block, D.　135
分離　xv, 26, 29
分裂　51, 129, 134, 137
　きちんとした―― tidy split　135
分裂・排除　51
偏見　107
弁護士　xxi
変容 transformation　xvii
ヘンリー Henry, G.　55
片利共生的 commensal　163
保育園　104
防衛
　個人的な――　96
　組織的な――　96
訪問介護ヘルパー　13
包容力のある家族　13
暴力　35, 132, 168, 170, 171
ボウルビー Bowlby, J.　xv, 119
ホームルーム　32
ホクスター Hoxter, S.　163, 164
保健師　110
保護機能　24
ボストン Boston, M.　126
「ほど良い」
　――学校　164
　――母親　164
ホプキンズ Hopkins, J.　99
ポルノ　31

本来の使命 primary task　　12, 131, 140

ま行

貧しい地域　　40
学ぶこと　　54
麻痺　　140
麻薬　　179
未熟児　　80
見捨てられ　　161
ミラー Miller, R.　　141, 143
無意識的な情緒的交流　　7
無感覚　　73
無視　　32
無思考 mindless　　55, 131
結びつけること　　78
夢想　　xix
虚しさ　　168
無力感　　69, 140, 169
メイン Main, M.　　18, 135, 179
メタ観察 meta-observations　　175
メルツァー Meltzer, D.　　8, 10, 11, 187, 194, 196
メンジーズ・ライス Menzies Lyth, I.　　70, 73, 97, 120
猛烈な憤り　　170
物語
　　──の象徴機能　　188
喪の過程　　151, 152, 154
モラルの低下　　141
「問題なし」　　142

や行

役立たず　　142, 143
役割からの逸脱　　79
厄介者　　135
抑うつ不安　　191, 195
抑うつポジション　　11, 195
欲求不満　　109

──耐性　　164
予防機能　　24
喜び　　69

ら行

ライアンズ・ルース Lyons-Ruth, K.　　135
ライス Rice, A. K.　　140, 141, 143
落胆　　35, 169
ラスティン Rustin, M. J.　　xvi, 3, 4, 6, 10, 84
ラニヤード Lanyado, M.　　95
乱暴な行動　　171
リーダーシップ能力開発　　16
理解するという行為　　168
理学療法　　76
理学療法士　　110
離散　　104
離職　　4
リチウム薬　　132
離別　　102
倫理委員会　　79
冷酷な暴力　　179
ローゼンフェルド Rosenfeld, H.　　194, 196
ロバートソン Robertson, J.　　xv, 97

わ行

ワデル Waddell, M.　　50, 57, 61
ワーク・ディスカッション
　　──・グループ　　55
　　──・セミナー　　124, 184, 193
　　──の運営モデル　　6, 19, 22
　　──の理念モデル　　7
　　管理職のための──　　37

アルファベット

SENCO（特別支援教育コーディネーター）　　51

監訳者略歴

鈴木誠（すずき　まこと）
1984年　東海大学文学部卒
1988年　名古屋大学医学部精神医学教室　卒後研修修了
現　職　くわな心理相談室 主宰，日本精神分析学会認定スーパーバイザー・認定心理療法士
著訳書　『惨事ストレスへのケア』（ブレーン出版，分担執筆），ザルツバーガー・ウィッテンバーグ他著『学校現場に生かす精神分析——学ぶことと教えることの情緒的経験』（岩崎学術出版社，監訳），ヨーエル著『学校現場に生かす精神分析［実践編］——学ぶことの関係性』（岩崎学術出版社），『開業臨床心理士の仕事場』（金剛出版，共著）

鵜飼奈津子（うかい　なつこ）
2004年　タビストック・クリニック児童・青年心理療法コース修了
現　職　大阪経済大学人間科学部教授
著訳書　『子どもの精神分析的心理療法の基本（改訂版）』（誠信書房），『子どもの精神分析的心理療法の応用』（誠信書房），『虐待を受けた子どものアセスメントとケア』（誠信書房，共編著），ニック・ミッジリー他著『子どもの心理療法と調査・研究』（創元社，監訳），アーウィンとスタンバーグ編『乳児観察と調査研究』（創元社，監訳），ミュージック著『子どものこころの発達を支えるもの』（誠信書房，監訳），ホーンとラニヤード編『子どもの精神分析的心理療法のアセスメントとコンサルテーション』（誠信書房，監訳）

翻訳担当

磯部あゆみ	第1章，第3章，第11章
Dalrymple 規子	第2章，第7章
寺本　亮	第4章
平田　朋美	第5章，第9章
澤田　和重	第6章，第10章
杉嶋　真妃	第8章

ワーク・ディスカッション
―心理療法の届かぬ過酷な現場で生き残る方法とその実践―
ISBN978-4-7533-1090-6

監訳者

鈴木　誠

鵜飼奈津子

2015年5月3日　第1刷発行
2021年9月28日　第2刷発行

印刷　広研印刷(株)　／　製本　(株)若林製本工場

発行所　　(株)岩崎学術出版社　〒101-0062　東京都千代田区神田駿河台3-6-1
　　　　　　発行者　杉田　啓三
　　　　　　電話 03(5577)6817　FAX 03(5577)6837
　　　　　　　　　Ⓒ2015　岩崎学術出版社
　　　　　　乱丁・落丁本はおとりかえいたします　検印省略

学校現場に生かす精神分析【実践編】——学ぶことの関係性
ヨーエル著　平井正三監訳　鈴木誠訳
精神分析的思考を生かすための具体的な手がかりを示す　　　本体2500円

学校現場に生かす精神分析——学ぶことと教えることの情緒的体験
ウィッテンバーグ他著　平井正三・鈴木誠・鵜飼奈津子監訳
「理解できない」子どもの問題の理解を試みる　　　本体2800円

臨床現場に生かすクライン派精神分析——精神分析における洞察と関係性
ウィッテンバーグ著　平井正三監訳
臨床現場に生きる実践家のために　　　本体2800円

子どもを理解する〈2～3歳〉
ミラー／エマニュエル著　平井正三・武藤誠監訳
複雑な心の世界を事例を通して生き生きと描く　　　本体2200円

子どもを理解する〈0～1歳〉
ボズウェル／ジョーンズ著　平井正三・武藤誠監訳
半世紀以上の臨床実践に基づく子育ての知恵　　　本体2200円

特別なニーズを持つ子どもを理解する
バートラム著　平井正三・武藤誠監訳
親が子のかけがえのない理解者であるために　　　本体1700円

母子臨床の精神力動——精神分析・発達心理学から子育て支援へ
ラファエル-レフ編　木部則雄監訳
母子関係を理解し支援につなげるための珠玉の論文集　　　本体6600円

精神分析の学びと深まり——内省と観察が支える心理臨床
平井正三著
日々の臨床を支える精神分析の「実質」とは　　　本体3100円

精神分析的心理療法と象徴化——コンテインメントをめぐる臨床思考
平井正三著
治療空間が成長と変化を促す器であるために　　　本体3800円